侨务法论丛

2022年卷·总第二卷

朱羿锟 主编
陈胜蓝 执行主编

暨南大學出版社
JINAN UNIVERSITY PRESS
中国·广州

图书在版编目（CIP）数据

侨务法论丛．2022 年卷：总第二卷/朱羿锟主编．—广州：暨南大学出版社，2023.8

ISBN 978－7－5668－3742－4

Ⅰ.①侨…　Ⅱ.①朱…　Ⅲ.①侨务—行政法—研究—中国　Ⅳ.①D922.154

中国国家版本馆 CIP 数据核字(2023)第 121542 号

侨务法论丛（2022 年卷·总第二卷）
QIAOWUFA LUNCONG（2022 NIAN JUAN · ZONG DI-ER JUAN）
主　编：朱羿锟

出 版 人：张晋升
策划编辑：李　战
责任编辑：姚晓莉　亢东昌
责任校对：刘舜怡　王燕丽　陈皓琳　陈慧妍
责任印制：周一丹　郑玉婷

出版发行：暨南大学出版社（511443）
电　　话：总编室（8620）37332601
营销部（8620）37332680　37332681　37332682　37332683
传　　真：（8620）37332660（办公室）　37332684（营销部）
网　　址：http://www.jnupress.com
排　　版：广州市新晨文化发展有限公司
印　　刷：广州市金骏彩色印务有限公司
开　　本：787mm×960mm　1/16
印　　张：18
字　　数：270 千
版　　次：2023 年 8 月第 1 版
印　　次：2023 年 8 月第 1 次
定　　价：69.80 元

序

饮水思源，情系“根”本。海外侨胞遍及世界各地，无论身居何地，都还维持着华人的根性，情系祖国。习近平总书记将侨胞与中华民族的渊源关系概括为“根”“魂”“梦”，共同的根让我们情深意长，共同的魂让我们心心相印，共同的梦让我们同心同德，共同推进中国式现代化，促进中华民族伟大复兴！中国式现代化必将在法治轨道上推进，侨务法治无疑是法治中国建设的重要议程，更是全面依法治国的应有之义。

百年暨南，推动侨务法治义不容辞。暨南法学因侨而生，因侨而兴，风雨兼程 96 载。“使负笈来学者获得精密之预备，暨严善之训练，庶可造成有用之司法人才，为国效力，为民族争光，为侨胞争自由平等”，就是 1927 年暨南大学开启侨校法治人才培养和法学研究的初心和使命。二十世纪二三十年代，暨南法学与朝阳大学、东吴大学等大学法学齐名，名师荟萃，石颎、翟俊千、潘光旦、周枏等，都是特别叫得响的名字！如今，暨南法学跻身于全国首批卓越法律人才教育培养基地和首批国家级一流专业，拥有法学一级学科博士学位授权点。遵循 2018 年 10 月 24 日习近平总书记视察暨南大学的殷殷嘱托：把中华优秀传统文化传播到五湖四海，暨南法学潜心打造涉侨涉外法治人才培养体系，对港澳台侨等境外生愈来愈有吸引力，海外生源质量愈来愈高。截至 2022 年底，全日制本科生的境外生占比达到 58.2%，数量已经超过内招生，已成为独具特色的涉外法治人才培养的重镇。

面对百年未有之大变局，侨胞权益保护日趋紧迫。探索侨胞权益保护面对的新现象、新问题，为国家治理体系现代化贡献新思路，为全球侨务治理提供中国方案，我们上下求索，锲而不舍。2014 年 7 月召开首届侨务法治建设研讨会，并出版首卷《侨务法论丛》；2017 年 7 月召开中国海外侨胞权益保护立法的理论与实践“学术论坛”：2022 年 7 月与国家法官学院共同主办了涉侨权益司法保护研讨会，此乃暨南法学牵头举办的第三次全国性涉侨法治研讨活动。荣幸的是，暨南侨务法治研究团队承担了国家社会科学基金首项侨务法的重大项目“中国海外侨胞权益保护重大法律问题研究（17ZDA143）”，暨南大学侨务与法治研究院入选广东省法学研究基地。比较而言，第三次涉侨法治研讨会尤其不易，当时全国各地都面临极其严峻的新冠肺炎疫情防控任务，得益于最高人民法院与中央统战部的坚强领导，我校与国家法官学院团结协作，共克时艰，分别在广州、北京两地设置会场，线上线下有机结合，中国社会科学院、中国科学院大学、浙江大学、中山大学、北京理工大学、中国政法大学、辽宁大学、暨南大学、华南师范大学、华侨大学、外交学院等高校专家，广东省委统战部、广东省华侨华人港澳同胞服务中心和广州、深圳、汕头、江门、梅州等重点侨乡法院涉侨审判专家鼎力支持，为涉侨权益司法保护贡献了一系列真知灼见，受到了中央有关部门高度评价，中国社会科学网、南方网、光明网、中国新闻网等全国性主流权威媒体均予以报道分享。《侨务法论丛》第二卷旨在分享本次研讨会的优秀成果，推动更多专家交流和切磋侨务法治，为“为侨服务”提供坚实的法治保障，助力高质量发展。

举办涉侨权益司法保护研讨会，得到了各方面的鼎力支持和积极配合。在此，我们特别感谢中央统战部九局局长刘春锋、一级巡视员董传杰和处长严武龙，最高人民法院研究室主任段农根、一级巡视员李晓，全国人大华侨委员会办公室主任董珍祥，全国人大华侨委员会法案室二级巡视员徐利、原副主任谢日荣，国家法官学院原党委书记、院长孙晓勇，副院长李晓民、胡田野及科研部主任黄斌，中国法学会中国法学学术交流中心副主任潘新艳，广东省法学会副会长邓远强，暨南大学校长宋献中、党委副书记孙彧及学校党政办、党委宣传部、社科处等部门和相关负责同志。法学院/知识产权学院相关领导、职能部门及老师和同学们热情襄助，在此致以衷心的感谢。

实践没有止境，理论创新更无止境，推动侨务法治永远在路上。未来，我们将一如既往，牢记侨校法治人才培养和法学研究的初心与使命，锐意进取，争取做得更好一些。

朱羿锟

2023 年 8 月

目 录

侨胞权益保护的涉侨诉讼大数据透视（2012—2022）

朱羿锟　邢源恒*

［摘要］海外侨胞是我国推进高质量发展的独特优势所在，引导其参与双循环新发展格局，无疑需要高质量的侨胞权益保护立法。本文通过梳理1 054个“小包公”数据库中涉侨诉讼样本，发现各级法院在维护侨胞权益方面均有所作为，尤其是基层和中院是主力军。这也折射出了涉侨案件因侨胞身份证明缺位而被“隐身化”、侨胞参与创新创业的权益被虚置、侨胞权益立法质量亟待提升等问题。当下，亟须出台侨胞证，提升侨胞权益保护法律制度供给的质量，推进侨胞诉讼便利化。

［关键词］侨胞；侨胞权；涉侨诉讼；诉讼权益

一、问题的提出

遍及世界各地的6 000多万海外侨胞，在实现中华民族伟大复兴中国梦的伟业中发挥着独特的作用。从1949年9月29日通过的《中国人民政治协商会议共同纲领》到历次宪法，无不明确规定要维护华侨正当的权益。侨胞身份具有独特性，而侨胞权益的正当性边界究竟在哪里，国家层

---

* 作者简介：朱羿锟，暨南大学法学院/知识产权学院教授、博士生导师；邢源恒，暨南大学法学院/知识产权学院民商法专业博士生。

基金项目：国家社会科学基金重大项目“中国海外侨胞权益的重大法律问题研究”（项目编号：17DA143）；广东省法学会“侨务法治系列课题研究”［项目编号：GDLS（2022）C5］之子课题“侨胞权益保护的涉侨诉讼大数据研究（2012—2022）”。

面的法律在此方面一直处于缺位状态。归侨已回归为普通公民，正在“去侨”化，归侨侨眷的权益早已实现了有法可依，不仅有 1991 年颁行的《中华人民共和国归侨侨眷权益保护法》，并经 2000 年、2009 年两次修改，更有国务院制定的实施该法的行政法规和 30 个省、自治区、直辖市制定的地方性法规。为推进全面依法治国，切实扭转华侨权益保护无法可依的难题，党的十八届四中全会《关于全面推进依法治国若干重大问题的决定》明确提出“依法维护海外侨胞权益”，继而有 8 个省市颁行了华侨权益保护的地方性法规，赋予了华侨各项经济、社会、文化和政治权益（见图 1），增强了华侨同圆共享中国梦的获得感。

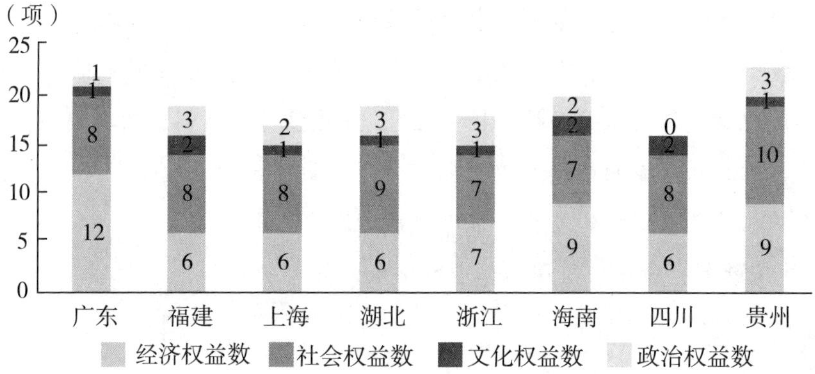

图 1　8 省市华侨权益的分布情况

在大数据时代，要考察这些地方性法规对于维护侨胞权益的可用性，涉侨诉讼大数据无疑是一个重要的观察窗口。我们选择“小包公智能法律平台”进行这样的尝试，以厘清涉侨诉讼的整体图景，揭示在国内司法实践中依法维护侨胞权益的难点和堵点，分析涉侨诉讼成功经验和需要进一步解决的问题，为完善侨胞权益立法提供一个实证层面的依据。

二、涉侨诉讼的整体图景

说易行难，在汪洋大海般的诉讼案例库精准地析出涉侨诉讼案，就因司法部门缺乏涉侨诉讼案登记归类统一口径而举步维艰。经反复尝试，以“侨居”作为关键词可以准确地识别到真正的涉侨诉讼案，尽管会有不少的遗漏。将时间节点设定为2012年1月1日至2022年6月1日，在“小包公智能法律平台”上可检索到1 270个以“侨居”为关键词的案例。经过人工筛查，排除了部分无关案例，最终获得1 054个有效的涉侨诉讼案件样本。

1. 涉侨诉讼全景展示

表1　涉侨诉讼案概况（2012—2022）　　单位：件

	判决书	裁定书	决定书	全部文书
民商事	445	390	17	852
行政	24	54	0	78
刑事	3	1	0	4
其他	2	117	1	120
总计	474	562	18	1 054

由表1可知，在1 054个涉侨诉讼样本中，民商事、行政和刑事案均有涉及，民商事案件为852件，占样本的80.8%，行政案件为78件，刑事案件为4件。在这些裁判文书中，裁定书562件、判决书474件、决定书18件。就地域分布而言，福建省、广东省和浙江省位居前三，正好与侨胞的地域分布相吻合（见图2）。就审级分布而言，基层和中级人民法院是主力军。在555件一审案件中，基层人民法院审理461件，占比83.1%，占据绝大多数。就二审案件而言，中级人民法院则是主力军，310件二审案件之中中级人民法院审理265件，占比85.5%（见图3）。值得关注的

是，最高人民法院在涉侨诉讼中的作用不可小觑。最高人民法院办理6件，其中5件为民商事案件，1件为行政案件（见表2）。涉侨刑事案件虽区区4例（见表3），但均有显著的跨境作案特点，2例为跨境走私（毒品、珍贵动物制品），侨胞来源地分别为日本和英国；1例来自荷兰的侨胞犯非法经营罪，跨境汇款、转移资金，被判有期徒刑3年，缓刑4年。利用侨胞的身份和优势进行跨境作案，无疑是值得关注的动向。

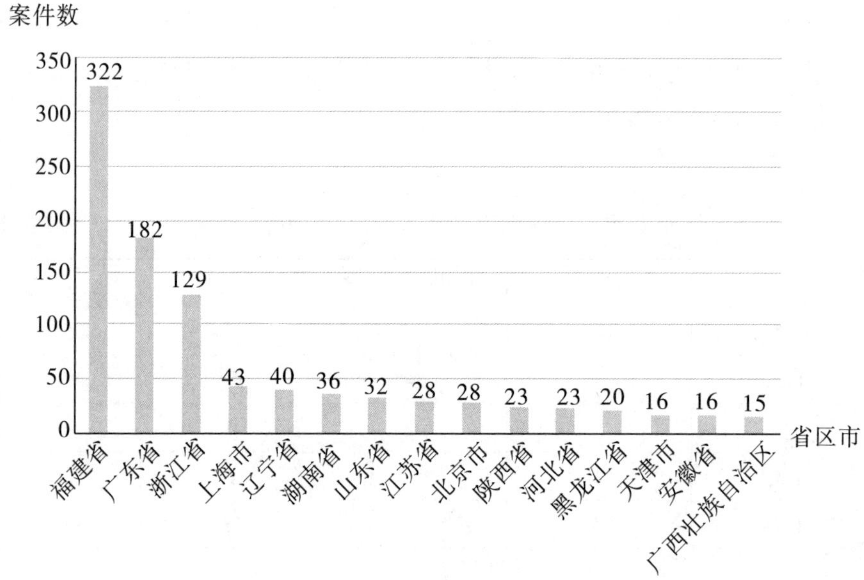

图2　涉侨案件地区分布

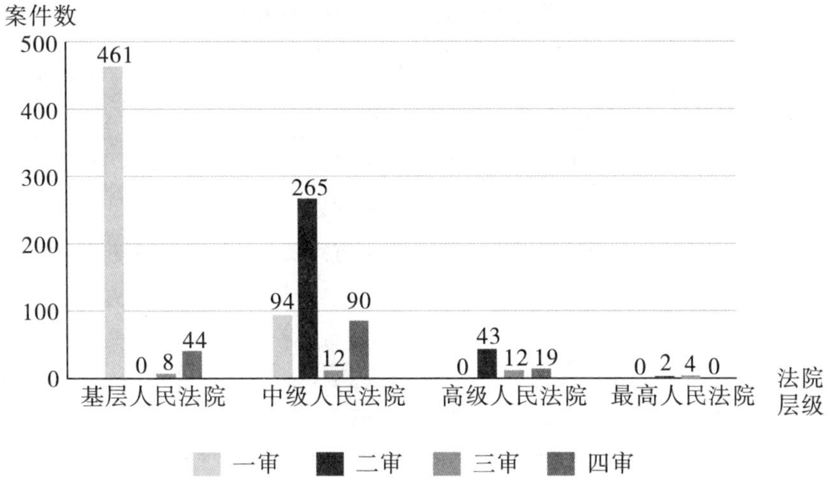

图 3　涉侨诉讼案件的审级分布

表 2　最高人民法院办理的涉侨民商事、行政案件

民商事					行政
（2021）最高法民终 963 号	（2017）最高法民终 643 号	（2019）最高法民申 1990 号	（2020）最高法民申 1586 号	（2018）最高法民再 28 号	（2020）最高法行申 1634 号
二审	二审	再审	再审	再审	再审
借款合同纠纷	合资、合作开发房地产合同纠纷	民间借贷纠纷	案外人执行异议之诉	民间借贷纠纷	土地征收（浙江省人民政府）
浙江省高级人民法院	贵州省高级人民法院	浙江省高级人民法院	广东省高级人民法院	福建省高级人民法院	温州市中级人民法院
未预交二审案件受理费，按撤回上诉处理	程序违法，发回重审	驳回再审申请	驳回再审申请	撤销原判，依法改判	

表 3 最高人民法院办理的涉侨刑事案件

（2018）沪 01 刑初 59 号	（2019）黑 0691 刑初 132 号	（2011）陕刑二终字第 25 号	（2014）沈中刑三初字第 31 号
2018	2019	2011	2014
上海市	黑龙江省	陕西省	辽宁省
上海市第一中级人民法院	黑龙江大庆高新区人民法院	陕西省高级人民法院	辽宁省沈阳市中级人民法院
一审	一审	二审	一审
走私毒品罪	非法经营罪	职务侵占罪	走私珍贵动物制品罪
日本	荷兰		英国

2. 涉侨民商事案件

民商事案件占比达到 80.8%。侨胞基于其独特的优势参与经济社会建设，参与越多，形成各种民商事纠纷的概率就越大，民商事案件数量较多也是自然而然的。就纠纷类型而言，民间借贷、金融借款合同和离婚纠纷位居前三，而民间借贷纠纷最为突出，达到 96 件（见图 4），是位居第二位的金融借款合同的 2.6 倍。就侨胞在民商事案件的诉讼地位而言，华侨作为原告起诉的为 69 件，华侨作为被告案件的为 144 件，华侨为被告案件数量高于华侨为原告案件数量（见表 4）。至于二审案件，华侨为上诉人的数量为 46 件，为被上诉人的为 72 件。原被告双方均为华侨的案件有 15 件，其中离婚诉讼 7 件、民间借贷纠纷 4 件、物权保护 2 件、所有权确认纠纷 2 件。双方侨居异国他乡，如双方在国内结婚，定居国法院不予受理，当事人可向婚姻缔结的或者一方在国内的最后居住地法院申请离婚。故，原被告均为华侨的案件之中离婚案件接近一半。华侨以第三人身份参与诉讼的案件有 6 件。其中，华侨主动申请加入诉讼案件的为 3 件，法院依职权通知参与诉讼案件的为 3 件。第三人有独立请求权的案件为 5 件，无独立请求权的案件为 1 件。

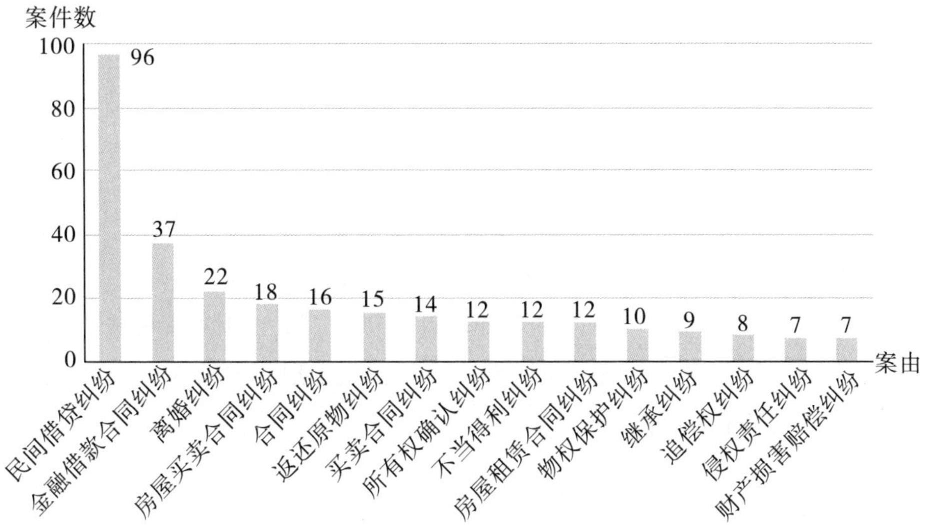

图 4　涉侨民商事案件案由分布（2012—2022）

表 4　华侨在民商事案件的诉讼地位分布

	原告	被告	上诉人	被上诉人	第三人	原被告双方
案件数量（件）	69	144	46	72	6	15

就诉讼结果而言（见表 5），华侨胜诉的案件数量为 143 件，占比 41.3%，而华侨败诉的案件数量为 203 件，占比 58.7%，华侨败诉的案件高于胜诉的案件。就败诉原因来看，除证据不足这种通常原因之外，华侨的缺席判决有 132 件，占涉侨缺席判决总数 162 件的 81.5%。华侨为原告的案由主要为民间借贷纠纷，案件数量为 28 件。华侨为原告并且胜诉的案由也是民间借贷纠纷，案件数量为 17 件，获胜率为 60.7%。

表 5　华侨在民商事案件的诉讼结果

	华侨胜诉	华侨败诉	华侨缺席判决
案件数量（件）	143	203	132

3. 涉侨行政案件

近10年来，涉侨行政案件共78件，一审、二审和再审分别为49件、26件和3件。就审级而言，基层和中院是主力军，分别都是35件，两者合计占比89.7%。行政案件数量虽不大，但都与侨胞权益息息相关。就涉案事由而言，行政登记、行政撤销和城乡建设行政管理分别为12件、9件和7件，位居前三（见图5）。而国土资源部门系被诉率最高的，国土资源部门与住房和城乡建设部门案件数量合计达到39件，与其对应的被诉行政行为分别为行政登记、城乡建设行政管理以及土地行政管理、房屋拆迁等，无不与侨胞权益直接相关。

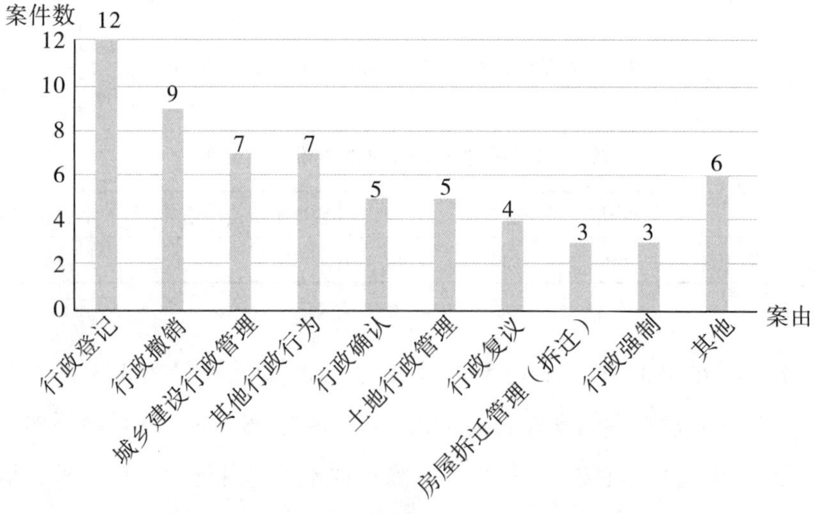

图5 涉侨行政案件案由分布（2012—2022）

至于诉讼结果，被法院判决变更或撤销行政行为的有7件，占比9%。其中，有4件法院判决撤销原行政行为，主要是城乡建设、国土资源等部门无视侨胞“不在场”的特殊情况，违法征收或违法登记相关财产权益。在广东省汕头果菜进出口公司与汕头市国土资源局行政诉讼案中，被告在原告与第三人就土地权属存在争议的情况下，仍向第三人颁发了《国有土地使用证》。[①] 在吴某某与连江县住房和城乡建设局、连江县凤城镇人民政府城乡建设行政管理一案中，被告连江县住建局作为房屋征收部门，在房屋征收过程中对拟签订征收补偿安置协议的相对人负有审查义务，而仅依据第三人出具的个人具结书即与其签订了被诉《房屋征收补偿安置协议书》，侵犯了华侨的土地权益。[②]

三、侨胞权益保护的堵点分析

涉侨诉讼案件就像是一面镜子，不仅能够反映出涉侨法规在当下司法护侨案中的实用性，解释侨胞的获得感，还反映出了涉侨案件因侨胞身份证明缺位而被“隐身化”、侨胞参与如火如荼创新创业的权益被虚置、侨胞权益立法质量亟待提升等问题，值得认真对待。

1. 涉侨案件因侨胞身份证明缺位而被“隐身化”

“小包公智能法律平台”存留的诉讼文书高达 1.5 亿件，我们只能以“侨居”作为关键词析出 1 054 个涉侨诉讼样本。与我国 6 000 多万海外侨胞的数量相比，这个样本量显然不相称。就全国民商事案件量来看，从 2012 年到 2021 年都是逐年增加，2021 年的 1 574.6 万一审民商事案件相对于 2012 年的 731.6 万件，增长了 2.2 倍，同期行政案件也增长了 2.3 倍（见表 6）。仅就最高人民法院统计口径的涉侨案件而言，样本仅相当于 2021 年单个年度的 1/4。[③]

---

① 详情参见广东省汕头市中级人民法院（2013）汕中法行初字第 4 号行政判决书。

② 详情参见福建省福州市中级人民法院（2019）闽 01 行初 204 号行政判决书。

③ 2012 年至 2017 年最高人民法院公报中，将涉港澳台案件与涉侨案件合并统计，无法统计仅涉侨案件。本文未对 2012 年至 2017 年涉侨案件数量予以统计。据了解，仅 2022 年上半年广东江门恩平市法院就受理涉侨案件 233 件，第一季度江门各级人民法院共审理 400 件涉侨案件。

表 6 全国法院年度一审案件统计（2012—2021） 单位：万件

年份	2012	2013	2014	2015	2016	2017	2018	2019	2020	2021
民商	731.6	751.1	801	957.5	1 076.4	1 197.5	1 243.5	1 393	1 330.6	1 574.6
行政	12.9	12.1	15.1	24.1	22.5	17.9	25.1	28.4	26.6	29.8
刑事	117.3	95.4	102.3	109.9	111.6	129.7	119.8	129.7	111.6	125.6
涉侨	—	—	—	—	—	—	1.6	0.247 5	0.467 5	0.422

何以至此？侨胞权益是基于身份的权益。但是，我国并没有侨胞的身份证件，华侨需要行权之时只能找有关部门出具证明，“一事以证”，尚不具有凭证行权的“以证通”意义的身份证明。这样，我国统计部门和移民管理部门并没有侨胞的统计口径，亦没有定期公布侨胞数量。至于涉侨诉讼，自然也没有形成规范而统一的涉侨案件登记和统计口径。2017 年之前，最高人民法院公报将港澳台案件与涉侨案件合并统计，无从了解涉侨案件的准确情况，2018 年以来的数据波动较大，特别是 2018 年高达 1.6 万件，此后 2019 年却为 2 475 件。这就表明，在没有形成统一的登记和统计口径前的确有不少涉侨案件被“隐身”了。再者，涉侨民商事案件几乎是清一色的民事案件，商事案件极少。这就表明，一旦侨胞在国内投资兴业，开办各种企业、公司等，这类纠纷就自然而然地“隐身”于国内相关商事纠纷之中，而这一块涉侨商事纠纷的数量应当为数不少。近 40 年来，我国经济高速发展，引进外资以及外国先进技术和管理经验无疑是一个非常重要的方面。而侨资又是外资的重中之重，侨资和侨资企业的数量分别占外资和外商投资企业数量的 60% 和 70%。[①] 不难推测，国内商事纠纷之中还有相当数量的涉侨纠纷“隐身”了。

2. 侨胞创新创业权益被虚置

经济权益无疑是重头戏。广东开了华侨权益保护地方性法规的先河，

---

① 谭天星：《新形势下侨务工作战略意义的再认识》，《中国党政干部论坛》2009 年第 1 期。

22 项华侨权益之中经济权益最多，达到 12 项，占比为 54.5%。为汇聚侨力建设海南自由贸易港，海南侨胞权益保护立法的经济底色非常鲜明，经济权益占比达到 45%。贵州省 23 项华侨权益之中经济权益有 9 项之多，占比为 39.1%，位居第三。整体而言，经济权益比重的均值为 38.9%。其中，各地格外重视华侨来华创新创业。一是上海、浙江、四川和海南等地明确鼓励和支持华侨在对外开放和合作交流中发挥桥梁纽带作用，助力“一带一路”建设。上海华侨权益保护条例第四条对华侨的 4 项鼓励和支持，就有 2 项直接针对华侨来沪创新创业，还设专条鼓励华侨在战略性新兴产业和现代服务业、先进制造业等领域创新创业。二是湖北和海南等地设有投资创业专章。湖北省为第三章，共计十条，条文占比接近 1/4。海南省亦为第三章，共九条，条文占比达到 21.4%。四川省华侨权益保护条例本身就是修订原本专门的华侨投资权益保护条例而来，创新创业的中心地位自不待言。三是侨资待遇二元制有所探索。海南、四川、贵州等地参照外资待遇，市场准入适用负面清单制。浙江省有所创新，对于华侨以其中国境内全资企业、其他经济组织的名义投资，准予适用内资待遇。易言之，侨资待遇可能因出资者身份在中国境内境外而异，出资者在内地的适用内资待遇，在境外则参照外资待遇。此前，江苏保护和促进华侨投资条例已经开了二元制待遇之先河。

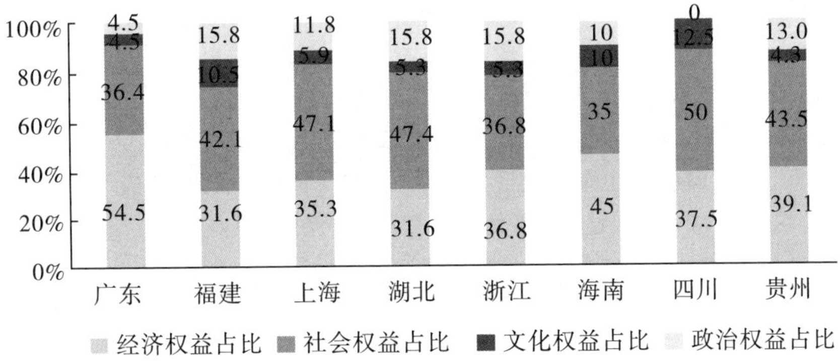

图6　8 省市华侨各类权益占比

尽管如此，852 个涉侨民商事案件样本几乎是清一色的民事案件，商事案件难见踪影。究其原因，对于侨商投资的待遇，就算是二元制的省份，也是要么内资待遇，要么外资待遇。表面上看，涉侨投资兴业的条文热闹非凡，基本上是这种引介型的，最终要么归于外资，要么归于内资。何况，本来就没有侨资这个统计口径，涉侨投资兴业这方面的权益也就自然而然地“隐身”于外资或内资。

3. 侨胞权益立法质量亟待提升

在高质量发展的新时期，侨胞权益立法不仅要解决有没有的问题，更要解决好不好用的问题。2015 年，自广东开启华侨权益保护综合性地方立法以来，已有 8 个省市相继出台了华侨权益保护条例，推动涉侨权益立法的重心回归华侨本体，而不再只是归侨侨眷。仅就文本而言，华侨权益保护条例条文数量的均值为 36. 5 条，而归侨侨眷权益保护办法的条文数量均值为 31 条（见图 7）。就各省而言，华侨权益保护条例的条文数以湖北省为最多，为 42 条；上海最少，为 32 条。归侨侨眷保护办法文本的条文数量最多的是湖北省，为 39 条，最少的是广东省，为 24 条。可见，除上海市外，其余 7 省市都是华侨权益保护的条文数量超过归侨侨眷权益保护。

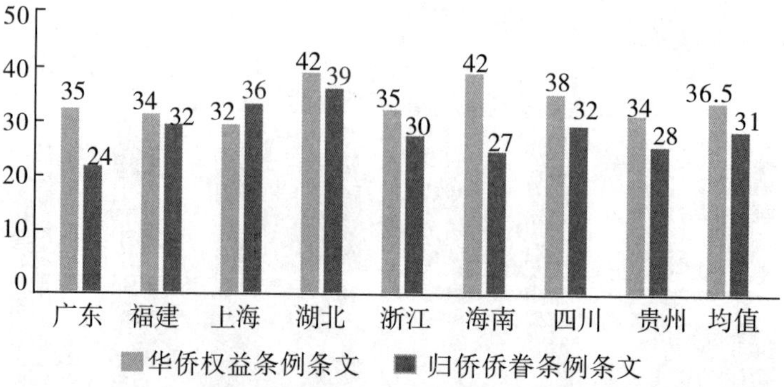

图 7　华侨与归侨侨眷权益制度供给比较

问题是，从 1 054 个涉侨案件样本来看，仅广东省在 2017 年的一个行政案件中提及《广东省华侨权益保护条例》。[①] 8省市的华侨权益保护条例，在涉侨司法实践中难以进入当事人或法院的视野，这就需要追问这些地方性法规究竟是否好用了。仅表面上看，《中华人民共和国归侨侨眷权益保护法》被引用了3次[②]，似乎是由国家层面立法位阶更高，而地方性法规位阶较低所致。其实，根本原因还是立法质量。常言道，好酒不怕巷子深。只要好用，只要管用，就算位阶低一点，侨胞肯定是愿意引用的，而法院为了化解纠纷，结案了事，也是愿意引证这样的法规的。这些地方性法规司法引用率之所以如此低，显然是因其内在质量的问题。前面已经提及各地高度重视引导侨胞到本地创新创业，而这些规范都是引介性的，侨胞自然更愿意引用能够真正带来获得感的相关法律法规，而非引介条款本身。至于对外籍华人的规范更是如此，除四川外，其余7省市均回应了外籍华人的诉求。在国家法律缺位的情况下，为呼应“一九”格局下侨胞权益保护需求，这7省市无疑是有责任担当的。关键是，各地都无一例外地采用了引介条款。广东、福建、湖北、浙江和贵州5省采用积极引介模式，只要法律法规未说“不”即有权，上海和海南则采用留白型引介，只要法律法规未说“是”即无权。即便是广东等5省市的积极引介条款，外籍华人究竟享有哪些权益，该条例说了不算，还是得依靠相关法律法规。正因为引介条款并未真正带来实惠，侨胞忽视它，甚至法院也忽略其存在，是完全可以理解的。可见，只有切实提升立法质量，真正为侨胞带来获得感，这样的侨胞权益立法才会有生命力。

四、涉侨诉讼程序的难点解析

纵观现行程序法，对侨胞诉讼权利保护并无系统性的规范。侨务法治

① 详情参见广东省江门市中级人民法院（2017）粤07行终87号行政判决书。

② 详情参见（2020）闽05民终158号、（2015）梅兴法民初字第247号、（2018）粤14民终第537号判决书。

建设中呈现出重实体、轻程序的问题，侨胞行使诉权并不便利，这显然不利于维护侨胞合法权益。

1. 侨胞境外授权委托书认证难

依据《中华人民共和国民事诉讼法》第五十九条第三款规定，侨居在国外的中国公民提交的授权委托书应经驻该国的使领馆证明或由当地的爱国华侨团体证明等。通过梳理 562 份涉侨案件裁定书，发现裁定书主要涉及诉讼程序问题及部分实体问题，如驳回起诉、管辖权裁定、驳回再审申请以及执行裁定等。法院驳回起诉、再审申请的案件数量最多，共 409 件，占比 72.8%（见图 8）。其中，多数案件中华侨未提供有效授权委托书，法院无法认定是华侨真实意思表示，据此驳回起诉。故，有无有效的授权委托书成为涉侨案件的一个重要影响因子。

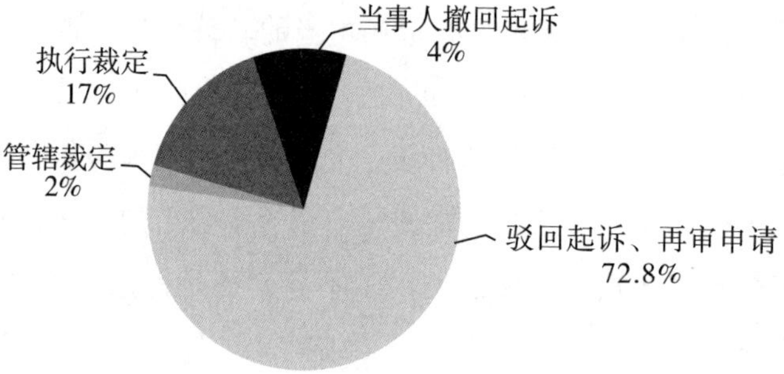

图 8　涉侨案件裁判书裁判内容

要求海外当事人从国外发出的授权委托书应当经使领馆证明，法院对授权委托书的真实性予以审查，目的并非限制当事人的诉讼权利，而是保障域外当事人的真实意思表示，防止虚假诉讼案件的发生。在司法实践中，如此大比例的样本案件因缺乏委托书认证而被驳回，烦琐的认证程序成为侨胞行使诉权的障碍，显然是与立法目的相悖的，也是与维护侨胞权益的理念格格不入的。

2. 涉侨诉讼缺席判决过高

就缺席审判制度而言，缺席审判并不必然引起缺席方败诉。问题是，基于侨胞的特殊性，在涉侨诉讼样本中缺席判决达到 162 件，华侨缺席的 132 件，分别占有华侨当事人的 352 件样本的 46%、37.5%，华侨缺席占全部缺席判决的 81.5%。而华侨败诉的民商事案件为 203 件，占比 58.7%，华侨败诉高于胜诉。可见，华侨败诉与缺席判决有一定关联性。

缺席审判制度原本为当事人知晓诉讼的存在，但怠于行使防御权，虽明知其消极行为将会承担法律风险，仍基于案件事实可以预知不出庭的法律后果与案件判决并无太大差别，而法院根据出席一方当事人的诉讼资料所作出的缺席判决不会与事实真相截然相反或者出现较大的失误。① 在司法实践中，大量案件与立法原意相悖。就涉侨诉讼而言，一是拟制送达未必有效送达。全部华侨常年旅居国外，不在国内原籍上生活、居住。大量案件适用公告送达等拟制送达方式，而公告未必能够送达到侨胞身边。正是由于公告等拟制送达的传播能力局限性，侨胞知情权难以得到有效保障。② 二是侨胞有别于一般外国人。他们更易于与国内亲友、行政机关产生法律关系，而现有法律法规往往参照涉外程序处理涉侨纠纷，没有充分考虑侨胞的特殊性，会制约侨胞权益的维护。其实，早在 1984 年中央政府就制定了对海外华人要同一般外国人区别对待的工作原则，诚如习仲勋所指出的："要防止两种倾向……二是把外籍华人同一般外国人完全等同看待，因而不重视不进行能够进行的工作，以致伤害外籍华人的民族感情和支援我国建设的积极性。"③

---

① 毕玉谦：《缺席判决制度的基本法意与焦点问题之探析》，《法学评论》2006 年第 3 期。

② 廖永安：《在理想与现实之间：对我国民事送达制度改革的再思考》，《中国法学》2010 年第 4 期。

③ 《习仲勋同志在省、自治区、直辖市侨办主任会议上的讲话》，国务院侨务办公室编：《侨务法规文件汇编 1955—1999》，内部文件 1997 年印刷，第 26 页。

五、推进侨胞权益法治化的建议

1. 尽快出台侨胞证

如果说港澳台居民居住证构成其“国家身份证”，那么海外侨胞缺的就是“民族身份证”“国家身份证”。港澳台居民内地居住证解决了内地与港澳台的制度性壁垒，侨胞证则是为了解决国内公民与定居海外国民相互区隔的问题！

其一，侨胞权益亟须集成化。仅就地方法规而言，华侨权益就有 27 种，分散于各种法律法规之中，没有系统性，并谈不上集成整合。何况，各地、各部门政策并不统一，华侨行权之难可见一斑。真可谓，华侨身份证明难，行权则更难！侨力为国，国力亦为侨，相辅相成。为充分发挥华侨在同圆共享“中国梦”中的独特优势，推进华侨行权便利化是势在必行，时不我待。

其二，回乡证、台胞证和港澳台居民居住证赋予了港澳台同胞特殊身份，便利其出入境以及在内地生活、学习和工作。相应地，侨胞证亦可实现国内公民与华侨、外籍华人与外国人“解绑”，亦可推行分类管理，梯次赋权，权益集成。这样，无论是出入境，还是在国内投资创业，华侨均可凭证行权，便利其在华工作、学习和生活。国内居民异地流动、港澳居民往来内地、台胞往来大陆均有“证”助力，侨胞之“证”乃华侨的急难愁盼，自应成为侨胞权益保护法的突破点。

其三，侨胞证是侨胞大国凝聚侨胞的通行做法（见表 7）。这是将历史负担转化为历史资产，将血缘文化与国家现实利益有机结合之举。[①] 向庞大的海外移民群体，与已经加入外国国籍者重续前缘，侨胞证可强化逐步淡化的血缘文化关系，以获得经济科技方面的收益。印度的印裔卡、海外

① 高子平：《外籍人才引进中的国籍之争与“中国话语”的构建》，《华侨华人历史研究》2013 年第 4 期。

公民以及后来合并形成的海外公民卡计划如此，印度尼西亚的海外印尼人卡、波兰的波兰人卡亦是如此。匈牙利、斯洛伐克、罗马尼亚和波兰等东欧国家的族裔政策有一个显著的特征，就是模棱两可的公民概念，赋予侨胞介于公民与外国人之间的法律地位，享有差异化的公民权。[①]

表 7 主要国家/地区的侨胞证

国别/地区	侨胞身份称谓	时间
印度	印裔卡（POI）	1999
	海外公民/海外公民卡	2003/2015
韩国	海外韩国人/海外侨胞签证，入籍、复籍、国籍再取得优待	1999
俄罗斯	同胞政策	1999
匈牙利	匈裔证、匈属证	2001
印度尼西亚	海外印尼人卡	2017
波兰	波兰人卡	2007
斯洛伐克	海外斯洛伐克人法	1997
斯洛文尼亚	海外斯洛文尼亚人法	2006
中国台湾	华侨身份证明书（含护照之侨居身份签注）	2002

其四，上海已经先行一步。2013 年，上海对海外人才实施《上海市居住证》B 证待遇，侨胞在此之列。该政策已于 2015 年和 2020 年两次修订，成为吸引海外侨胞等优秀海外人才的政策举措。其实体证件就是《上海市

① Nir Cohen, Rights Beyond Borders: Everyday Politics of Citizenship in the Israeli Diaspora, *Journal of Ethnic and Migration Studies*, 2011, Vol. 37, No. 7.

居住证》B 证，前身为《外国人永久居留证》，持有《外国人永久居留证》符合要求者，也可直接申领上海市海外人才居住证。持证人凭证即可享受创业、随员子女入学中高考、出入境管理、缴存使用保险和公积金等多项优惠政策。在上海，各类人才因证而异，凭证行权，A 证属于国内引进人才居住证，凭证享受上海市民待遇，C 证属于临时居住证，相当于暂住证。上海居住证 B 证的经验，对于构建我国侨胞证很有启发。

2. 推进高质量侨胞权益保护立法

要引导海外侨胞参与高质量发展，自然需要高质量的侨胞权益保护法。实际上，早在 2019 年华侨权益保护法就已经被列入全国人大立法规划，位居第三类。[①] 当下，有必要推进该项立法提速，为侨胞参与“一带一路”建设和双循环新发展格局提供高质量的法律制度供给。其一，以美国为首的西方国家越是要遏制中国，我国越需要高质量的侨胞法凝聚海外侨胞，壮大海外统一战线。其二，本文所述的 8 个省市的地方性法规立法实践，为国家层面界定华侨权益的正当性范围提供了宝贵的经验。凡是经各地探索可行的，即应通过国家大法予以固化和提升。而对于像外籍华人权益保护这一类涉及中央事权的，各地都认为这是侨胞“一九”格局下的必然要求，自应积极探索，有所作为，勇于作为，亦善于作为。

究竟何以提升侨胞权益立法质量？就域外而言，有四种立法模式。一是以色列、德国、俄罗斯等国的回归模式。只要回归，成为本国公民，自然享有本国公民的权利。二是菲律宾、匈牙利、罗马尼亚等国的双重国籍模式。以菲律宾为例，海外菲律宾人恢复或保留菲律宾国籍的，即可行使菲律宾公民权利，但在担任公职方面，凡是在归化国籍国担任任何公职或成为候选人的，或在归化国籍国军队服役，担任军官的，均不能委任公职，行使选举权、被选举权。三是印度和匈牙利的侨胞证模式。印度海外公民只要符合条件，经内政部登记，即可取得海外公民卡，除政治权利有

① 详情参见《全国人大华侨委：华侨权益保护法已列入立法规划》，中国人大网，npc. gov. cn，最后访问时间：2022 年 6 月 24 日。

所保留外，几乎可凭卡享有印度公民其他权利。匈牙利则分别针对匈牙利族人及其家属发放“匈裔证”“匈属证”，凭证可以享有文化教育、就业、社会保障、公共交通等广泛权利。究其目的，一方面在文化上，保持邻国匈裔的民族特性；另一方面在经济上，提高邻国匈裔的生活水平。四是俄罗斯和韩国的关键权利模式。韩国《海外韩国人移民与法律地位法》针对其在韩国出入境、居留、工作、生活等主要环节，有的放矢，明晰了行使相关立法上权利的路径。该法只有区区 17 条，却全方位疏通了海外韩国人国内行权的路径，可谓四两拨千斤。俄罗斯则是系统地支持海外同胞基本人权、经济和社会领域，文化、语言和教育领域以及信息权。虽未明定其资金支持，但相关资金可列入联邦预算，而且面向俄罗斯国内外。如是，我国侨胞权益立法无须面面俱到，更不能简单重复或宣示现行法上已有的法律规范，而是有的放矢，有针对性地与现行法加以对接，为侨胞行使相关权益提供有效链接，或者消除海外侨胞行权的障碍，增强权利行使的现实性和可行性。也就是说，要切实克服“懒政”型立法，避免简单的引介型条款。在有些领域可能一时难以形成共识，可以先易后难，先就具有高度共识的领域立法，特别是 8 省市经过检验成功的举措。就算该法条文不多，只要管用，只要能够为侨胞带来货真价实的获得感，就不愁侨胞不引用，不愁法官不引用。

3. 促进侨胞诉讼便利化

从侨胞诉讼的实际需要来看，推进涉侨诉讼便利化，一是需要推进全国统一的在线诉讼平台。各省市先后搭建了各种在线诉讼平台。但是，各地区关注点与发力点略有不同，其技术水平与发展阶段有较大差距，存在着标准差异、互不衔接兼容等问题。为此，应构建统一的在线诉讼平台，实现系统与平台的全面对接。最高人民法院对相关技术与功能作出统一标准，并要求各平台之间相互开放界面。[①] 以广州法院 AOL 电子诉讼（服

---

① 周翠：《中国民事电子诉讼年度观察报告（2016）》，《当代法学》2017 年第 4 期。

务）中心为例[①]，当事人在线申请立案时，仅能选择内地居民或者港澳台身份证件，侨胞无法根据其护照进行身份认证。这种情况亟待改变。二是完善侨胞在线授权认证系统。根据《最高人民法院关于适用〈中华人民共和国民事诉讼法〉的解释》第五百二十五条[②]，外国人在人民法院法官的见证下签署授权委托书，委托代理人进行民事诉讼的，人民法院应予认可。其目的旨在方便外国当事人，无须经过相关机构的公证、认证手续，即可委托代理人进行诉讼。同理，只要构建全国统一的在线诉讼平台，完善在线认证系统，侨胞即使在境外亦可很便利地行使诉权，不至于因委托书而构成行权障碍。三是探索侨胞案件的登记和归类标准，定期公布涉侨案件的面上情况，发布涉侨典型案例、参考案例。

① 详情参见广州法院 AOL 电子诉讼（服务）中心网站，ssfw. gzcourt. gov. cn，最后访问时间：2022 年 6 月 30 日。重点侨乡都在推动授权认证通、移动微法院，广东江门推行了“一侨通”服务站，当事人在线授权认证可在 10 分钟完成；广州法院 AOL 开启了授权认证通、域外法查明通等功能。当前的问题在于，往往当事人并不配合。

② 第五百二十五条规定：“外国人、外国企业或者组织的代表人在人民法院法官的见证下签署授权委托书，委托代理人进行民事诉讼的，人民法院应予认可。”

侨民保护的立法理念

林灿铃*

[摘要] 于侨民保护而言，立法理念与责任意识的确立极其关键。在强调国家保护侨民之权利与义务的基础上，将保护侨民作为国家应有的义不容辞的责任这一理念渗透到侨民保护立法中，将国家的义务与责任摆到更加突出的位置，确定侨民保护，既是国家的权力和权利，更是国家的责任和义务。故，侨民保护立法应强调"以人为本""外交为民"的理念，转变"外交保护"的传统权利观念，从"权利主体"到"责任主体"，在法律上、制度上明确国民的基本权利且给予充分、切实的保障。同时，通过侨民保护立法，取得对国际法传统理论的突破，加强国内法与国际法的衔接，并重视国内国际两级法治的和谐。

[关键词] 立法理念；侨民保护；国家管辖权；两级法治

理念是指导人们行为的最内在的根本力量。立法理念是立法的内在精神和最高原理，是法的精髓和灵魂，体现立法者对立法之本质、原则及其运作规律的理性认识和价值取向。正确的立法理念是构建与完善法律制度不可或缺的前提和基础，主导着法的形成与发展，是实现法之最终目的的

* 作者简介：林灿铃，中国政法大学教授、博士生导师、国际环境法研究中心主任、中国国际法学会理事、中国环境科学学会环境法学分会副会长。

最高思想境界。[①] 为了充分体现侨民保护的真谛——家国一体，建立健全侨民保护的法律制度，突破传统理论，确立适应新时期新情势之客观实际的立法理念，当属首务。

一、从“权利主体”到“责任主体”

“主权”是国家的根本属性，国家主权是建构国际关系和国际法的核心与基础。外交保护是国际法上公认的一项基本制度。虽然一国国民在进入他国后要从属于所在国的属地管辖，但他们仍然享有接受其国籍国保护的权利。也就是说，国家有权对其在国外的本国国民的合法权益进行保护，这是国家属人管辖权的重要体现。周鲠生教授认为：“主权国家根据它的属人管辖权，具有对本国在外国的公民行使外交保护的权利。国家机关根据国内法承担护侨的责任；国家驻外使领馆的主要职责之一就是护侨。”[②] 王铁崖教授也指出：“外交保护是一国对其国民所实行的保护。如果一国国民受到另一国违反国际法行为的侵害而不能通过通常途径得到解决，该国民所属的国家有权对其实行外交保护。这是国际法上的一项基本原则。”[③]

通常认为，外交保护是一项国家权利，而不是受害者个人的权利，尽管外交保护的后果会惠及个人。作为国家权利，一国在决定是否行使外交保护权时，不必以请求者（国民）个人的意思作为基础。即使国民提出请求，国家也可以从国家立场考虑不行使外交保护权；反之，即使海外本国国民没有提出请求，国家也可以行使外交保护权，而不论该国民是否接受。显然，这里强调的是：作为国家的一项权利，国家有权保护其在海外的国民，但国家没有保护的强制责任。且，国家行使外交保护通常被认为

---

① 林灿铃：《荆斋论法——全球法治之我见》，学苑出版社，2011 年，第 131 页。

② 周鲠生：《国际法》（上册），商务印书馆，1981 年，第 285 页。

③ 王铁崖主编：《中国法学大辞典》（国际法卷），中国检察出版社，1996 年，第 572 页。

需满足三个条件：

第一，必须有损害事实的客观存在，即本国侨民在所在国的合法权利遭到了该国的非法侵害。《外交保护条款草案》对国际不法行为作出了规定，即指伤害国故意或过失地作出代表国家或受国家纵容的行为，该行为违反国际法规定的义务，给他国或其社会造成损害。

第二，受害人必须符合“国籍持续原则”。国籍是一国对本国公民行使外交保护的重要条件。国籍，即指一国公民所具有的作为该国公民的资格。在国际法上，国籍是个人与所属国权利与义务的连接点，这在国籍国对其国民在境外权益的保护中最能体现。外交保护对公民的国籍要求实际上包括实际国籍原则和国籍持续原则。国际法上实际国籍原则的确立源于“诺特鲍姆案”，被用来解决双重国籍或多重国籍发生冲突时的问题。“实际国籍”是指个人与国籍国之间的密切联系，包括经常居住地、家庭成员主要居住地、经济主要贡献地等行动和内心所归属的国家。这也就意味着，如果一个人的国籍不能反映其与该国家的实际联系，他将不能享有其国籍国行使外交保护的权利。尽管这一原则未被明确列入《外交保护条款草案》，但在行使外交保护的过程中发挥了重要作用。国籍持续原则是指受害人自受到损害时起直至其国籍国向所在国提出外交保护时，应持续不中断地保有该国籍国的国籍。这一原则的目的同样在于保证被保护的个人与保护国之间的实际联系，防止外交保护的滥用。

第三，必须“用尽当地救济”。用尽当地救济原则是外交保护行使的必要条件。这一原则是指，当受害人的合法权益在所在国受到损害时，应将争议提交所在国普通的或特别的行政或司法机关按照所在国的程序法和实体法予以解决。在未用尽所在国法律规定的所有救济手段之前，不得寻求国际程序解决，该受害人的本国政府也不能行使外交保护权，追究其所在国的法律责任。这是因为，当个人权益受到侵害时，首要的权利主张者是受害人自己，其应首先向所在国的行政机关和司法机关寻求救济，这是国家属地优越权的要求，也便于事故的调查处理，有利于维护国家间的友好关系。因此，“用尽当地救济”也成为寻求其他救济措施（如外交保护或人权国际保护）的前提。将用尽当地救济原则作为行使外交保护的条件既是出于对所在国国家主权的尊重，又对预防滥用外交保护权起着重要的作用。

当前，国家依然是国际关系的主要主体，承担着对其国民和对国际社会的责任，具有保护本国人民福祉的义务，也需要履行国际社会所赋予的义务。没有无义务的权利，也没有无权利的义务。“主权”包含权利的同时更重要的还包括责任和义务，即国家承担着对其国民和对国际社会的责任。因而，我们在强调主权权利的同时更应该强调的是国家的责任和义务。国家作为责任主体，首先意味着国家权力当局对保护国民的安全和生命、财产以及增进其福利负有责任；其次是表示国家政治当局对内向国民负责的同时对外向国际社会负责。可见，作为权利主体的同时作为责任主体的国家具有保护其公民的职责，这既是国内宪法的要求，也是国际法律秩序的要求。

国家是人民的国家，人民是国家的主人，国家的外交必须是为人民的根本利益服务的。正是由于确证了国民个人对于国家的基础地位，正是由于确证了个人比国家和社会更为实在这一事物的本来逻辑，所以，国家外交只能“急人民之所急，想人民之所想”。人民的需要就是国家的责任和义务。例如，华侨是中国国民的一个特殊群体，其历史作用与现代作用都十分巨大。所以，在强调外交保护是国家权利、国家行为的同时，须明确：华侨是中国国民，华侨保护立法应明确对华侨进行保护既是国家的权力和权利，更是国家的义务和责任。随着中国经济的崛起和国际影响力的提高，我们必须意识到，加强对境外国民的外交保护已经不单单是保护国家权益以及提高国际地位的一种方法，也是侨心归向的一个重要航标，更是保护侨民个人权益的一种手段，一份责任，一项义务。

所以，我们须以“外交保护是国家的权利也是国家的责任和义务”这一新的立法理念加快侨民保护立法进程，通过完善法制来保护侨民的权益和安全。如此，国民权益维护了，国家利益也就得以实现了。

二、国家管辖权理论的突破

国际法上的国家管辖权是指一个国家通过立法、司法或行政等手段对本国领土范围之内和/或之外的一定的人、事、物进行支配和处理的权利。国家管辖权是国家主权的体现。依据传统国际法，其表现为属地管辖权、属人管辖权、保护性管辖权和普遍性管辖权。

侨民是具有本国国籍而居于国籍国之外的国民，于居住国而言，是外国人。国际法上的外国人指的是在一个国家境内不具有居住国国籍而具有其他国籍或无国籍的人。[①] 从国际法上来看，侨民凝结了两种不同的法律关系。一方面，基于国籍[②]这一法律关系，侨民受国籍国保护，有忠于本国的义务；另一方面，居住国依据其属地管辖权，[③] 对该国领域内的侨民实施管辖并给予相应的义务。外国人应遵守居住国的法律不限于他们入境时的法律，而且要遵守居留期间新制定的或修改的法律。[④] 侨民受其居住国的管辖，不得违反居住国的法律和法令，但由于不是居住国国民，侨民不享有居住国的基本政治权利。这是由体现国家主权的国家管辖权之属地管辖权所决定的。与此对应的是国际法上的属人管辖权。属人管辖权又称为属人优越权，是指国家对所有在本国国内和在国外的、具有本国国籍的人都具有管辖权。[⑤]

---

① 王铁崖主编：《国际法》，法律出版社，1995 年，第 167 – 177 页。

② 国籍是指一个人隶属于某一个国家的国民或者公民的法律资格，其作用在于确立个人与国家之间固定的法律联系。在国际法上，国籍是一个人对国家承担效忠义务的根据，同时也是国家对其进行保护的依据。

③ 属地管辖权是指国家对其领土范围内的一切人、事、物所享有的完全的、排他的管辖权。它表现在一国不仅对在本国领土内的本国的人、事、物具有完全的支配权，而且，一旦外国人、物越过边境进入该国领土后，也即刻处于该国领土主权的支配之下，受到该国属地管辖的制约。参见周忠海主编：《国际法》（第二版），中国政法大学出版社，2013 年，第 117 页。

④ 苏珊·巴丝蒂夫人：《外国人的地位与国际法》，《中山大学学报（哲学社会科学版）》1985 年第 1 期。

⑤ 周忠海主编：《国际法》（第二版），中国政法大学出版社，2013 年，第 119 页。

进入 21 世纪以来，世界安全形势发生了深刻的变化，国际局势瞬息万变、跌宕起伏、错综复杂。暴力冲突、恐怖行为、大规模杀伤性武器的使用以及重大的自然灾害等因素的存在，使侨民极易成为社会骚乱、政局动荡、自然灾害中受波及的群体，侨民的人身、财产等权益被置于危险境地，已有的侨民保护方式已经不能满足当今情势下侨民保护的需要，难以充分有效地进行侨民保护和救助。如何更加有效地保护和救助海外侨民，已经成为当今国际化背景下国际法的新问题。换言之，在诸如自然灾害、恐怖袭击、断绝外交关系或终止领事关系等极端事件发生的特殊情势下，基于前述传统国家管辖权理论以及包括外交保护和领事保护等传统方式根本无法使侨民人身、财产等权益得到应有的保障。而对侨民进行保护是一个国家对其本国国内国民行使保护责任的拓展和延伸，维护海外国民的安全也成为一个国家维护其国家利益的重要内容。

因此，发展中的国际法当为新形势下的这一客观需要提供坚实的理论基础和新规范，立足现实，崇尚正义与法治，重视并促进传统国家管辖权理论的进一步发展与完善，拓展“国家主权管辖事项”之“特殊情势管辖权”，从而建立侨民保护特殊情势管辖权制度，即国家得通过立法、司法或行政手段，在新情势下，当出现极端事件可能侵害或威胁侨民的生命安全，使之处于危险境地的情况发生时，国家得依照法律对侨民进行保护和救助之管辖权。

历史表明，一国在追求国家利益时，不仅重视实际的安全和物质利益，也注重国家的荣誉和尊严等精神利益和精神需求。在国际关系的历史和现实中，世界各国都非常重视国家的荣誉和尊严。一个国家能否保护在国外的本国公民的生命和财产安全是这个国家及其国民在对外关系中的基本需求和关注所在，凸显了这一国的国家形象、国家尊严及国际地位。保护侨民亦是保护国家利益，因而，体现国家主权实质的“特殊情势管辖权”既是对传统国家管辖权理论的补充和发展，也是充分维护国家利益的方法和途径。

权利与义务是对等的。一言以蔽之，无论是国际法原则还是国际习惯，国家的属人管辖权都是由国家主权派生出来的权利，主要体现在本国国民的人身和财产在外国受到侵害时国家对其权益进行保护的权利，国家行使管辖权的规则是由国内法予以规定，通过立法确定其在不同情况下具有何种管辖权以及如何行使，并且在国内司法、行政等体制中予以实施。因此，保护侨民，既是国家的权利也是国家的责任和义务，应视“侨民保护立法”为一个系统工程，以构建完整的侨民保护法律体系和健全的法律制度。

三、国内法与国际法两级法治的和谐

法治是人类文明和进步的标志，是我们追求的目标。推进法治，对实现人类社会可持续发展、消除贫困与饥饿以及保护所有人权和基本自由至关重要。因此，要建立一个公正、安全、和平的法治世界，就必须加强国内立法与国际立法的协调。而国内法治、国际法治是互相促进的，是人类社会法治进程不可分割的组成部分。其中，“作为国际社会基本成员的国家接受国际法的约束，并依据国际法处理彼此关系，维持国际秩序，公平解决国际争端的目标”具有重大的意义，在客观上推动了人类社会的和谐发展。

实行法治就是要取代强权，毋论国内还是国际。《联合国宪章》的序言强调：“重申基本人权，人格尊严与价值，以及男女与大小各国平等权利之信念。”凡是联合国通过法律平等保护和伸张正义，成功地支持变革，使人民生活改善的地方，都是加强了法治。归根结底，法律平等保护作为实现免于恐惧、免于匮乏的手段，是最可持续的保护形式。联合国普遍并且不可分割的核心价值和原则就是相互关联相辅相成的和平、安全、发展、人权、法治和民主。联合国最伟大的成就之一就是在其主持下建立起一整套全面的国际规范和标准。联合国法治方针的一个关键部分是寻求与所有利益攸关方建立有力、持久的伙伴关系，以促进共同目标和协调一致拟订方案。要形成一个全面均衡的认识，我们的法治活动就必须不仅能够确保促进和保护公民权利和政治权利，而且能保护和促进经济、社会和文化权利。

联合国着重于国际法治和国内法治之间的重要衔接，开展更多的工作，以寻找更好的方法支持会员国及其国民在国内落实国际规范和标准，致力于遵守国际义务，并且最重要的是，加强确保有效实行和享有公正国内和国际秩序的机构、政策、进程和条件。经验表明，若没有全球层面的领导和协调一致，国家一级的协调工作则更为艰难。在国内和国际两级加强联合国法治工作的协调一致和质量需要长期的努力。纵观法治领域，无论是从国际刑事司法以及建设和平的积极互补性和拟订司法和安全方案的角度来看，还是从执行国际法中提供技术援助来看，对涉及的众多利益攸关方进行协调统一是改进结果的关键。虽然，国内法治与国际法治和谐一致的达成可能需要采取渐进的办法，但最终一定能够达成。正如联合国秘书长 2010 年度报告所言：以协调和协作的方式努力实现法治天下。这应该成为双边捐助方、受援国、多边和区域组织以及非政府组织的一个全球平台，以便作出最大努力，连贯一致地引导政策，并不断改进做法。① 我们须将国内国际两级法治的和谐作为促进人类安全与繁荣的必要框架，确保各国法律与国际法公平有效，以建立基于法治的国际秩序，对和平与安全以及可持续发展作出重大贡献。

由于侨民“身居海外”的特点，侨民保护立法涉及国外保护问题，涉及不同国家的法律冲突问题，与国际公约、国际习惯以及我国签署、加入的国际条约等相关联。因此，侨民保护立法也就需要根据其特点而具“特色”。

在侨民保护立法中既应建立健全国内法治，又要重视国际法相关原则

---

① 联合国大会第五十六届会议文件（A/65/138）《秘书长报告：加强和协调联合国法治活动（2010 年 8 月 20 日）》之“五、建立一个公正、安全、和平的法治的世界”。

的运用，融合相关国际法的原则、规则，强调侨民保护的国内立法与国际立法相协调，落实侨民国内法保护与国际法保护并重的基本原则。同时，要进一步重视和加强国内法与国际法的衔接，完善国内立法与突破国际法相关理论，如前述“国家特殊情势管辖权”等对传统国际法理论的突破。重视双边、多边条约的缔结和合作范围的扩大，强调国内法治与国际法治和谐一致，以更有效地保护侨民权益。

历史不再被当成民族史来理解和研究，而是被看成人类史，当然也包含民族史，但又超越了民族史。在国内法与国际法互动过程中推进两级法治的建设和发展，真正体现世界各大文明精华并成为维护人类社会长治久安、公平正义、和谐发展的法律保障，是我们在 21 世纪应当承担的历史重任。

四、结语

侨民是一个国家拓展海外利益的重要资源和力量，侨民保护立法是国家实力的彰显和国家形象的确立，更是国家主权意识的重要体现和侨心归向的制度保障。

“国之兴也，视民如伤，是其福也；其亡也，以民为土芥，是其祸也。”（《左传·哀公元年》）一国护侨之兴衰，护侨法治之健全与否，当是最好的见证。当前，国际形势瞬息万变，东西方理念冲突在所难免，我们需要树立和深化以人为本、外交为民的理念，建立健全人文的、和谐的侨民保护法律制度，切实有效地保护侨民权益和维护国家利益，这不仅十分必要，而且意义重大。通过侨民保护立法，取得对国际法传统理论的突破，必将进一步激发侨民爱国热情和增强助国实效，成为促进祖国繁荣富强、推动中华民族伟大复兴的有力支持和有生力量，亦必有益于确立我国良好的国家形象，为我国参与国际关系准则的制定获得国际话语权，进一步提升我国的国际地位。

论涉侨立法中“外国籍后裔”的认定范围与标准

乔素玲　胡鹏翔*

[摘要] 外籍华人是我国侨务工作的重要对象。近年来，“外籍华人”日益频繁地出现在涉侨立法和规范性文件中，但未对其进行明确界定，特别是其所包含的核心群体“外国籍后裔”范围模糊，法律适用对象缺乏确定性，削弱了政策和法律的权威性。本文以我国亲属文化传统为基础，借鉴国外认定外国籍后裔的实践经验，提出界定“外国籍后裔”范围的基本方案，主张从血缘关系、中华文化认同等方面界定其范围与标准，以提高相关规范的确定性与有效性，提高我国侨务法治化水平。

[关键词] 涉侨立法；外籍华人；外国籍后裔；认定范围与标准

我国是侨务资源大国，有 6 000 多万海外侨胞分布在世界近 200 个国家和地区，其中华侨 600 多万，外籍华人 5 000 多万。① 长期以来，海外华侨华人对我国社会经济发展作出了重要贡献，是中国和平发展、实现中华民族伟大复兴不可或缺的重要资源。改革开放以来，随着国家经济社会的

---

* 作者简介：乔素玲，暨南大学法学院/知识产权学院教授，暨南大学侨务与法治研究院研究员；胡鹏翔，暨南大学法学院/知识产权学院副教授，暨南大学侨务与法治研究院研究员。

基金项目：中央高校基本科研业务费项目“暨南大学卓越智库——侨务法治建设研究”（项目编号：19JNZK04）；广东省法学会“侨务法治系列课题研究”［项目编号：GDLS（2022）C5）］之子课题“华侨华人身份认证制度研究”；国家社会科学基金重大项目“中国海外侨胞权益的重大法律问题研究”（项目编号：17DA143）。

① 许又声：《国务院关于华侨权益保护工作情况的报告》，《全国人民代表大会常务委员会公报》2018 年第 3 号。

快速发展和综合国力的不断提升，华侨华人与国内的联系日益密切，他们在国内的政治、经济和文化等权益保护问题愈加突出，有关侨务法治的研究也随之展开。既有学者对侨务法治展开综合论述①，也有学者从不同维度对华侨参政议政、选举权与被选举权、房地产权益、投资权益以及回国定居等华侨主要权益保护问题进行专门探讨②，还有学者围绕华侨权益保护立法问题展开讨论③，但关于外籍华人的专门研究仍较为少见。

按照国内通说，华侨是定居在国外的中国公民，外籍华人是指已加入外国国籍的原中国公民及其外国籍后裔、中国公民的外国籍后裔。④ 在侨务工作中，华侨和外籍华人密不可分，一般统称为侨胞。外籍华人是中华民族的重要组成部分，是维护国家主权安全、发展国家利益、促进中外友好的重要依靠力量，是我国的独特优势资源。目前华侨与外籍华人的人数比例已经形成“一九格局”，外籍华人不仅在数量上占有绝对优势，而且在我国维护国家主权、发展国际关系等方面具有特殊作用。外籍华人一般在其国籍国居住时间较长，拥有广泛的人脉资源，经济社会影响力相对较大，是我国实施“一带一路”倡议、实现中华民族复兴伟大梦想不可或缺

① 有关侨务法治综合性研究的代表性论著主要有：汤唯、张洪波等：《华侨权益的法律保障机制》，山东人民出版社，2006 年；刘国福编：《侨务法律制度研究》，法律出版社，2012 年；张德瑞：《我国侨务法治建设的回顾、反思与前瞻》，《八桂侨刊》2013 年第 4 期；高轩：《论华侨权益保护制度的法治化问题》，《东南亚研究》2014 年第 5 期；刘国福、王辉耀：《法治侨务论》，暨南大学出版社，2019 年。

② 有关华侨基本权益保护的专题研究的代表性论著主要有：高轩：《论华侨选举权与被选举权的法律保护》，《暨南学报（哲学社会科学版）》2011 年第 4 期；胡鹏翔：《华侨房屋土地权益问题探讨》，《暨南学报（哲学社会科学版）》2014 年第 11 期；黄伊娜、冯泽华：《浅论华侨身份认定制度的立法完善》，《法制与经济》2015 年第 11 期；乔素玲、周丹：《华侨回国定居权保障制度研究》，《东南亚研究》2016 年第 5 期；李响、李松霖：《中国海外侨胞法律地位建构的误解及其澄清》，《法治论坛》2020 年第 2 期；冯泽华、侯毅博：《论华侨报考公务员的权益保护》，《广州社会主义学院学报》2022 年第 1 期。

③ 关于侨务立法的相关论文主要有：刘文学：《华侨权益保护有待专门性法律提供支撑》，《中国人大》2018 年第 9 期；刘国福：《华侨国内权益保护立法模式探析》，《东南亚研究》2011 年第 1 期；张德瑞：《我国华侨权益保护专门立法问题探微》，《八桂侨刊》2016 年第 1 期。

④ 国务院侨务办公室关于印发《关于界定华侨外籍华人归侨侨眷身份的规定的通知》，董传杰主编：《涉侨法规政策文件汇编》，暨南大学出版社，2014 年，第 15－16 页。

的依靠力量。近年来，为了贯彻全面依法治国的战略部署，我国不断加强侨务法治建设，大力完善涉侨法律体系，相关立法频繁使用“外籍华人”等概念。但纵览所有政策法规，并未对“外籍华人”的范围进行明确界定，尤其是其包含的核心群体“外国籍后裔”模糊不清，导致相关法律适用对象缺乏确定性，直接影响相关规定的贯彻执行。目前尚无学者对“外国籍后裔”的界定问题进行专门研究。① 有鉴于此，特撰此文，以探究界定“外国籍后裔”的基本思路，提出外籍华人的认定范围与标准，为科学确定涉侨法律适用对象提供可行性对策。不当之处，敬请斧正。

一、“外籍华人”相关概念的使用现状与问题

侨务法治的法律关系主体不仅包括归侨侨眷以及狭义的华侨，而且包括外籍华人。为了适应侨胞结构的变化，近年来我国相关立法与规范性文件中不断写入外籍华人权益保护条款。2015年颁行的《广东省华侨权益保护条例》第三十四条规定：“除法律、法规规定不可享有的特定权利外，外籍华人在本省的有关权益保护，可以参照本条例执行。”② 2016年颁行的《福建省华侨权益保护条例》第三十三条规定：“除法律法规规定不可

---

① 庄国土、刘国福、张秀明等学者曾在相关论著中论及华侨、外籍华人等概念，但均未进行深入的研究和分析。其中庄国土在《世界华侨华人数量和分布的历史变化》（《世界历史》2011年第5期）一文中指出，“华侨”仅指那些保留中国国籍者。“华人”在法律意义上，通常指一定程度上保持中华文化（或华人文化）、中国人血缘的非中国公民。当不强调法律身份时，可涵盖华侨。文中还以“华人”统称“华侨华人”。刘国福等则基本采用国务院《关于界定华侨外籍华人归侨侨眷身份的规定的通知》的界定标准，参见刘国福、王辉耀：《侨务法治论》，暨南大学出版社，2019年。张秀明认识到华侨华人相关概念使用的混乱及其影响，曾著文进行辨析，并指出“中国公民的外国籍后裔，究竟应该包括几代人？出生在当地的三代以上华人的后代，是否属于华人的范畴？仍有待探讨”，但并未提出明确结论。具体参见张秀明：《华侨华人相关概念的界定与辨析》，《华侨华人历史研究》2016年第2期。

② 《广东省华侨权益保护条例》，广东省人民政府侨务办公室官网，http：//www.qb.gd.gov.cn/zcfg/content/post_65995.html，最后访问时间：2016年2月1日。

享有的特定权利外，外籍华人在本省的有关权益保护参照本条例执行。”①2016年颁行、2018年修订的《上海市华侨权益保护条例》第三十一条规定：“外籍华人在本市的正当权益，按照法律、法规和本市有关规定予以保护。”2017颁行的《湖北省华侨权益保护条例》、2018年颁行的《浙江省华侨权益保护条例》、2019年颁行的《大连市华侨权益保护条例》、2020年颁行的《海南省华侨权益保护条例》以及2021年颁行的《四川省华侨权益保护条例》等均有类似条款。换言之，按照地方华侨权益保护立法的规定，除法律法规有特殊规定外，外籍华人的权益保护基本参照华侨相关规定执行。同时，还有一些涉侨地方性规范文件也频繁使用外籍华人的概念。如福建省侨务办公室2017年发布的《关于做好申请华侨、归侨和侨眷身份确认事项的通知》规定：“外籍华人在中国境内的具有中国国籍的眷属视为侨眷。”②根据2019年国家移民管理局在全国范围内推广复制的促进服务自贸区建设12条移民与出入境便利政策，“在中国境内工作的外籍华人，具有博士研究生学历或在国家重点发展区域连续工作满4年、每年实际居住不少于6个月，可向公安机关出入境管理部门申请在华永久居留。其外籍配偶和未成年子女可随同申请”。③

虽然越来越多的规范性文件与地方涉侨法规写入了外籍华人权益保护的专门条款，但均未对“外籍华人”的具体范围进行界定，基本上沿用国务院侨办2009年发布的《关于界定华侨外籍华人归侨侨眷身份的规定》中的相关标准。按照该规定，“外籍华人是指已经加入外国国籍的原中国

---

① 《福建省华侨权益保护条例》，福建人大网，http：//www. fjrd. gov. cn/ct/10－113336，最后访问时间：2017年3月5日。

② 福建省侨务办公室《关于做好申请华侨、归侨和侨眷身份确认事项的通知》，福建侨网，http：//qb. fujian. gov. cn/wsfw/hqgqhqjsfqr/201711/t20171120_281304. htm，最后访问时间：2018年5月6日。

③ 《国家移民管理局在全国范围内推广复制促进服务自贸区建设12条移民与出入境便利政策》，中华人民共和国公安部官网，https：//www. mps. gov. cn/n6557558/c6613913/content. html，最后访问时间：2020年1月3日。

公民及其外国籍后裔；中国公民的外国籍后裔”。[①] 其所设定的“外籍华人”实际上包括三个不同群体，即已经加入外国国籍的原中国公民、已经加入外国国籍的原中国公民的外国籍后裔以及中国公民的外国籍后裔。其中，第一个群体的身份比较容易界定，其标准主要包括两方面，一是曾经拥有中国国籍，二是现已正式加入外国国籍。只要能够提供这两个方面的证明材料，就可确认其外籍华人身份。第二、三种身份的认定标准则比较模糊。我们近期在广东等地开展华侨权益保护立法调研的过程中了解到，由于“外籍华人”中“外国籍后裔”的具体范围模糊不清，而且对如何参照华侨也缺乏具体规定，有关外籍华人的规定很难得到有效适用。公安出入境管理部门通行的做法是将已加入外国国籍的原中国公民及其外国籍子女、中国公民的外籍子女认定为外籍华人，实践中得到认定的基本上是已经加入外国国籍的原中国公民以及中国公民的外国籍子女，与国侨办 2009 年出台的外籍华人身份规定存在明显差异。此外，归化外籍运动员国际比赛资格的取得也涉及外国籍后裔的身份认定等问题。[②]

由此观之，“外国籍后裔”的范围界定及其认定标准的构建直接关乎相关法律关系的主体范围及其权利义务关系等一系列现实问题的解决。随着我国社会经济发展水平不断提高，特别是进一步扩大改革开放，越来越多的海外侨胞投身于中国社会经济建设，外籍华人权利保护问题日益突出，通过立法完善相关法律制度，明确涉侨立法保护主体范围，已经成为当务之急。目前华侨权益保护立法已经列入国家立法研究计划，越来越多

---

① 国务院侨务办公室关于印发《关于界定华侨外籍华人归侨侨眷身份的规定的通知》，董传杰主编：《涉侨法规政策文件汇编》，暨南大学出版社，2014 年，第 15－16 页。

② 近年来，国际体育组织越来越重视“明晰联系”（clear connection）原则，并将其设置为归化运动员国际参赛资格的门槛标准。如现行《国际足联章程》的《适用细则》第 7 条规定，取得新国籍的运动员，若未曾参加过国际足球赛事，则可代表新足球会员协会参赛，但必须满足下列条件之一：第一，出生在新足球会员协会境内；第二，亲生母亲或父亲出生在新足球会员协会境内；第三，祖父母或外祖父母出生在新足球会员协会境内；第四，在年满 18 岁之后在新足球会员协会境内连续居住满 5 年以上。具体参见张鹏：《归化运动员国际赛事参赛资格法律问题研究》，《体育科学》2019 年第 8 期。

的地方性涉侨法规即将出台，“外籍华人”“外国籍后裔”等概念必将以更高频率出现，对“外国籍后裔”进行明确界定已经成为法学研究与涉侨法律实践不可回避的问题。

二、界定“外国籍后裔”范围与标准的基本思路

党的十九大报告提出“广泛团结联系海外侨胞和归侨侨眷，共同致力于中华民族伟大复兴”，同时强调要加快国家治理的现代化与法治化。2020 年 11 月 16 日至 17 日召开的中央全面依法治国工作会议上，习近平总书记提出“十一个坚持”，其中之一就是坚持统筹国内法治与涉外法治。侨务法治是涉外法治的重要内容，提高法律的确定性与可预期性，是侨务法治化的基本要求。因此，我们应当科学理解“广泛团结”，“广泛”与范围的界定并不存在必然的矛盾与冲突，关键是确定重点对象，团结海外侨胞中真正认同中华文化的核心群体。通过界定“外国籍后裔”，明确外籍华人的范围，是实现广泛团结海外侨胞与侨务法治化有机统一的必然选择，是提高侨务法律制度权威性、可操作性的必要之策。后裔属于亲属制度的内容。现代亲属关系的界定范围虽然与国家立法政策的选择密切相关，但根本上则由社会经济发展基础以及亲属关系在社会中的作用最终决定。我国正处于社会转型时期，随着改革开放的深入发展，法律制度的内容也将更为丰富、具体。近年来，国际移民流动更加频繁，我国侨务法律制度面临诸多挑战。“外国籍后裔”的界定涉及国内法治与涉外法治领域，不仅需要立足于中国传统文化，融入我国法律体系，而且必须符合国际法的基本原理。我们应当遵循历史与现实相结合的原则，在继承中国优秀亲属文化的基础上，充分借鉴其他国家的实践经验，提出适应我国现有法律体系的认定方案，达致古今相融、中西合璧的效果，推动我国侨务法治的发展。

（一）继承中国亲属文化的优秀传统

亲属制度因人类共同经营社会生活的实际需要而形成，是社会生活与文化传统的直接反映。要合理界定“外国籍后裔”，首先必须立足于中国亲属文化传统，发掘可供利用的历史资源。我国传统社会长期以“五服”亲属制度划分亲属范围。中国古代亲属主要分为三类，习惯上合称“三党”。对男性而言，即宗亲、外亲、妻亲，又称父党、母党、妻党；对女性而言，即父党、母党、夫党。宗亲是指本宗亲属。本宗即自己出生所在与姓氏缘起的宗族，也就是父亲所在的宗族，故宗亲又称为“父党”。古代男性中心理念盛行，以父亲宗族为本宗成为当然选择。宗亲通常指本宗九族五服亲等之内的亲属，简称“九族五服亲”。至于其具体范围的划定方法，《礼记·丧服小记》概括为“亲亲，以三为五，以五为九，上杀、下杀、旁杀，而亲毕矣”。[①] 即以自己为中心，上至父母，下至子女，总计为三，是亲属中最为亲密的关系。然后由父母向上推至祖父母，由子女向下推至孙子女，总计为五，其关系比“三”要远一些。然后再由祖父母向上推至曾祖父母、高祖父母，由孙子女向下推至曾孙、玄孙，就是九，其关系比“五”更远一些。“杀”乃停止之意，“上杀”“下杀”，就是向上到高祖而止，向下到玄孙而止。“杀”也包含渐行渐远的意思，即向上以父母最亲，其次是祖父母，再次为曾祖父母、高祖父母，越向上关系越远。向下以子女最亲，其次是孙子女，再次是曾孙、玄孙，越向下关系越远。上下共九代，都是直系亲属，古代统称为“正统”。所谓旁杀，就是旁系亲属的范围，其范围划定方法也是“以三为五，以五为九”。即以自己为中心，右至兄弟，左至姊妹，就是三，是旁系亲属中最亲的关系。然后由兄弟旁推至从父兄弟，由姊妹而旁推至从父姊妹，就是五，亲属关系比“三”稍远。进而左右扩展，右至三从兄弟，左至三从姊妹，总计为

---

① 杨天宇：《礼记译注》，上海古籍出版社，1997 年，第 547－548 页。

九，就是旁系亲属的范围。以自己为中心，以上杀、下杀为纵线，以旁杀为横线，形成纵横交叉的“十”字，再将其四角以斜线连接，形成一个菱形图表，因为上下、左右皆为九，所以称为“九族”。在菱形范围内的亲属，就是九族宗亲。九族宗亲范围的划定，乃中国古代的一大发明，是中国古代亲属制度的核心内容。外亲，是指与自己有血缘关系的外姓亲属，或者说是指女系血统的亲属。外亲又称姻亲，是因为自己结婚或者一定的亲属结婚而与他人产生的亲属关系。外亲包括两部分，一是母党，即母亲本宗的亲属，但狭义的母党仅指母亲的父母、兄弟、姊妹以及舅姨的子女。二是本宗女系亲属的子女，因为这些人都是外姓，所以也归入外亲。妻亲，广义上指妻子的本宗亲属。[①] 按照中国古代的九族五服亲属制度，一个人自身的直系亲属可以从长辈和晚辈两个不同方向计算，长辈直系血亲包括父、祖父、曾祖父、高祖父，晚辈直系血亲则包括子、孙、曾孙、玄孙四代。其中的晚辈直系血亲与现代的“后裔”含义相近。此种亲属文化是中国传统社会经济发展水平在家庭关系以及法律制度中的体现，虽然具有浓重的男权主义色彩，但基本上适应古代秩序维护与社会发展的现实需要。

根据男女平等原则，现代法律通常将亲属分为血亲与姻亲两大类。与自己有直接或间接血缘关系的亲属为血亲，与自己因婚姻而相互联系的亲属为姻亲，女系亲属逐渐取得与男系亲属同等的地位。同时，越来越多的国家或地区采用分别限定法规定亲属范围，即在概括规定的基础上，根据各种不同的法律关系，规定不同的亲属范围。如 1930 年公布的《中华民国民法典·亲属编》就对亲属禁止结婚、亲属间的抚养义务与继承权利、刑事上的亲属与亲属免刑等不同法律关系，分别规定了不同的亲属范围。[②] 我国现行法律有关亲属关系的规定集中在婚姻家庭法中。我国婚姻家庭立法长期坚持“宜粗不宜细”的原则，追求法律条文简明，亲属法规范也呈

① 参见丁凌华：《五服制度与传统法律》，商务印书馆，2013 年，第 111 - 114 页。

② 史尚宽：《亲属法论》，中国政法大学出版社，2000 年，第 77 页。

现出抽象、模糊和原则性等特点，所设定的亲属标准颇为粗略、宽泛。[①]在2021年实施的《中华人民共和国民法典》（以下简称《民法典》）中，第五编《婚姻家庭》第三章《家庭关系》第二节《父母子女关系和其他近亲属关系》共九条，规定夫妻、亲子、祖孙、兄弟姐妹之间以及拟制血亲之间的权利义务关系，构成我国亲属实体法的基本内容。由此可知，我国的亲属主要包括夫妻、父母与子女、祖父母与孙子女、兄弟姐妹，其中后裔主要包括子女与孙子女。

（二）借鉴国外实践经验

世界大多数国家通过立法对亲属关系进行规范，印度、日本、德国、俄罗斯等国明确规定了外国籍后裔的认证标准与范围，以色列、爱尔兰等国则因承认双重国籍政策而无须对外国籍后裔进行认证。

印度、日本主要以血缘关系作为认证外国籍后裔的标准。20世纪80年代以来，因经济改革的需要，印度政府高度关注海外移民群体，用“Indian Diaspora”指称海外印度人，全方位保护散居海外的印度族群的权益。[②] 印度政府对海外印度人身份的认证主要有“印度裔”（Persons of Indian Origin，简称PIO）和“海外公民”（Overseas Citizens of India，简称OCI）两种。1999年，印度政府开始实施“印度裔卡计划”，其适用范围可上溯到第四代的印度裔外国人，凡符合条件者均可申请PIO卡。具备以下三项条件之一者，即具有获得该卡的资格：①申请者本人曾经持有印度护照；②申请人的父母、祖父母、曾祖父母中任何一人出生并永久定居在印度；③申请者是印度公民的配偶或者是符合上述两项条件的印度裔外国

---

① 曹诗权：《中国亲属法的法文化源流和形式特点》，《法商研究》1997年第3期。

② “Diaspora”最初是描述犹太人的离散状态的专有名词。其具体含义有二，一是指公元前538年被逐出故土后散居各地的犹太人，二是指犹太人散居的各个地方。但随着全球化进程的发展，世界各国人口的跨境流动渐趋频繁，自20世纪80年代以来，“diaspora”的外延不断扩展，逐渐演化成一个内涵丰富、含义较广的表述“移民”关键词汇，覆盖了诸如移民、迁徙、流亡、客工、流放、海外社群、族裔共同体等内容。参见李明欢：《Diaspora：定义、分化、聚合与重构》，《世界民族》2010年第5期。

人的配偶。[1] 2006年开始实施的“海外公民计划”是对“PIO卡计划”的补充，所针对的人群是1947年8月15日印度独立后从印度移民国外并加入他国国籍的海外印度人及其后代，将其与印度独立前移民海外并加入外国国籍的海外印度人及其后代区别对待。OCI比PIO享有更多权利，而且可以获得一次性的终身多次往返印度签证。这两种卡均不适用于巴基斯坦、中国、阿富汗、孟加拉国、不丹、尼泊尔、斯里兰卡的公民，伊朗公民也需要经过特别审核。2015年，PIO卡和OCI卡合并，具有印度血统且符合条件的外国人均可申请OCI卡，即印度海外公民卡。[2] 印度明确界定印度裔外国人的标准，将印度后裔限定为四代以内及其配偶，以保证国内相关政策法规适用范围的确定性。印度对印裔的认定标准比较宽松，主要采用血统以及与印度的联系等标准确认外国籍后裔的身份，且不受性别、财产、文化程度的影响。既有明确的时间点，又有确定的世代范围，具有明显的规范性和可操作性。日本有关巴西籍日本人后裔的相关规定也颇具代表性。20世纪初至20世纪70年代，大约有20万日本人移民南美洲的巴西、秘鲁等国。进入20世纪80年代，由于巴西经济开始衰退、日本经济稳定上升，越来越多的巴西籍日本人回流日本。为了保护侨胞权益并解决国内劳动力短缺问题，日本国会1989年修订的《移民管理和难民认定办法》设定新的长期居民类别，允许三代以内的日本人后裔获得最长3年的居留签证，但他们并不享有日本公民身份；日本人外籍后裔的配偶和子女也可获得不超过1年的签证。根据日本司法部移民局的统计，2004年共有286 557名巴西国民生活在日本，约占日本国内移民总数的15%。但这项新法律保留了将不符合日本劳动力市场标准的非熟练外国工人排除在外

---

① 参见http：//www. indianembassy. org. cn/Dyn，2017－08－26。

② 参见贾海涛：《印度“海外公民计划”及海外印度人政策的新变化》，《南亚研究季刊》2020年第2期。

的传统政策，对日本外国籍后裔移民实行限制性选择。[①]

德国、俄罗斯则从血缘关系、文化认同两方面对外国籍后裔进行认证。第二次世界大战前后，大量德国人移居到东欧以及苏联地区。冷战结束后，许多德国侨民返回德国。为了解决 1945—1949 年间进入德国的德裔难民与被驱逐者的公民身份问题，《德国联邦基本法》不仅将公民身份给予 1939 年以前居住在帝国边界线内且有第三帝国公民身份的人，而且还给予所有从中东欧及苏联被驱逐的德裔后代。《德国联邦基本法》第 116 条明确规定，给予在 1937 年 12 月 31 日以后的德意志帝国领域被接受的人员以及此类人员的配偶及后裔以被驱逐者、失去家园者、苏占区难民以及后期移民身份，享有德国国籍公民的国民待遇。[②] 德国还专门制定《联邦被驱逐者法》，加强对战后德裔难民、被驱逐德侨的保护。该法专门对德裔（Ethnic German）进行界定，其中第 6 条规定，本法中的“德裔”是指在自己家乡公开声明自己是德意志民族，而且可以通过特定的标志如出生、语言、教育、文化加以证实的人。1923 年 12 月 31 日之后出生的人，如其父母是德国公民或德裔，且本人在离开定居地前通过发布国际声明或其他途径承认自己属于德意志民族，或者根据住在国法律属于德意志民族者，也属于德裔。其他可以证明德意志民族属性的途径包括：具有相当于欧洲语言共同参考标准的相关语言测试 B1 级的德语语言知识；或者是通过德国相关知识测试证明。[③] 德国对德裔的认定采用主客观相结合的标准。主

① Yoko Baba，Claudio G. Vera Sanchez，Returning to the Homeland：The Migratory Patterns Between Brazil and Japan for Japanese-Brazilians，*Journal of International and Global Studies*，2012，Vol. 4，pp. 1 –32.

② 《德国联邦基本法》第 116 条规定：除法律另有规定外，本基本法所称德国人，系指具有德国国籍之人，或于一九三七年十二月三十一日以后，以难民或被放逐者而具有德国血统之资格，或以其配偶或后裔之资格准许进入前德国（Reich）领土之人。前德国国民一九三三年一月三十日至一九四五年五月八日期间，因政治、种族或宗教理由，被剥夺国籍者及其后裔，得申请恢复其国籍。此等人如一九四五年五月八日以后在德国设有住所并未表示相反意思者，视为未丧失其国籍。

③ Douglas B. Klusmeyer，Demetrios G. Papademetriou，*Immigration Policy in the Federal Republic of Germany：Negotiating Membership and Remaking the Nation*，Berghahn Books，Inc，2009.

观上需要德裔在自己的家乡公开声明自己属于德意志民族，承认自己对德国的归属感与忠诚度，这种宣称需要得到周围居民的认同，具有一定证明力。客观上则可以通过特定标志证实其德意志民族属性，譬如出生、语言、教育、文化等。客观标准具有明显的综合性，不是单独考察某一方面，而是相互补充，如果出生时间久远、不宜考察，则可鉴定其语言能力或对德意志民族文化传统的保持程度。此外，德国对不同时期离开德国的德侨的认定标准存在差异，总体上对冷战初期德侨的归国门槛要求较低，20 世纪末期以后的德侨认证标准较高。在俄罗斯的法律文本中，常用“海外同胞”指称其海外侨民及其外国籍后裔。根据《俄罗斯联邦海外同胞国家政策法》，“海外同胞”的范围较为广泛，既包括在俄罗斯联邦领土外定居的俄罗斯公民，也包括历史上被归入俄罗斯联邦境内、现居住在俄罗斯联邦境外的人及其后裔。后者认定为同胞的条件包括证明自己是俄罗斯人的直系亲属，或者作出其他自我认定的行为，表明其对保护俄罗斯语言、发展俄罗斯文化、巩固住在国与俄罗斯联邦的友好关系、支持同胞社会组织发展、保护同胞权利等行为的支持。① 这表明俄罗斯对外国籍后裔的认证实际上采用了血缘关系与文化认同并行的综合性标准。

以色列、爱尔兰等国则因承认双重国籍而无须对其外国籍后裔进行认证。以色列的移民政策以“回归”为宗旨。1950 年以色列颁行《回归法》，号召全世界的犹太人或具有犹太信仰的人回归母国。② 但由于该法并未对犹太人的概念进行明确界定，在国内引起激烈争论。1970 年，以色列国会通过《回归法》修正案，对犹太人身份进行认定，“母亲是犹太人的人，或已皈依犹太教而不属于另一宗教的人，则被承认是犹太人”，③ 采用

① 《俄罗斯联邦海外同胞国家政策法》第 1 条“同胞的定义”以及第 3 条“同胞身份的认定”，参见乔素玲：《俄罗斯海外同胞权益保护制度》，《华侨华人历史研究》2018 年第 4 期。

② Kimmy Kaplan and Emmanuel Sivan, eds, *Haredim Yisraelim: Hishtalvut Belo Temi'ah?* (*Israeli Haredim: Integration Without Assimilation?*), Van Leer Jerusalem Institute/Ha Qibbutz HaMe'uhad Publishing House, 2003, p. 286.

③ Law of Return, http://en.wikipedia.org/wiki/Law_of_Return, 2016 年 3 月 20 日。

的是母系血缘关系、对犹太教的宗教认同两种并行标准。根据以色列 1952 年《国籍法》，以色列的国籍可以通过出生、《回归法》、居住和归化而获得。其中与以色列境外犹太人关系比较密切的条款主要有：若父母一方或双方具有以色列国籍，即使本人出生在国外，也可以按出生自动获得以色列国籍；根据 1950 年《回归法》，无论居住在何处，每个犹太人都有作为移民移居以色列并获得以色列国籍的权利。① 1970 年《回归法》修正案还将犹太人回归、移居和取得国籍的权利扩展到犹太家庭成员，包括其儿孙以及他们的配偶，除非他们信仰其他宗教。《回归法》《国籍法》《居民登记法》和《拉比法庭裁判法》等相关法律的颁行，确定了以色列与以色列境外犹太人的关系，使得他们与圣地和故国的传统纽带得到法律的确认。以色列的海外权益保护政策坚持对海外犹太人的全面覆盖。无论海外犹太人居住在哪个国家，也无论他们在当地的身份是否合法，都享有母国赋予侨民的全部权利。② 以色列实行双重国籍政策，将海外犹太人同胞均视为本国国民，缺乏对海外犹太人后裔进行界定的现实需要，因此官方并未对犹太人后裔的范围作出明确规定。爱尔兰对海外爱尔兰后裔采取的宽松政策与以色列具有高度相似性。根据爱尔兰宪法，可拥有爱尔兰身份的人包括那些在爱尔兰出生并生活的人、根据法律申请获得公民身份的人，以及那些虽生活在国外但具有爱尔兰血统的人，后者又称为“海外爱尔兰人”。海外爱尔兰人是指那些具有爱尔兰血统的人，既包括那些出生后离开爱尔兰到其他国家生活的人，也包括在早期移民到他国的爱尔兰人的后裔。③ 爱尔兰实行高度开放的侨民政策，并未对海外爱尔兰人的血统作出世代的限定，只要具有爱尔兰血统就属于海外爱尔兰人，并得以享有爱尔兰侨民

---

① Israeli Nationality Law, http：//en. wikipedia. org/wiki/Israeli_nationality_law，2017 年 5 月 2 日；Peled，Y.，Citizenship Betrayed：Israel's Emerging Immigration and Citizenship Regime，*Theoretical Inquiries in Law*，2007，Vol. 8，No. 2，pp. 603 – 628.

② 庄国土、康晓丽：《以色列的列的侨务政策及其对中国的启示》，《国际观察》2013 年第 6 期。

③ Government of Ireland，Global Ireland：Ireland's Diaspora Strategy 2020 – 2025，p. 2，https：//www. dfa. ie/media/globalirish/Diaspora – Strategy – 2020 – English. pdf，2021 年 1 月 20 日。

政策所规定的各项侨民权益。

总体来看，实行双重国籍的国家，对于外国籍后裔的认定普遍比较宽泛，甚至无须设定认证标准；而实行单一国籍的国家，则倾向于以血缘关系的世代数量作为主要认定标准，也有国家采用血缘关系与文化认同相结合的综合性认定体系，具体范围则存在宽严之别。

三、确定我国“外国籍后裔”范围与标准的基本方案

鉴于我国长期坚持单一国籍政策，而且目前尚不具备实行双重国籍的条件，为了增强广大海外侨胞对中华民族的认同，我们应当以中国亲属文化传统为基础，借鉴国外相关实践经验，在充分考虑当代中国社会生活的现实需要以及国际关系发展趋势的基础上，建立比较宽泛的“外国籍后裔”认定体系，以减少严格单一国籍政策对海外同胞的不利影响，提高海外侨胞对中华民族的归属感。具体而言，可以从血缘关系和文化传承两条进路构建我国“外国籍后裔”认定体系、确定其具体范围。

（一）以血缘关系作为认定“外国籍后裔”的主要标准

我们应当以我国的亲属法为基础，根据亲属关系范围，结合侨务立法的实际需要，确定“外国籍后裔”的具体认证范围。后裔范围的界定主要涉及后裔自身与其直系血亲的亲等关系。按照我国近代法律传统，直系血亲的计算，是从自身开始往上、下两个方向计算，以一世为一个亲等。目前我国台湾地区仍然沿用此种亲等计算方法与标准。虽然我国现有立法并未对亲等计算方法与标准作出明确规定，但现行刑法、民法事实上采用了类似的亲属等级计算方法。我国现行有关亲属立法采用分别限定法。按照我国《民法典》“婚姻家庭”编的规定，近亲属为配偶、父母、子女、兄弟姐妹、祖孙（祖父母、外祖父母与孙子女、外孙子女），这是目前我国现有法律中所规定的最为宽泛的亲属范围。根据《民法典》“继承”编的

规定，法定继承人的范围为配偶、父母、子女、兄弟姐妹、祖父母、外祖父母、对公婆或岳父母尽了主要赡养义务的丧偶儿媳或丧偶女婿，以及作为代位继承人的被继承人之子女的晚辈直系血亲。2018 年修正的《中华人民共和国刑事诉讼法》第一百零八条规定，近亲属是指夫、妻、父、母、子、女、同胞兄弟姐妹。此外，《中华人民共和国刑法》《中华人民共和国国籍法》等法律也从不同角度对亲属效力作出规定。在这些亲属范围内，属于民事主体后裔的亲属主要有子女、孙子女与外孙子女。鉴于我国《民法典》对亲属关系范围的设定主要是基于扶养、赡养以及财产继承等法律关系的考虑，如果简单套用其标准以划定侨务法中的外国籍后裔范围，就会显得过于狭隘。从凝聚民族感情和构建广泛爱国统一战线的基本目标出发，“外国籍后裔”的范围应当在民法亲属关系的基础上适度加以扩展。同时，鉴于人均寿命在不断延长，四世同堂的现象愈加普遍，五世同堂也在增多，他们互助合作的机会较多，感情最为自然亲近，中国公民或已加入外国国籍的原中国公民对其第二、三、四代外籍后代的影响相对比较深刻，甚至会对第五代产生一定影响。因此，中国公民和已加入外国国籍的原中国公民的五代以内直系外国籍后代，即子女、孙子女、曾孙子女以及玄孙子女，均可根据血缘关系证明材料直接认定为“外国籍后裔”。除法律法规有特别规定外，其在中国国内的权益保护基本上可以参照华侨执行。从世代数量来看，此认证范围与我国古代五服制度中的直系血亲之范围基本相当。当然，“外国籍后裔”的直接认定范围遵循男女平等原则，亲属关系各方主体均将女性包括在内，实际上比我国现行民法以及传统亲属制度中的直系血亲后代范围更加广泛。

（二）以文化认同作为认定“外国籍后裔”的辅助标准

外籍华人具有明显的跨国性特点，除血缘关系外，中华文化认同水平也是判断外国籍后裔与我国关系密切程度的重要指标。鉴于中国公民或已经加入外国国籍的原中国公民长辈与其五代之外的后裔之间的血缘关系相对较远，中华文化对其影响趋于减弱，我们可以采用综合评价的方法，对其进行双系统评估认定，从其与中国公民长辈或已经加入外国国籍的原中国公民长辈之间的血缘关系以及其自身对中国文化的认同等方面构建“外国籍后裔”的综合性认定标准体系。文化认同采用主客观相结合的评估认定办法。所谓主观评估认定方法，主要是要求“外国籍后裔”通过适当的方式声明自己是中华民族的后裔，表示自身对中华民族与中华文化的认同。所谓客观评估认定方法，则需要“外国籍后裔”通过特定的文化测试，证明其对中华文化具有一定的认识水平，譬如中文语言测试、中国文化知识测试等。具体可以通过汉语水平考试（简称 HSK）进行测试，要求“外国籍后裔”达到初等汉语考试水平，或者另外设立中国文化知识测试体系，对申请认定的“外国籍后裔”进行中国文化知识测试，要求其对中国文化具有一定认识。要求外国籍后裔达到一定的中国文化水平，具有一定的民族文化认同，不仅为“外国籍后裔”融入中国社会创造条件，而且为充分发挥其在中华民族伟大复兴中的独特作用奠定情感和思想基础。

最后需要强调的是，基于男女平等的立法原则，各代亲属均应男女同等对待，不仅中国公民或者已经加入外国国籍的原中国公民包括男性和女性，而且应当将子女、孙子女与外孙子女、曾孙子女与外曾孙子女等后世亲属均列入后裔的认定范围。

四、结语

在我国采用单一国籍政策的背景下，为了满足外籍华人来华居住、创业等现实需要，鼓励外籍华人参加中国社会经济建设，我们应当坚持法治化和男女平等原则，以中国血缘关系为主、文化认同为辅的基本思路，对“外国籍后裔”采用宽松的综合性认定标准。血缘与文化认同标准相互补充，兼具灵活性与可行性，对于血缘关系较近的中国公民或者已经加入外国国籍的原中国公民的五代以内直系血亲后代，经本人申请，国家有关管理部门可以直接根据血缘关系证明材料予以认证。对于第五代以外的直系血亲后代，则采用血缘关系与文化认同相结合的综合性认证标准。上述“外国籍后裔”的范围与综合性认定标准体系，比我国现行相关法律中直系血亲计算至第三代的范围更加宽泛。将血缘关系远近与文化认同水平有机结合，明确“外国籍后裔”的具体范围与认定标准，既可以顺应侨务法治化的时代需要，提高法律的确定性与权威性，也能够满足海外侨胞的实际需要，符合我国当代侨务立法凝聚侨心侨力、增强中华民族认同的基本宗旨。不仅可以赋予侨务主管部门一定的自由裁量权，而且能够为侨务政策的适用保留适当的调适空间。采用上述比较宽泛的认定范围与综合性标准体系，既与国际法原则以及世界上多数侨民国家的侨胞保护政策相一致，较易得到国际社会的普遍认同，也有利于充分调动广大海外侨胞参与我国社会经济建设的积极性，促进中华民族伟大复兴。

全国8省市华侨权益保护地方性法规的实证分析

朱羿锟　周代顺*

［摘要］依法维护海外侨胞权益是我国全面推进依法治国的重要组成部分。自2014年以来，涉侨立法正在全国加速推进，迄今已有8个省市颁布了华侨权益地方性法规，其他省市也在应时而动。已颁布的地方涉侨立法在华侨权益的“正当性”边界方面作出了显著贡献，并扭转了华侨与归侨侨眷立法的严重失衡，将华侨本体回归到了涉侨法规建设的中心。从这些地方涉侨立法特点来看，经济权益是各地立法最为关心的，而社会权益与文化权益的地位正逐渐提升，政治权益则已开始纳入规范。国家和其他地区可在此8省市立法的基础上，在直面外籍华人权益保护问题、打通护照身份证明堵点、便利华侨行权等方面，继续完善建设侨权益保护立法。

［关键词］华侨权益；依法治国；地方涉侨立法；护照身份证明；华侨行权

保障侨胞权益，关乎海内外同胞关系和谐，关乎最大限度地凝聚起共同奋斗的力量。自党的十八届四中全会《关于全面推进依法治国若干重大问题的决定》（以下简称《依法治国决定》）明确提出“依法维护海外侨

---

* 作者简介：朱羿锟，暨南大学法学院/知识产权学院教授、博士生导师；周代顺，暨南大学法学院/知识产权学院民商法专业博士生。

基金项目：国家社会科学基金重大项目“中国海外侨胞权益保护的重大法律问题研究”（项目编号：17ZDA143）。

胞权益”以来，全国有 8 个省市积极行动，颁行了华侨权益保护的地方性法规。显然，这是对华侨正当权益边界的有益探索，增强了华侨同圆共享中国梦的获得感。更重要的是，梳理和分析华侨权益保护立法的经验和重点、难点，无疑会为国家层面制定华侨权益保护法奠定基础，亦可为破解相关重点、难点问题提供备选方案。

一、推动涉侨立法转型

1. 从东部到中西部呈加速推进势头

2014 年，《依法治国决定》明确要求“依法维护海外侨胞权益”。2015 年，广东省作为全国最大的侨乡先行一步，颁行了国内首部华侨权益保护的省级综合性地方性法规。2016 年，福建省和上海市等重点侨乡和中部重镇湖北省迅速响应。及至 2021 年，又有四川和贵州两省呼应华侨诉求，制定了华侨权益保护条例。迄今，全国已有 8 个省市制定了省级华侨权益地方性法规。

就区域而言，这 8 个省市已经遍及东中西部，很有代表性。东部与中西部省市占比分别为 62.5% 和 37.5%，亦与侨胞资源分布情况相吻合。东部省市侨胞资源优势明显，起步最早，响应快，且响应者较多。中部响应快，更巧的是，湖北省华侨权益保护条例与上海市甚至同年同月同日获得人大常委会通过，但是接棒者寥寥。西部省份相对起步较晚，但后来居上，仅 2021 年就有四川和贵州两省通过了华侨权益保护条例。

就立法时间和节奏而言，为发挥华侨海内外联系广泛的资源优势，助力其融入本地经济社会发展，华侨有所呼，国家有所令，各省市应时而动，积极作为，大有加速推进之势。除 2017 年和 2019 年外，每个年度至少有 1 个省市颁行了华侨权益保护条例，2016 年和 2021 年分别有 3 个和 2 个省市成功地颁行华侨权益条例。北京市早在 2018 年就已经将制定华侨权益保护条例列入市人大立法议程，江苏省不仅有 2016 年的《江苏省保护和促进华侨投资条例》作为坚实的基础，还有南京、苏州和扬州等重点侨乡对华侨和归侨侨眷保护立法探索和经验，完全可以相信后有来者。

2. 尝试探索华侨权益的正当性边界

从《中国人民政治协商会议共同纲领》到1954年宪法，及至现行宪法，均明确规定国家保护华侨的正当权益。囿于华侨权益专门法律的缺失，究竟哪些属于华侨正当权益则是不明确的，基本是依靠政策之治，显然不利于华侨形成参与和服务国家发展战略的稳定预期。8省市的地方性法规的另一个显著贡献，就在于助力探寻华侨权益的正当性边界。从这8部华侨权益保护条例文本来看，共涉及27项华侨权益，其中经济、社会、文化和政治权益分别为12项、10项、2项和3项（详见图1）。具体而言，各省市情况不一，8省市华侨权益均值为19.2项，其中经济、社会、文化和政治权益分别为7.6项、8.1项、1.4项和2.1项。广东省起步最早，华侨权益数量为22项，贵州省利用后发优势，华侨权益有23项之多，位列第一。这就为寻求最大公约数，厘定华侨权益的边界奠定了坚实的现实基础。

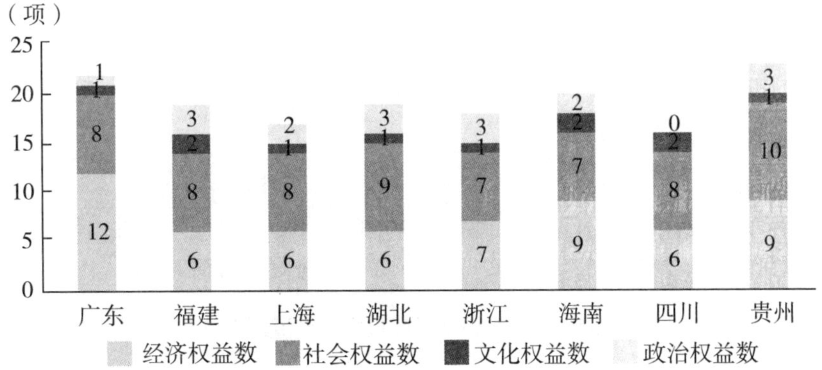

图1 8省市华侨权益的分布情况

3. 华侨本体回归涉侨法规建设的中心

8省市的地方性法规在一定程度上缓解了华侨权益保护制度供给严重

不足的情形，也扭转了华侨与归侨侨眷立法严重失衡的局面。长期以来，国家层面没有出台华侨权益保护的法律，而归侨侨眷权益保护法早在 1990 年就出台了。相应地，各省市涉侨立法均聚焦于实施该法。以这 8 省市为例，广东、福建、上海和海南等地于 1992 年即出台本省市的实施办法，浙江、四川和贵州等地于 1993 年出台，湖北于 1994 年出台了实施办法，并因应情势变迁不断修订完善，贵州省对归侨侨眷权益保护办法修订达到 4 次之多。显然，华侨本是涉侨法治建设的中心，却长期处于边缘化的境地。

令人欣慰的是，8 省市的华侨权益保护条例对于改变这种结构失衡卓有成效。仅就这两类地方性法规的文本而言，华侨权益保护条例条文数量的均值为 36. 5 条，湖北省为 42 条，条文数量最多，而上海为 32 条，条文数量最少。而归侨侨眷权益保护办法的条文数量均值为 31 条，湖北省为 39 条，条文仍是最多的，广东省为 24 条，为数最少。除上海市外，其余 7 个省份都是华侨权益保护的条款数量超过归侨侨眷权益保护办法（以上均见图 2）。可见，各地立法资源投入的重心开始回归华侨本体，以充分发挥其服务国家发展战略的独特优势。

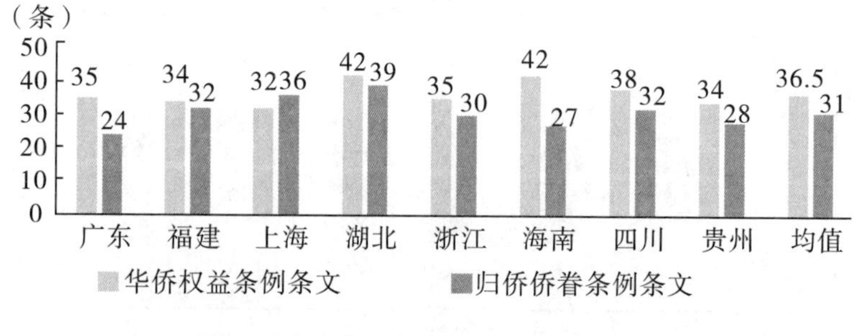

图 2 华侨与归侨侨眷权益制度供给比较

二、8 省市华侨权益保护地方立法的主要特点

1. 经济权益一马当先

经济权益无疑是 8 省市华侨权益保护立法的重头戏，亦是推进华侨权

益保护地方立法的首要出发点。开华侨权益保护地方性法规先河的是广东省，华侨权益22项，经济权益最多，达到12项，占比为54.5%。海南自身侨胞资源优势并不明显，但海南自由贸易港建设完全可以借助全国各地的侨胞资源，2020年海南侨胞权益保护条例的经济特色鲜明，经济权益占比达到45%。贵州虽地处西部，同样注重发挥侨胞的人才、技术和资金的优势，23项华侨权益之中经济权益有9项，占比为39.1%，位居第三。就整体而言，8省市经济权益比重的均值也达到38.9%。

在27项华侨权益之中，经济权益有12项，其分量无疑是最重的。对于华侨私人房屋的征收与补偿，各地完全一致，均予以规定。至于华侨投资者的财产、财产收益等合法收益的转让、继承、汇出境外，除福建外其余7省市均予以明确规范。至于宅基地、承包地流转、集体经济组织的股份等事项，均有5省市予以明确的规范，给予华侨相应的保护。唯有侨汇，仅最早立法的广东予以规范，其余7省市均未予明确规范，盖因侨汇系华侨财产之一种形态，只要有对华侨财产权保障的规范，亦可涵盖侨汇，倒不至于因此形成华侨财产权保护的盲点。

创新创业关乎各省市究竟如何发挥华侨的独特优势，推进双循环新发展格局，8省市均给予格外重视。其一，上海、浙江、四川和海南等地明确规定，鼓励和支持华侨在对外开放和合作交流中发挥桥梁纽带作用，助力“一带一路”建设。上海华侨权益保护条例第四条对华侨的4项鼓励和支持中，有2项就是直接针对华侨来沪创新创业，一是鼓励和支持华侨利用人才、技术、资金的优势，参与国际经济、金融、贸易、航运中心和具有全球影响力的科技创新中心建设。二是鼓励和支持华侨在上海自贸区的金融服务、航运服务、商贸服务、专业服务、文化服务、社会服务等领域及其他重点发展的领域投资。为此，还设专条鼓励华侨在战略性新兴产业和现代服务业、先进制造业等领域创新创业。其二，湖北和海南两省均设投资创业专章，湖北省为第三章共计十条，比重接近1/4。海南省亦为第三章，共九条，占条文数量的达到21.4%。四川省华侨权益保护条例虽不分章，而该条例本身系修订原本专门的华侨投资权益保护条例而来，创新创业的中心地位自不待言。地处西部的后来者贵州亦高度重视华侨创新创业，直接涉及创新创业信贷及融资支持、设立研发机构科技成果转化等事项的就有 6 条之多。其三，侨资待遇二元制探索。海南、四川、贵州等多数省市系参照外资待遇，市场准入适用负面清单制。浙江省有所创新，对于华侨以其中国境内全资企业、其他经济组织的名义投资，准予适用内资待遇。易言之，侨资待遇可能因出资者身份在中国境内境外而异，侨资出资者在内地的适用内资待遇，在境外则参照外资待遇。

2. 社会权益日趋重视

华侨的社会融入度与经济参与的广度深度息息相关。华侨的经济参与愈广愈深，愈需要社会权益。反之亦然。难怪 8 省市的华侨社会权益 10 项，数量少于经济权益，而各省市社会权益比重的均值为 42.3%，高于经济权益的 38.9%，位居第一。其中，四川省的华侨社会权益 8 项，占比达到 50%，位居第一。湖北省的华侨社会权益 9 项，占比为 47.4%，位居第二。上海市的华侨社会权益为 8 项，占比为 47.1%，位居第三。

在华侨的 10 项社会权益之中，因相关国家政策明确，8 省市完全一致的就有护照的同等身份证明力、回国定居、就业、社会保险、医疗保险和捐赠 6 项，远远高于经济权益。华侨的生育政策仅上海、福建和海南 3 个省市未予明确规范，华侨获得物质帮助和救助权仅浙江省和海南省未予明确规范。华侨的公务员招录政策仅有福建、湖北和海南 3 省给予明确规定，居住证仅有上海和湖北两地予以明确规定。诚然，各地回应华侨社会权益的高度一致性，确实表明华侨有所呼，立法有所回应，亦表明具有普遍性。鉴于社会领域的政策更倾向于强制性，往往涉及国家事权，回应问题并不代表真正解决了问题。

3. 文化权益渐受关注

博大精深的中华文化是海内外同胞共同的魂，华侨具有海内外联系广泛的优势，保护华侨的文化权益事关重大。这主要体现为华侨子女就学、华文教育和文化遗产保护等方面，立法文本的相关条款确实不多。整体而言，8省市的华侨文化权益占比为7.3%，仅四川、福建和海南3省的占比超过10%，分别为12.5%、10.5%和10%。具体而言，华侨子女就学各地高度一致，均予以回应，即义务教育阶段适用监护人户籍地或其父母所在省工作地适龄子女入学同等待遇，高中阶段的考试适用其父母出国前或其祖父母、外祖父母户籍地学生同等待遇，高考则依国家和所在省的规定享受优惠待遇。至于华侨文化遗产保护，福建、四川和海南3省予以明确的法律保护。

国之交在于民相亲。当下，美国西方势力愈是“卡脖子”，愈是抹黑中国，愈应重视发挥华侨的民间外交作用。对此，无论是福建强化华文教育的支持，还是上海、浙江、海南和四川4省市鼓励华侨在对外合作交流和民间往来中发挥桥梁和纽带作用，无疑是具有前瞻性和战略性的。福建华侨权益保护条例要求各级政府及其侨务、教育等部门应当在政策、资金、师资、教材方面扶持华文教育基地建设，加大对海外华文学校的支持力度，并鼓励有条件的学校和个人参与海外华文教育。上海华侨权益保护条例细化了鼓励华侨在发挥这种桥梁纽带作用的领域，即对外开展的经济、科技、文化、教育、卫生、体育等领域的合作交流和民间友好往来。

4. 政治权益前瞻性破题

华侨的政治权益无疑最具挑战性，除四川外，其余7省市均予以回应。归结起来，各地共有华侨参政议政、选举权和社团活动3项华侨政治权益。福建、湖北、浙江和贵州4省对3项权益予以回应，上海回应了华侨选举权和华侨社团事宜，海南回应了华侨选举权和参政议政权益，而率先开展华侨权益地方立法的广东，仅仅回应了华侨社团事宜。相应地，福建、湖北、浙江和贵州4省华侨的政治权益占比分别达到15.8%、15.8%、15.8%和13%，上海和海南也都在10%以上，分别为11.8%和10%。

三、8 省市华侨权益地方立法的难点与启示

毋庸讳言，8 省市华侨权益地方立法也遇到各种难点问题。这正是国家层面侨胞权益立法继续努力的方向，各地所尝试的地方性解决方案亦具有参考意义。

1. 外籍华人权益保护绕不开

除四川外，其余 7 省市均回应了外籍华人的诉求，参照华侨权益予以保护，盖因侨胞结构早已形成“一九”格局，外籍华人群体占绝大多数。关键是，以地方立法权破解外籍华人权益保护捉襟见肘，亟待国家立法继续前行。一是多数参照少数不伦不类，更难以周延。二是外籍华人权益不清不楚。无论是广东、福建、湖北、浙江和贵州 5 省的积极引介模式，只要法律法规未说“不”即有权益，还是上海和海南的留白型引介模式，只要法律法规未说“是”即无权益，外籍华人的权益仍不可预期。而且，留下了巨大的执法裁量空间，执法恣意在所难免。

其实，国籍并非侨胞权益保护的障碍。从韩国到日本、印度、菲律宾、印度尼西亚、以色列，从俄罗斯到德国、法国、意大利、西班牙，从巴西到墨西哥、智利、阿根廷、哥伦比亚，亚欧美等侨胞大国无不名正言顺地保护已入外籍的侨胞权益。

2. 护照身份证明仍有堵点需打通

以护照证明华侨身份遇阻，无疑是华侨遇到的较为集中的难题。这原本是于法有据的，《中华人民共和国出境入境管理法》第十四条规定，华侨办理金融、教育、医疗、交通、电信、社会保险、财产登记 7 个领域，护照具有同等的身份证明力。对此，8 省市地方立法均予以加持，都重申了华侨护照的同等身份证明力。而实践中，华侨仍屡屡遭遇身份证件被卡壳的问题。

难能可贵的是，浙江、海南和贵州等地充分利用后发优势，直指核心

症结。浙江和贵州进一步要求，有关部门和单位“应当采取措施，完善相关信息系统”，以打通护照身份证明的“最后一公里”。海南则更有胆识，明确规定有关部门和单位“应当与国家出入境身份证件认证服务平台对接，将华侨的护照纳入政务服务和公共服务等领域的身份证件选项”。《出境入境管理法》业已颁行10年了，以护照证明身份仍步履维艰，前述规定往往成为“没有牙齿的老虎”，究竟如何让其“有牙齿”，华侨权益保护立法自应认真对待。

3. 华侨行权亟待便利化

常言道，皮之不存毛将焉附。华侨身份证明难，行权自然更难，问题就在于缺乏侨胞身份的精准定位，更没有与此相应的“民族身份证”或“国家身份证”。从《共同纲领》到1954年宪法，再到现行宪法第五十条，华侨权益一以贯之地以“正当”为限，显然是将其作为特殊群体对待的。果真如此，不至于像广东、福建、上海、浙江、四川、海南、贵州等地一味地纠结于华侨的“公民权”。

要解决华侨行权难，身份证明难，侨胞证就不能再缺位，应研究行之有效的解决之道。回乡证、台胞证和港澳台居民居住证赋予了港澳台同胞特殊身份，便利其出入境，在内地生活、学习和工作。相应地，侨胞证亦可实现国内公民与华侨、外籍华人与外国人“解绑”。这样，还可实施侨胞证分类管理，梯次赋权，权益集成。无论是出入境，还是在国内投资创业，均可凭证行权，享受工作、学习和生活等多方面便利。国内居民异地流动、港澳居民往来内地、台胞往来大陆均有“证”保障，侨胞之“证”乃华侨的急难愁盼，亦是国家立法努力的方向。

从地方到中央：我国华侨权益保护立法路径探析

王方玉*

[摘要] 改革开放以来，我国在华侨权益保护方面形成了比较丰富的立法，但目前不管是中央立法还是地方立法，都存在过于分散、滞后、疏漏等不足。既有立法的不足影响了相关制度的实施和我国侨务工作的法治化推进。从现实来看，总结积累地方华侨权益保护的立法和实践经验，并对中央层面已有的相关立法进行内容梳理，构建从地方到中央统合的立法路径是比较可行的策略。最终，由全国人大制定专门的、综合性的华侨权益保护法，是加强华侨华人权益保障的重要路径。

[关键词] 华侨权益；归侨侨眷；地方立法；中央立法

我国拥有丰富的侨务资源，近代历史上，分布在世界各地的华侨华人曾经为中国的革命事业作出巨大贡献。改革开放以后，海外侨胞和归侨侨眷在推动中国对外开放、加强中外合作中继续发挥独特的支持作用，既缓解了当时国内资金与人才的短缺，又促进了中国与其他国家或地区的交往。党的十八大以后，随着依法治国的深入推进，加强侨务法治建设、保护华侨正当权益不但是党和国家统一战线工作的重要内容，也成为我国法

---

* 作者简介：王方玉，男，法学博士，华侨大学法学院教授。

基金项目：中国侨联课题“从地方到中央的统合——我国华侨权益保护专门立法的路径选择”（项目编号：19BZQK241）；司法部国家法治与法学理论研究项目“第三方参与设区市地方立法后评估研究”（项目编号：20SFB2001）。

治建设的重要组成部分。党的十九大报告强调，要广泛团结联系海外侨胞和归侨侨眷，共同致力于中华民族伟大复兴。2021 年，习近平总书记在庆祝中国共产党成立 100 周年大会上指出，“爱国统一战线是中国共产党团结海内外全体中华儿女实现中华民族伟大复兴的重要法宝”。[①] 当前，侨务工作不仅已经成为国家一项长期、重要、涉及多领域协同的工作，而且是我国法治建设的一个重要领域。法律的核心内容是权利和义务，要提高侨务工作的法治化并强化对华侨权益的保护，良好的法律制度体系是基础，通过立法加强归国及海外华侨相关权益的保护非常重要。有学者指出，新时代侨务工作应以凝侨心、聚侨力、护侨益为三大核心要求。[②] 要实现如此目标，有必要以落实宪法和涉侨相关法律为遵循，深入推进华侨权益保护的立法工作。但是我国目前没有专门的华侨权益保护法，是否需要专门立法、如何进行立法等问题都亟待深入解析，本文即对此进行探讨。

一、关于华侨权益保护立法的研究状况

关于华侨权益保护立法问题，近年来已有部分学者在相关论著中予以探讨，这里首先对理论研究状况进行回顾。林灿铃关注了我国华侨权益保护的立法现状、立法理念与原则及立法模式等问题，论证了我国制定专门华侨权益保护法的必要性。[③] 张德瑞也认为，在新形势下对华侨权益保护进行专门立法适应国情、侨情的现实变化，符合完善中国特色社会主义法律体系以及加强侨务工作依法行政的需要。[④] 当然，学界也有不同的观点，刘国富提出制定特别法保护华侨国内权益因其立法和执法成本巨大，并非保护华侨权益的最佳选择。[⑤] 此外，有学者指出，我国华侨权益保护立法

---

① 习近平：《在庆祝中国共产党成立 100 周年大会上的讲话》，《求是》2021 年第 14 期。

② 刘国福、王辉耀：《法治侨务论》，暨南大学出版社，2019 年，前言第 1 页。

③ 林灿铃：《论华侨权益的法律保护》，《暨南学报（哲学社会科学版）》2014 年第 11 期。

④ 张德瑞：《我国华侨权益保护专门立法问题探微》，《八桂侨刊》2016 年第 1 期。

⑤ 刘国福：《华侨国内权益保护立法模式探析》，《东南亚研究》2011 年第 1 期。

实践呈现出立法视野全球化、立法保护制度化、立法范围清晰化、立法效果综合化等特征。在全球化条件下，华侨权益保护立法要对跨国移民因素进行制度吸纳。侨务立法在立足国内实际的基础上，还应关注华侨在跨国移民中的实际发展状态，制定融合发展理念指导下的侨务法。① 此外，还有其他一些文章在讨论某些问题时顺带分析了制定华侨权益保护法的必要性。总体来看，国内理论界和实务界更倾向于制定专门的华侨权益保护法，这样有利于完善侨务法律体系，提高执法水平，增强华侨权益的保护。

此外，目前理论与实务界对制定华侨权益保护法的具体立法路径及要求也存在不同看法。刘国富提出华侨权益保护的立法模式应由特别法转向一般法。② 张德瑞提出华侨权益保护专门立法，要注意协调不同立法之间的效力与调整范围，专门立法要与其他已有立法进行合理协调。③ 肖露琼提出我国侨务立法的发展趋势是从松散的政策到系统立法、从自上而下到中央与地方相结合，侨务立法应逐步体系化。④ 2015 年之后，有关华侨权益保护的地方性立法增多，一些学者对此进行了针对性分析，并提出中央立法要借鉴地方立法的经验。李忠壹、邢志人通过对辽宁省立法的研究，分析了通过地方立法保护华侨权益的问题。⑤ 潘新美认为应该改变目前华侨权益保障过于分散的立法状况，统合不同法律规定形成专门立法。⑥ 姜大伟则分析了福建的立法经验，并探索存在的问题及相应对策。⑦ 从已有的立法来看，华侨权益保护立法确实存在着相关立法仍显分散而亟待整

① 张振江、宋婉贞：《华侨权益保护立法进展及特征：跨国移民视角》，《统一战线学研究》2020 年第 2 期。

② 刘国福：《华侨国内权益保护立法模式探析》，《东南亚研究》2011 年第 1 期。

③ 张德瑞：《我国华侨权益保护专门立法问题探微》，《八桂侨刊》2016 年第 1 期。

④ 肖露琼：《我国侨务立法的演进与发展》，《现代法治研究》2018 年第 1 期。

⑤ 李忠壹、邢志人：《以问题为导向的地方华侨权益保护立法研究——基于辽宁地区侨务实践》，《沈阳师范大学学报（社会科学版）》2019 年第 1 期。

⑥ 潘新美：《新形势下华侨权益的法律保护》，《中国社会科学报》，2019 年 5 月 29 日。

⑦ 姜大伟：《华侨权益保护地方立法的福建实践：经验、问题及其对策》，《八桂侨刊》2022 年第 1 期。

合、部分规定过于抽象而可操作性不强，以及法律责任虚化等问题，应结合国家相关政策和各省实际，对相关立法予以调整、补充和修正。

总结来看，相关理论研究成果表明，制定专门的保护华侨权益法是加强华侨权益保障、提高司法与执法水平的重要措施，但如何实现专门的立法、选择什么样的立法路径还需要更深入探讨。在新时代背景下，侨务工作实践以及国家的法治环境已经发生了不少变化，改革开放初期制定的一些侨务法律法规已经无法充分适应时代需要。因此，需要对当前的立法状况进行梳理，为探索更合理的立法路径和立法内容奠定基础。

二、我国华侨权益保护立法的梳理与评析

华侨权益保护方面的立法是我国侨务法领域的主要组成部分，即相关国家机关针对华侨（广义上包括侨民）及归侨侨眷权益保障问题，依照法定程序制定、修改、废止法律的活动。推进侨务工作的法治化、强化华侨权益保护，必须立法先行，发挥立法的引领和推动作用。1978 年改革开放之后，经过 40 多年的发展，我国华侨权益保护方面的立法取得了显著成就。当然，随着时代发展，现有立法已经显现出一些不足，本文这一部分对此进行梳理和评析。

1. 涉及华侨权益保护的相关立法

（1）宪法中的相关规定。中华人民共和国至今产生过四部宪法，都对华侨权益问题进行了规定。1954 年宪法第二十三条、1975 年宪法第二十七条第六款、1978 年宪法第五十四条、1982 年宪法第五十条和第八十九条，均明确作出保护华侨的正当权利和利益。其中，1978 年宪法第五十四条的规定最具特色，“国家保护华侨和侨眷的正当权利和利益”，即不仅规定保护华侨的正当权利和利益，还要保护侨眷的正当权利和利益。这一颇有特色的规定也被现行 1982 年宪法继承下来。除了直接规定保护华侨权益外，《中华人民共和国宪法》（以下简称《宪法》）在第八十九条有关国务院职

权的规定、第三十三条有关中国公民权利和义务的规定，均涉及华侨权益。此外，《宪法》第七十条还规定，全国人民代表大会设立华侨委员会等专门委员会。宪法作为国家根本大法，是公民基本权利的渊源，《宪法》的相关规定赋予了华侨权益保护最根本的合法性基础。

（2）《中华人民共和国归侨侨眷权益保护法》的规定。关注海外侨胞及归侨侨眷的合法权益一直是中国共产党的优良传统，早在 1945 年中国共产党第七次全国代表大会上，毛泽东同志就提出“保护华侨利益，扶助回国的华侨”，这一原则也在 1949 年中国人民政治协商会议的《共同纲领》中确定下来。改革开放后，中国在涉侨权益保护方面从原来主要依靠政策办事，逐步转向依靠法律办事，不仅前述 1982 年宪法中有多处相关规定，而且还制定了相应的法律法规。其中，《中华人民共和国归侨侨眷权益保护法》（以下简称《归侨侨眷权益保护法》）① 是华侨权益保护领域的核心法律，也是我国侨务法制建设的重要成果，推动了我国侨务工作逐步走向法制化与法治化。本法实施 30 多年来，对保护归侨侨眷的合法权益、提升海外侨胞爱国爱乡的积极性等发挥了重要作用。本法目前共有 30 条，没有区分章节，主要涉及归侨及侨眷的经济社会权利、子女教育、投资与就业保障等。从立法本身和社会背景变迁来说，本法具有强烈的时代特色，既遵循了我国《宪法》关于保护归侨侨眷合法权益的要求，也体现了中国共产党的侨务政策，是党和政府关心归侨、侨眷的具体体现。但是，随着我国市场经济的发展和国际形势的变化，需要对新情况、新内容加以规定。

（3）我国其他部分法律中涉及华侨权益保护的规定。除了《归侨侨眷权益保护法》，我国的其他法律（狭义）中也有相关直接规定。①《中华人民共和国民法典》（以下简称《民法典》）中的规定。2020 年通过的

① 1990 年 9 月 7 日第七届全国人民代表大会常务委员会第十五次会议通过。根据 2000 年 10 月 31 日第九届全国人民代表大会常务委员会第十八次会议《关于修改〈中华人民共和国归侨侨眷权益保护法〉的决定》第一次修正。根据 2009 年 8 月 27 日第十一届全国人民代表大会常务委员会第十次会议《关于修改部分法律的决定》第二次修正。

《民法典》在第一千零九十八条和第一千零九十九条对华侨收养三代以内旁系同辈血亲子女问题进行了规定，并且相对而言放宽了要求，体现了“适当照顾”的侨务法精神。②选举法中的规定。《中华人民共和国全国人民代表大会和地方各级人民代表大会选举法》（2020 年修正）第七条对旅居国外的华侨的选举权进行了规定，明确了华侨作为中国公民享有的选举权利，国家也在努力保障华侨选举权利能够顺利实现。③《中华人民共和国国籍法》中的相关规定。按照我国的法律要求，“中华人民共和国不承认中国公民具有双重国籍”。《中华人民共和国国籍法》对于中国国籍的取得、丧失和恢复以及我国对双重国籍的态度，对华侨及海外华人的影响巨大，会影响华侨身份的认定。④《中华人民共和国公益事业捐赠法》中的相关规定。本法第十五条第二款、第二十条、第二十六条等涉及华侨捐赠问题。⑤出入境管理方面的法律规定。2012 年的《中华人民共和国出境入境管理法》对华侨出入境及申请回国定居等问题进行了规定，这些法律是出入境主管机关行政执法的具体法律依据。当然，我国不少立法中由于规定公民权利而间接涉及华侨权益保护的条款也有很多，本文不再进行大范围梳理。

（4）行政法规中的相关规定。行政法规在我国法的形式体系中具有桥梁作用，主要任务是保证宪法和法律的顺利实施。与华侨、归侨、侨眷接触并办理事务的主要是行政机关，华侨权益的保护主要也是由行政机关来完成。涉及华侨权益保护的行政法规主要包括《国务院关于鼓励华侨和香港澳门同胞投资的规定》（1990 年）、《中华人民共和国归侨侨眷权益保护法实施办法》（2004 年）等。第一个文件涉及鼓励华侨和香港澳门同胞投资，当时改革开放才 10 来年，体现了当时内地扩大开放、推动外来投资的迫切需求。第二个行政法规是国务院实施《归侨侨眷权益保护法》的具体措施文件。此外，其他部门规章中也有一些散见的规定，比如出境入境管理方面的要求。

（5）地方性法规。根据《宪法》和《中华人民共和国立法法》的规定，有权制定地方性法规的机关包括省级人大和设区市人大。侨务问题相对其他地方性事务来说，确实具有地方特色，各省市所处的地理位置不同，拥有的华侨、归侨、侨眷的数量也不同，再加上地方文化和传统风俗的差异，各个地方在侨务管理和涉侨权益保障方面，采取的具体做法具有一定差异。因此，强化华侨权益保护的地方立法具有现实必要性，目前确实已经有了不少地方性立法成果。首先，一些省市为落实《归侨侨眷权益保护法》的实施而制定了省级实施办法。比如，重庆市人大于 1998 年制定了《重庆市实施〈中华人民共和国归侨侨眷权益保护法〉办法》，我国其他各个省份都同样有这样的实施办法，这里不再重复列举。其次，一些省市已经制定了单独的华侨权益保护条例，比如 2021 年的《贵州省华侨权益保护条例》等。截至 2022 年 6 月底，已有 10 个省市制定了华侨权益保护的地方性法规（见本文第四部分的统计）。最后，地方立法文件还包括涉及华侨捐赠、华侨投资及华侨房地产等方面的地方立法，比如 2009 年《安徽省华侨捐赠条例》、2016 年《贵州省华侨捐赠公益事业条例》、2016 年《江苏省保护和促进华侨投资条例》、1997 年《汕头经济特区华侨房地产权益保护办法》等。这些地方性华侨权益保护条例为制定专门的华侨权益保护法积累了地方经验，也正因此，本文才提出，可以采取从地方到中央的路径制定华侨权益保护法。

2. 既有华侨权益保护立法的成就

（1）华侨权益保护立法的内容不断丰富，体系不断完善。伴随全球化及我国对外开放的扩大，华侨和海外侨胞境内外的流动特性也不断增强，我国侨务立法工作顺应时代需要，不断完善并呈现体系化的特点，取得了丰富的立法成就。我国已形成了归侨侨眷权益保护法律体系和华侨法律体系框架，也努力探索有关外籍华人的立法。① 从前面的梳理来看，既包括了宪法的基本规定，也包括法律、行政法规和地方性法规，形成了体系化

① 刘国福、王辉耀：《法治侨务论》，暨南大学出版社，2019 年，第 13 – 15 页。

的立法层次与结果。

（2）华侨权益保护立法的科学化水平不断增强。改革开放40多年来，我国华侨权益立法保护不仅呈现制度化、体系化的趋势，并且立法的科学化水平不断增强。在立法理念方面，贯彻了党和国家的侨务政策，确立了侨务立法的“一视同仁、不得歧视、根据特点、适当照顾”指导原则，并出台了相关配套措施。在制度分布上，形成中央立法与地方立法相互结合、适当体现地方特色的风格。其中，地方立法在华侨权益保护方面越来越发挥明显的作用，华侨权益保护的地方立法也为中央立法积累了丰富的经验。在内容上，法律制度内容细致，可实施性不断增强，不再是简单的政策宣示。

（3）华侨权益的保护范围不断扩大。我国华侨权益保护立法回应了华侨归国定居发展，及进出国边境过程中所产生的各种需求和权益问题，涉及内容较为广泛。从法律法规具体内容来看，华侨权益保护范围主要涉及华侨选举资格、参政议政、人权保障、回归安置、户籍管理、投资捐赠、婚姻家庭、归国探亲、财产继承、国籍管理、子女教育、贫困救济、社会保障、组织社团、权利救济等各个方面，内容丰富并不断增加。

3. 当前华侨权益保护立法的不足

（1）立法理念与时代发展存在差距。《归侨侨眷权益保护法》作为维护归侨侨眷权益的专门立法，以“一视同仁、不得歧视、根据特点、适当照顾”十六字方针作为内在精神，解决了不少历史遗留问题，对于不少归国华侨的权益保障起到了非常重要的作用。但随着时代的飞速变化和经济社会的迅猛发展，本法的立法宗旨和内在精神与当今社会层出不穷的新问题、新情况不能完全适应。其一，现在中国人跨境移民太多，太频繁，一些具体涉侨案例依照本法有关规定，可能找不到切实可行的操作和解决依据。其二，“适当照顾”的要求在执行过程中弹性很大，导致是否存在特权的质疑之声时有存在。有学者也提出，华侨既不能定位为弱势群体，也不能定位为特殊群体，应该适时赋予华侨完全的国内公民待遇，逐步淡化乃至适时取消对其的适当照顾。[①] 其三，已有立法基本不涉及华侨的海外权益，只能对华侨的国内权益进行保护，在当前国际人口流动频繁的背景下，不利于海外华侨的权益保护。有人提出应该改进，要更多地考虑跨越国境的这部分特殊群体与居住国的关系，注意华侨权益保护法律法规与相关国际条约的衔接。[②]

（2）现有立法对华侨、归侨及侨眷的概念界定存在争议并导致适用困惑。其一，《归侨侨眷权益保护法》制定于 1990 年，当时香港和澳门都还没有回归祖国，港澳同胞也被视为华侨，有关他们及在内地亲属方面的事务，一般都比照有关侨务政策处理。但是，香港和澳门都已回归祖国 20 多年了，两地居民成为具有中国国籍的公民，对涉及港澳居民的事务，仍然按照华侨政策和法规处理，难免导致华侨身份认定的困惑。其二，侨眷的范围如何合理界定也值得深入分析。随着全球化的深入，我国具有归侨侨眷身份的公民会越来越多，但这其中大多数实际上仅仅是因为亲友具有归侨身份，也获得了侨眷身份，合理性存在争议，例如孙子出国归来，爷爷和外公按照我国目前法律规定就可认定为侨眷。[③] 其三，立法对华侨界定与司法实践的处理模式存在不一致。依据《归侨侨眷权益保护法》对华侨的概念界定，对海外定居的华侨，法条未将其作为立法保护对象。但近年来的司法文件使用“涉侨”概念，已经把定居在海外的华侨纳入其中。[④] 对于华侨权益保护，很明显司法实践延伸更远。

（3）华侨权益保护的制度体系仍不完备。其一，虽然我国已经形成了

---

① 刘国福：《华侨国内权益保护立法模式探析》，《东南亚研究》2011 年第 1 期。

② 王爱惠：《海外华侨权益保护的法律研究》，辽宁大学硕士学位论文，2016 年；另见方丽萍：《非传统安全背景下海外华侨的权益保障研究》，广西大学硕士学位论文，2017 年。

③ 《归侨侨眷权益保护法》第二条的规定：“归侨是指回国定居的华侨。华侨是指定居在国外的中国公民。侨眷是指华侨、归侨在国内的眷属。本法所称侨眷包括：华侨、归侨的配偶，父母，子女及其配偶，兄弟姐妹，祖父母、外祖父母，孙子女、外孙子女，以及同华侨、归侨有长期扶养关系的其他亲属。”

④ 参见 2018 年 3 月 8 日，最高人民法院与中华全国归国华侨联合会联合发布《关于在部分地区开展涉侨纠纷多元化解试点工作的意见》（法〔2018〕69 号）。

归侨侨眷保护领域的法律体系和华侨权益保护的地方立法，但总体来看，涉侨法律法规体系还不完备，作为一个法律领域的华侨权益保护问题，还缺乏主导性的核心立法。其二，重复立法的问题已经出现。改革开放40多年来，我国形成了以《归侨侨眷权益保护法》为核心的归侨侨眷法律法规体系，但我国的法治建设深入推进，华侨、归侨和侨眷的很多权益都在其他立法中得以规定。因此，华侨权益保护领域立法的特色及必要性需进一步凸显，这样才能避免重复立法的指责。

（4）现有立法在技术层面存在缺陷。其一，现行《归侨侨眷权益保护法》只规定了5条非常原则性的法律责任条款，没有对应义务性行为要求，可以说法律规则条款与法律责任条款明显不匹配。法律责任设置得不合理，使得本法的“软性”太明显，法律实施的“刚性”不足。其二，《归侨侨眷权益保护法》及地方性法规与其他立法存在脱节。《归侨侨眷权益保护法》与我国的《监察法》《公职人员政务处分法》乃至《刑法》《民法典》之间就存在明显脱节，比如《监察法》已经规定政务处分，本法仍然规定行政处分，相关条款及法律概念的使用已经落后。① 在地方立法中，很多地方的华侨权益保护条例也同样存在与上位法脱节的现象，最典型的是没有体现政务处分的要求。其三，目前的立法大部分都没区分章节，条理不够清晰，影响了立法文件的推广和执行。

（5）地方立法众多但存在重复立法的现象。一些地方针对《归侨侨眷权益保障法》制定了实施办法，又同时制定华侨权益保护条例，存在立法上重复与衔接的不周延。以福建省为例，福建省自2016年起逐渐形成了“一办法、两条例、两规定”地方性涉侨法规体系，即《福建省实施〈中华人民共和国归侨侨眷权益保护法〉办法》《福建省华侨权益保护条例》

---

① 《归侨侨眷权益保护法》第二十八条规定：“违反本法第二十条第二款规定，停发、扣发、侵占或者挪用出境定居的归侨、侨眷的离休金、退休金、退职金、养老金的，有关单位或者有关主管部门应当责令补发，并依法给予赔偿；对直接负责的主管人员和其他直接责任人员，依法给予行政处分；构成犯罪的，依法追究刑事责任。”

《福建省华侨捐赠兴办公益事业管理条例》《福建省保护华侨房屋租赁权益的若干规定》《福建省保护华侨投资权益若干规定》。看似完善，但难免被质疑，为什么只针对投资和房屋进行立法，我国现有法律制度体系难道不足以保护华侨的投资及房屋权益？

（6）对华侨某些具体权利保护存在不足。其一，华侨选举权保障需要进一步完善。作为中国公民，华侨当然享有在国家政治生活中的选举权与被选举权，但华侨的选举权与被选举权亦只有在“选举期间在国内”才可以行使，由此导致相关规定的现实意义不大。其二，目前的立法只关注华侨国内权益，但对华侨国外权益的保护很少涉及。由于领事保护、外交保护的立法工作相对滞后，海外华侨面临着无法可依、需求与保护能力结构性矛盾等被动局面，现有立法无法满足经济全球化及国际人才流动的现实需要。

三、完善华侨权益保护立法的现实必要性

在 2022 年 7 月 29 日至 30 日召开的中央统战工作会议上，中共中央总书记、国家主席、中央军委主席习近平出席会议并发表重要讲话，强调今年是我们党明确提出统一战线政策 100 周年，要坚持爱国统一战线发展的正确方向，准确把握新时代爱国统一战线的历史方位。加强华侨权益保护是促进“海内外同胞关系和谐”的重要保障，有助于更好地发挥统一战线政策的作用。

首先，华侨因为身份的特殊性，在我国对外交往和吸引外来投资等领域发挥着不可替代的特殊作用。华侨是中国特色社会主义的建设者，也是不容忽视的国际政治和经济力量。一直以来，分布在世界各地的华侨都是海外“反独促统”的重要力量，在促进祖国和平统一大业方面努力发挥着积极作用。此外，华侨在传播中华文化、增进我国人民同各国人民相互了解、增强我国文化软实力方面也发挥着重要作用。伴随着我国对外开放的

不断深入，华侨数量不断增长，并且在海外社会地位不断提高、经济实力不断增强，华侨相关权益的法律保护问题愈发重要。

其次，华侨权益保障本身具有跨法域及复杂性特征。一方面，华侨权益保护由于涉及法域冲突、空间远隔，以及牵扯众多人员、关系复杂，具有“蝴蝶效应”等，法律制度设计要求比较高。另一方面，为了更好凝聚侨心侨力，有必要通过新的立法关注华侨长期反映的热点、难点问题，保障华侨在回国定居、投资创业、社保医保、参政议政等方面享有的平等权利。当然，新的立法也要回应国内的一些争议，避免走向特权化。

再次，完善华侨权益保护立法，有利于促进我国民主政治水平的完善。海内外的华侨不仅关心国家的经济发展，也关心民主政治制度的完善。华侨长期旅居海外，又经常往返于中国和其他国家之间，了解其他国家的制度和管理经验，通过保护华侨政治权益，畅通华侨参政议政渠道，对于完善我国社会管理制度，提高我国社会治理能力和水平，具有十分重要的现实意义。

最后，加强华侨权益海外保护的需要。随着我国国力的增强，中国政府应该更加重视和投入更多的人力和财力保护华侨海外权益，包括领事保护、外交保护等。习近平总书记指出：“强化涉外法律服务，维护我国公民、法人在海外及外国公民、法人在我国的正当权益，依法维护海外侨胞权益。”① 因此，有必要以落实宪法和涉侨法律为遵循，持续加强涉侨立法工作，研究制定华侨权益保护专门法律。

四、从地方到中央的华侨权益保护立法模式

前文论述表明，我国目前华侨权益保护立法虽然已经比较丰富，但也存在明显不足，因此需要进一步完善，实务部门和理论界都提出要对相关

---

① 《党的十八届四中全会〈决定〉学习辅导百问》，学习出版社，2014 年，第 29 页。

法律文件进行修订，但是进展缓慢。国务院 2015 年将华侨权益保护立法列入立法研究计划，2018 年 4 月，国务院在十三届全国人大常委会第二次会议上作了关于华侨保护工作的情况汇报，也指出“华侨权益保护的法律制度需要进一步完善”。① 本文认为，华侨权益保护立法需要构建中央统一立法，然后合理修订行政法规和地方性立法。从中国的现实来看，采取从地方到中央统合的立法路径具有必然性和可行性，在此基础上，进一步协调好华侨权益保护立法与其他立法之间的关系。

首先，地方已经率先制定华侨权益保护条例，使得我国在华侨权益保障方面的立法必然走向从地方到中央的立法路径。为了弥补国家层面华侨权益保护立法的不足，近年来，广东、福建、上海、湖北等省市先后制定了华侨权益保护的地方性法规。其中有的省份还有多部地方性立法，可以说，我国在华侨权益保护方面已经形成了地方立法先行先试的局面。已经制定的地方华侨权益保护条例见下表（截至 2022 年 6 月）。

序号	名称	立法主体	颁布与修订时间
1	贵州省华侨权益保护条例	贵州省人民代表大会常务委员会	2021 年 11 月颁布
2	广东省华侨权益保护条例	广东省人民代表大会常务委员会	2015 年 7 月颁布 2021 年 9 月修订
3	四川省华侨权益保护条例	四川省人民代表大会常务委员会	2000 年 11 月颁布 2021 年 1 月修订
4	海南省华侨权益保护条例	海南省人民代表大会常务委员会	2020 年 12 月颁布

① 《十三届全国人大常委会第二次会议审议多部报告》，《人民日报》，2018 年 4 月 27 日。

（续上表）

序号	名称	立法主体	颁布与修订时间
5	浙江省华侨权益保护条例	浙江省人民代表大会常务委员会	2018 年 9 月制定
6	上海市华侨权益保护条例	上海市人民代表大会常务委员会	2016 年 9 月制定 2018 年 5 月修订
7	湖北省华侨权益保护条例	湖北省人民代表大会常务委员会	2016 年 9 月制定
8	福建省华侨权益保护条例	福建省人民代表大会常务委员会	2016 年 7 月制定
9	大连市华侨权益保护条例	大连市人民代表大会常务委员会	2019 年 6 月制定
10	南京市华侨权益保护条例	南京市人民代表大会常务委员会	2015 年 6 月制定

从华侨权益保护的地方立法来看，在 2015 年国务院立法起草工作计划列入了华侨权益保护立法项目之后，地方华侨权益保护条例开始出现。目前的立法包括了省级和设区市两类，以东南沿海和边境省市立法为主，比较特殊的是四川省和湖北省，这两个都是内地省份。但是，目前的地方华侨权益保护立法也有一些不足：①地方立法多为国家政策的重申表达，对上位立法进行简单重复。②地方立法的执法力度存疑。目前地方华侨权益保护条例大部分是鼓励性规定，“软法”风格明显，强制执行力度不大。省级华侨权益保护条例和市级华侨权益保护条例没有明显的差异，在具体权利保护方面同样存在虚化特征。③存在地方立法缺乏明确上位法依据的尴尬。虽然我国《宪法》中有保护华侨权益的条款，并且全国人大也制定了《归侨侨眷权益保护法》，但是，由于华侨、归侨、侨眷的含义和包括

的主体范围不同，《归侨侨眷权益保护法》的保护对象不能等同于全部华侨。全国人大华侨委员会就曾指出，华侨不是《归侨侨眷权益保护法》的适用对象，但华侨是产生归侨和侨眷的基础和前提。① 如此，就导致目前的地方性法规缺乏直接的上位法依据。

其次，我国其他领域的立法也提供了这种实践经验。由于我国是一个超大型社会，不同的地方和区域之间存在着自然、经济、社会、文化等诸多方面的异质性，当前中国社会治理面临着中央权威体制与地方有效治理的组织困境，由此导致在社会治理领域，逐渐形成了通过地方试验制定政策或地方性立法，然后再总结经验形成中央政策或立法的独具特色的“中国经验”，即先由地方政府根据当地实际情况探索各种解决问题的方法，再将成功的经验吸收到中央，继而在全国范围内推而广之。这种特色做法为中央想要推广社会政策或制定立法，提供了一种可能的验证策略，在控制和自由之间形成一种弹性。这里以家庭教育和行政程序两个领域的立法经验为例。

2008 年，有全国人大代表提出应以立法的形式规范和引导家庭教育，此后一直有全国人大代表在全国人大会议上呼吁制定家庭教育法。2010 年，国务院在《国家中长期教育改革和发展规划纲要（2010—2020 年）》第 62 条中明确提出，在未来十年将“制定有关终身学习、学前教育、家庭教育等法律”。2016 年，全国妇联向全国政协十二届四次会议提出《关于将制定出台〈家庭教育促进条例〉纳入国务院法制办立法规划的提案》，并在“两会”上进一步明确家庭教育促进条例不属于教育法而是社会法。自此，我国家庭教育立法开始进入准备阶段，为狭义阶段的立法实践打下基础。但我国有关家庭教育的率先立法不是中央层面的法律、行政法规，而是地方性立法。从 2016 年开始，我国在家庭教育领域出现了省级地方性法规，到 2021 年底，共有 10 个省级地方性法规出台。这 10 个省（市）都

---

① 全国人民代表大会华侨委员会研究室：《〈中华人民共和国归侨侨眷权益保护法〉讲话》，中国华侨出版公司，1990 年，第 14 页。

制定了家庭教育方面的“促进条例”，对家庭教育内容、工作机制、各方主体的责任、救济模式、法律责任等问题进行了规定。已经出台的家庭教育地方性法规对于促进我国家庭教育事业的发展意义重大，形成了比较丰富的家庭教育立法经验。2021 年 10 月 23 日，国家主席习近平签署第九十八号主席令，公布《中华人民共和国家庭教育促进法》，自 2022 年 1 月 1 日起施行。自此，我国完成了家庭教育领域的中央立法。这部立法在很大程度上体现了我国自下而上、由地方到中央统合的试验型立法路径。

除了家庭教育方面的立法，我国在行政程序领域同样开始这种做法。以地方性法规为例，2022 年 7 月 29 日，江苏省人大常委会表决通过《江苏省行政程序条例》，在全国率先制定行政程序方面的地方性法规，以规范、保障和监督行政机关依法行使行政职权，维护公民、法人和其他组织的合法权益。实际上，我国行政程序地方立法活动从 2008 年就开始了，2008 年 10 月 1 日，作为中国第一部地方政府规章的《湖南省行政程序规定》正式实施。此后，广东省汕头市（2011 年）、辽宁省（2011 年）、山东省（2012 年）、陕西省西安市（2013 年）、海南省海口市（2013 年）、江苏省（2015 年）、宁夏回族自治区（2015 年）、甘肃省兰州市（2015 年）和浙江省（2016 年 ）九个具有地方政府规章制定权的省、自治区和设区的市也制定了“行政程序规定”。当然，作为地方政府规章位价上的“行政程序规定”存在着法效力位价低、法院参照率低以及行政机关适用率低的“三低”状况。要解决这“三低”问题，就需要更高层面的中央行政立法，而我国目前正在努力制定中央层面的行政程序法。在这个过程中，对于地方立法形成的经验，行政法学者也认为，行政程序地方立法实践本身对于今后中国的行政程序中央立法来说，其立法经验意义非常重要。[1]

就本文主题来说，这两个方面的立法情况为华侨权益保护立法提供了

---

① 章剑生：《从地方到中央：我国行政程序立法的现实与未来》，《行政法学研究》2017 年第 2 期。

很重要的经验总结。《家庭教育促进法》的出台基本上就是一个从地方到中央的过程，而且，此前家庭教育在国家法律层面也很少有规定，只有2015 年的《反家庭暴力法》第十二条规定："未成年人的监护人应当以文明的方式进行家庭教育，依法履行监护和教育职责，不得实施家庭暴力。"在没有明确上位法的情况下，全国人大作为我国的国家立法机关，在总结地方立法经验的基础上，直接制定了《家庭教育促进法》。目前行政程序也都是地方性规定，但是制定全国统一的行政程序方面的立法呼声已经形成。

最后，从地方到中央的立法模式有利于华侨权益保护法与现行其他立法协调。笔者认为，制定关于华侨权益保障的专门法律或行政法规，既能够更有力地保护华侨的公民权利和因特殊情况形成的利益，也能够实现侨务立法的科学化，进一步促进侨务工作法制化。从立法的协调性来说，可以采取不同的策略处理该法与既有立法的关系。第一种路径是，华侨权益保护法与《归侨侨眷权益保护法》在内容上应是相互补充的关系，这样华侨权益保护法针对的主体范围比较小，只是针对居住在国外的中国公民（狭义的华侨），他们在国内的眷属仍然适用《归侨侨眷权益保护法》，回国定居以后变成归侨。这种模式不会对既有的立法体系形成巨大冲击，全国人大不需要修改或废除目前法律，各省市实施《归侨侨眷权益保护法》的办法也不用废除。第二种路径或模式是，将《归侨侨眷权益保护法》的内容融入新的华侨权益保护法，形成专门的覆盖范围更广的华侨权益保护法，保护的主体包括在国外的华侨、归侨和侨眷。不过，这种模式容易导致的争议是对特定主体进行特别保护，可能会导致特权观念和不平等问题。从立法的科学性来说，为了避免立法重复和冲突，第二种路径模式更可行。

五、华侨权益保护法的内容与结构建议

1. 立法内容建议

（1）立法目标。该法旨在保障归侨侨眷、海外华侨在中国境内的合法

权益，保护归侨侨眷、海外华侨在涉外活动中的合法权益以及华侨在国外的正当权益，促进华侨人权保障和国际交往。

（2）实施主体。要实现华侨工作的规范性、公平性、服务性、效能性，必须加强侨务管理机制自身改革。综合已有的地方立法经验来看，华侨权益保护法的实施主体应是县级以上侨务主管部门，负责组织、指导、协调、监督华侨合法权益保护工作。

（3）华侨权益的主要内容。主要涉及政治性权利、行政管理中的权利、经济性权利、民事权利、社会权益等。这方面我国已经出台《民法典》，一般的民事权利都可以适用民法典的规定。当然，也有一些特殊的问题，比如户口迁出或注销的华侨宅基地使用权带有浓厚的政策色彩，非纯粹的财产性权利，需要加以特别规定。① 有关这方面的研究已经很多，本文不再赘述。

（4）政府职责与权利救济途径。立法要明确国家工作人员在履职中导致华侨权益受到损害时应承担的法律责任。比如《福建省华侨权益保护条例》第三十一条规定，华侨可以向各级人民政府及其部门或者向司法机关寻求救助。法律援助机构以及人民法院应对经济困难的华侨，依法提供援助或司法救助。此外，立法要明确境外华侨权益受到侵害时的救济路径，包括向大使馆、领事馆的求助等。

（5）对华侨的义务性要求。回国定居的归侨当然要遵守中国法律，这一点可以进行原则性规定。此外，在立法过程中也应该明确海外华侨应履行的义务，主要内容包括：不得违反中国法律；不得损害居住国和祖国的合作与交流；必须维护祖国和平统一事业；不得从事损害国家利益的活动等。

（6）法律责任条款。在立法中还应明确对国家机关工作人员滥用职权、玩忽职守、徇私舞弊，致使华侨在国内权益受到侵害的法律责任进行

---

① 胡鹏翔：《华侨房屋土地权益问题探讨》，《暨南学报（哲学社会科学版）》2014 年第 11 期。

追究，立法中注意与《监察法》《公职人员政务处分法》做好衔接。此外，明确规定执法机关与司法机关在处理华侨事务和案件中所应适用的程序、途径、时限等。

2. 立法结构建议

目前涉侨立法大部分结构都比较简单，没有区分章节，这种立法结构不利于立法内容的科学化，也不利于法律的宣传和普及，因此需要改进。从立法技术角度来看，既有地方华侨权益保护立法，大部分在内容上比较少，一般结构上也比较简单，尤其是比较早制定的地方华侨权益保障条例，比如 2000 年制定、2021 年修订的《四川省华侨权益保护条例》，2015 年的《南京市华侨权益保护条例》，2016 年的《福建省华侨权益保护条例》《上海市华侨权益保护条例》，2018 年的《浙江省华侨权益保护条例》及 2021 年的《贵州省华侨权益保护条例》等都没有划分章节。但是，近年来有几部地方立法的内容及结构编排也呈现复杂、清晰趋势。这一点值得继续推广。比如 2015 年的《广东省华侨权益保护条例》、2016 年的《湖北省华侨权益保护条例》和 2020 年的《海南省华侨权益保护条例》都明确分出了章节。以 2016 年的《广东省华侨权益保护条例》为例，条例共四章，包括总则、华侨权益、法律责任和附则。同一年的《湖北省华侨权益保护条例》则更加详细，包括总则、基本权益保护、投资创业保护、服务与保障、法律责任、附则，共六章。2020 年的《海南省华侨权益保护条例》与湖北省的条例一致，也是六章，各章名称一样。地方立法由于内容比较少，不分章节也可以，但是从立法技术的完善来说，清晰分章更有利于对地方立法理解和执行。按照前述华侨权益保护的基本内容，本文建议未来中央立法可以参考湖北省与海南省的立法结构，采取六章模式。

六、结语

随着时代的发展，华侨权益保护领域出现了很多新问题，目前分散性的立法已经出现弊端，存在滞后、疏漏等不足。在地方层面，国内一些地方已经制定华侨权益保障条例等地方性法规，但各地的立法存在差异，实施机制也不同。而且，缺乏能够对地方性法规形成统率效果的中央立法。由于缺乏全国的统一立法，理论界和实务部门不少人提出，应由全国人大制定专门的、综合性的华侨权益保护法，这是加强华侨华人权益保障的重要路径。制定华侨权益保护的专门立法已经形成呼声，但采取何种立法路径仍需要进一步思考。从现实来看，总结积累地方华侨权益保护的立法和实践经验，并对中央层面已有的相关立法进行内容梳理，从而构筑一条从地方到中央统合的立法路径是比较可行的策略。

华侨权益保护立法的地方经验

张国安*

［摘要］鉴于国家层面的华侨权益保护立法尚未出台，我国各地方政府先行先试，陆续制定和实施了各自的华侨权益保护法规规章，有力补充了国家层面立法的缺憾，为日后国家层面的立法积累了丰富的实践经验：贯彻上位法，彰显地域性；过程民主化，内容创新性；适应客观需求，凸显探索性；问题导向性，注重操作性；视野全球化，范围清晰化等。未来的地方性华侨权益保护立法需要重点关注创新区域立法协同性，完善立法体系化，拓宽新渠道、补强平等保护以及回归人本性、重视侨文化等重要议题。

［关键词］华侨；外籍华人；权益；地方立法

目前世界上有6 000多万华侨华人和3 000多万归侨侨眷。从立法层面保护华侨权益成为不容忽视的重要问题。2014年10月党的十八届四中全会通过的《中共中央关于全面推进依法治国若干重大问题的决定》指出："依法维护海外侨胞权益。"党的十九大报告亦提出"广泛团结联系海外侨胞和归侨侨眷，共同致力于中华民族伟大复兴"。通过立法途径更好地保障华侨的各项权益，增强凝聚力和向心力，显得尤为重要和迫切。2018年9月公布的十三届全国人大常委会立法规划，将华侨权益保护列为第三类

* 作者简介：张国安，法学博士，华侨大学法学院教授、华侨大学侨务法研究中心主任，主要研究领域：法律史学、侨务法。

项目①，即立法条件尚不完全具备、需要继续研究论证的立法项目。虽然国家层面的华侨权益保护法至今尚未出台，但地方政府关于华侨权益保护的立法已遍地开花，异彩纷呈，进一步完善了整体性华侨权益法律法规体系。华侨权益保护的地方立法为制定国家层面的华侨保护立法提供了丰富的实践经验。

一、华侨权益保护的地方立法扫描

（一）华侨权益保护的地方立法演变

我们党和政府历来高度重视侨务工作，注重维护华侨权益。20 世纪 80 年代以前，我国的侨务立法主要体现于国家层面上的宪法、法律、行政法规和国务院部门规章，如 1954 年宪法第二十三条规定："全国人民代表大会由省、自治区、直辖市、军队和华侨选出的代表组成。"第九十八条规定："中华人民共和国保护国外华侨的正当权利和利益。"并将华侨权益条款纳入"公民的权利和义务"部分，为华侨行使基本权利和国家履行特定义务提供了宪法依据。1953 年《中华人民共和国全国人民代表大会及地方各级人民代表大会选举法》规定了华侨的选举权和被选举权，并特别明确"国外华侨得单独选举"和"国外华侨应选全国人民代表大会代表三十人"。1954 年的《中华人民共和国国务院组织法》规定国务院设立"华侨事务委员会"，专门负责处理华侨事务。1950 年的《中华人民共和国土地改革法》、1953 年的《政务院关于解放前银钱业未清偿存款给付办法》、1955 年的《市镇粮食定量供应暂行办法》等亦将过渡阶段的华侨事务单列

① 十三届全国人大一次会议上，近 3 000 名全国人大代表中，有 208 名代表提出 6 件议案呼吁制定华侨权益保护法。全国人大华侨委员会向十三届全国人大常委会第七次会议的报告显示，该议案已经得到采纳，华侨权益保护法已正式进入十三届全国人大常委会立法规划。参见朱宁宁：《全国人大华侨委：华侨权益保护法已列入立法规划》，中国人大网，http：//www. npc. gov. cn/npc/c34413/201901/d7890c5c42f74a78b6017b2653204a49. shtml。

出来并予以特殊处理。1958 年的《中华人民共和国户口登记条例》首次以法律形式明确了归国华侨的户口登记申报程序。1957 年的《国务院关于高级脑力劳动者食用植物油补助供应的规定》、1958 年的《海关对归国华侨携带行李物品优待办法》《海关对进出口礼品放行办法》、1964 年的《外国人入境过境居留旅行管理条例》对华侨的生活物资和出入境的程序给予优待。

地方立法开始于改革开放之后。1979 年 7 月第五次全国人民代表大会第二次会议通过《中华人民共和国地方各级人民代表大会和地方各级人民政府组织法》，赋予省、自治区、直辖市的人民代表大会根据本行政区域的具体情况和实际需要，制定和颁布地方性法规的权力。2015 年 3 月修订通过的《中华人民共和国立法法》将地方立法权主体范围进一步扩大，全国所有设区的市全部被赋予地方立法权，开启了地方立法的新里程。有了这两部法律，地方的华侨权益保护立法才有了依据。

华侨权益保护的地方性立法首先是以单项法规的形式来保护华侨的具体权益，基本上是“一法规一权益”，如关于华侨投资类权益保护的规定有 1991 年的《贵州省鼓励外商和华侨、港澳台同胞投资的优惠政策规定》、1992 年的《贵州省鼓励外商和华侨港澳台同胞投资条例》《浙江省关于鼓励华侨和香港澳门同胞投资的规定》、1998 年的《福建省保护华侨投资权益若干规定》、2002 年的《四川省华侨投资权益保护条例》等；关于华侨捐赠类权益保护的规定有 1990 年的《福建省华侨捐赠兴办公益事业管理条例》、1991 年的《山东省华侨捐赠管理暂行办法》、1995 年的《浙江省华侨捐赠条例》、1997 年的《广东省华侨捐赠兴办公益事业管理条例》《上海市华侨捐赠条例》、2000 年的《江苏省华侨捐赠条例》等；关于华侨私有房屋类权益保护的规定有 1994 年的《广东省城镇华侨房屋租赁规定》、1995 年的《广东省拆迁城镇华侨房屋的规定》、1997 年的《福建省保护华侨房屋租赁权益的若干规定》《广东省人民代表大会常务委员会关于扶持贫困华侨农场经济发展的决议》等。

1990 年《中华人民共和国归侨侨眷权益保护法》（以下简称《归侨侨眷权益保护法》）的颁行是我国侨务立法工作的重要里程碑。作为首部针对华侨群体的单行综合性立法，该法对归侨侨眷这一特殊群体的特定权利进行了单独列举，涵盖了包括土地、房屋、投资产业、社会保险等方面的财产权以及接受社会救济、取得侨汇和获得赠与和遗产的民事权利。随着这部法律的出台，1993 年 7 月 19 日国务院发布了《中华人民共和国归侨侨眷权益保护法实施办法》（2004 年修订，以下简称《归侨侨眷权益保护实施办法》），各地也都相继出台相关的实施办法，使得华侨、归侨和侨眷的各项权益得以落实。

近年来，多地陆续开展综合性华侨权益保护立法的试点和创新工作。2015 年 7 月 1 日正式施行的《南京市华侨权益保护条例》是中国第一部综合性华侨权益保护的地方性法规，揭开了中国以综合性法律文件来保护华侨权益的帷幕。2015 年 7 月 31 日通过的《广东省华侨权益保护条例》是中国首部综合性华侨权益保护的省级地方性法规，在更高地域层面上营造了护侨法治化生态。2016 年 5 月起，江苏省结合当地侨情实施了《江苏省保护和促进华侨投资条例》，重点突出了对华侨投资者人身权、财产权及其他合法权益的法律保护，对华侨投资方式、投资导向、扶持政策等方面进行了细化。2016 年 12 月 1 日起，上海市颁布的《上海市华侨权益保护条例》正式实施。2016 年起，福建省逐渐形成了“一办法、两条例、两规定”的地方性涉侨法规体系，即《福建省实施〈中华人民共和国归侨侨眷权益保护法〉办法》《福建省华侨权益保护条例》《福建省华侨捐赠兴办公益事业管理条例》《福建省保护华侨房屋租赁权益的若干规定》《福建省保护华侨投资权益若干规定》。

此外，四川省、浙江省、海南省、贵州省等省也相继出台了华侨权益保护条例，综合性、地方性华侨权益保护立法的趋势愈发明显。

（二）华侨权益保护的地方立法全景

自改革开放以来，我国针对华侨的各项权利需求，相继颁布和实施了一系列中央和地方保护华侨权益的法律法规。这些法律法规包括两大类，即涉及华侨权益保护内容的一般性法律法规和针对华侨设置的特别法规和条例。具体而言，对华侨权益的保障主要涉及政治权益、财产权益、文化教育权益、劳动权益、社会保障权益、出入境权益、房产权益、司法诉讼和救济权利、国籍问题等方面。其中华侨权益保护的地方性立法如表 1 至表 4 所示：

表 1　综合性华侨权益保护法规①

通过时间（年）	法规名称	法规位阶
1994	《沈阳市归侨侨眷权益保护实施办法》	地方政府规章
2001	《武汉市出境定居人员权益保障规定》	地方政府规章
2003	《杭州市出境定居人员权益保障规定》	地方政府规章
2003	《厦门市归侨侨眷权益保障条例》	地方性法规
2006	《浙江省华侨权益保障暂行规定》	地方政府规章
2010	《广东省归侨侨眷权益保护实施办法》	地方政府规章
2010	《南京市华侨归侨侨眷权益保护办法》	地方政府规章
2013	《苏州市华侨归侨侨眷权益保护办法》	地方政府规章
2014	《山东省归侨侨眷权益保护条例》	地方性法规
2015	《南京市华侨权益保护条例》	地方性法规
2015	《广东省华侨权益保护条例》	地方性法规
2016	《上海市华侨权益保护条例》	地方性法规
2016	《湖北省华侨权益保护条例》	地方性法规
2016	《福建省华侨权益保护条例》	地方性法规
2018	《浙江省华侨权益保护条例》	地方性法规

① 根据中国人大网和朱羿锟主编《侨务法论丛》（2014 年卷·总第一卷）相关数据整理。

（续上表）

通过时间（年）	法规名称	法规位阶
2019	《大连市华侨权益保护条例》	地方性法规
2020	《海南省华侨权益保护条例》	地方性法规
2021	《四川省华侨权益保护条例》	地方性法规

表 2　华侨捐赠类权益保护法规①

通过时间（年）	法规名称	法规位阶
1990	《福建省华侨捐赠兴办公益事业管理条例》	地方性法规
1991	《山东省华侨捐赠管理暂行办法》	地方政府规章
1995	《浙江省华侨捐赠条例》（2004 年修订）	地方性法规
1997	《广东省华侨捐赠兴办公益事业管理条例》	地方性法规
1997	《上海市华侨捐赠条例》	地方性法规
1998	《厦门市华侨捐赠兴办公益事业管理条例》	地方性法规
2000	《江苏省华侨捐赠条例》	地方性法规
2000	《天津市华侨捐赠管理办法》（2004 年修订）	地方政府规章
2002	《湖南省华侨捐赠若干规定》	地方政府规章
2002	《四川省华侨捐赠条例》	地方性法规
2003	《福建省华侨捐赠兴办公益事业表彰办法》	地方政府规章
2003	《北京市人民政府关于港澳同胞、台湾同胞和华侨华人捐资建设北京奥运场馆的意见》	地方政府规章
2003	《厦门市华侨捐赠兴办公益事业管理条例》	地方性法规
2004	《新疆维吾尔自治区华侨捐赠办法》	地方政府规章
2004	《浙江省华侨捐赠条例》	地方性法规

① 根据中国人大网和朱羿锟主编《侨务法论丛》（2014 年卷・总第一卷）相关数据整理。

（续上表）

通过时间（年）	法规名称	法规位阶
2009	《安徽省华侨捐赠条例》	地方性法规
2009	《广州市接受华侨港澳同胞捐赠兴办公益事业规定》	地方政府规章
2010	《福建省华侨捐赠兴办公益事业管理条例》	地方性法规
2016	《贵州省华侨捐赠公益事业条例	地方性法规》

表 3　华侨投资类权益保护法规①

通过时间（年）	法规名称	法规位阶
1991	《贵州省鼓励外商和华侨、港澳台同胞投资的优惠政策规定》	地方政府规章
1992	《浙江省关于鼓励华侨和香港澳门同胞投资的规定》	地方政府规章
1998	《福建省保护华侨投资权益若干规定》（2002 年修订）	地方政府规章
2002	《四川省华侨投资权益保护条例》（2011 年修订）	地方性法规
2016	《江苏省保护和促进华侨投资条例》	地方性法规

表 4　华侨私有房屋类权益保护法规②

通过时间（年）	法规名称	法规位阶
1994	《广东省城镇华侨房屋租赁规定》	地方政府规章
1997	《福建省保护华侨房屋租赁权益的若干规定》	地方政府规章
1997	《广东省人民代表大会常务委员会关于扶持贫困华侨农场经济发展的决议》	地方性法规
2004	《广东省拆迁城镇华侨房屋规定》	地方政府规章
2010	《汕头经济特区华侨房地产权益保护办法》	地方政府规章

① 根据中国人大网和朱羿锟主编《侨务法论丛》（2014 年卷·总第一卷）相关数据整理。
② 根据中国人大网和朱羿锟主编《侨务法论丛》（2014 年卷·总第一卷）相关数据整理。

二、华侨权益保护的地方立法经验

地方性华侨权益保护立法的重要价值在于，为国家层面的华侨权益保护立法积累了丰富的经验，它过去是、将来依然是国家层面华侨权益保护立法的重要原动力。总结华侨权益保护的地方立法经验，为今后国家层面立法和地方立法提供了参考借鉴。

（一）贯彻上位法，彰显地域性

地方立法是为地方经济社会和居民生活工作服务的，是社会主义法律体系的重要组成部分，地方性法规规章不得同宪法相抵触，即“不相抵触”原则。华侨权益保护国家层面的法律依据主要有：

1. *宪法*

宪法是公民权利的保障书。中华人民共和国成立以来颁行的4部宪法，即1954年宪法、1975年宪法、1978年宪法和1982年宪法，在“公民的基本权利和义务”一章中均有“保护国外华侨的正当权利和利益”的规定。如1954年宪法第九十八条规定：“中华人民共和国保护国外华侨的正当权利和利益。”1978年宪法第五十四条规定：“国家保护华侨和侨眷的正当的权利和利益。”1982年宪法第五十条规定：“中华人民共和国保护华侨的正当的权利和利益，保护归侨和侨眷的合法的权利和利益。”值得特别注意的是“文革”期间的1975年宪法，虽然删减了大量的公民基本权利的条款，但仍在第三章“公民的基本权利和义务”中的第二十七条规定“国家保护国外华侨的正当权利和利益”，这体现了我国侨务法治思想的延续，并进一步巩固了新中国成立以来侨务立法的成果。

2. *《归侨侨眷权益保护法》*

1990年《归侨侨眷权益保护法》颁布后，国务院在总结各地经验的基础上，于1993年7月19日经国务院第118号令发布施行《归侨侨眷权益保护法实施办法》。2004年6月4日经国务院第53次常务会议修订并讨论通过，2004年6月23日经中华人民共和国国务院第410号令公布，自2004年7月1日起实施。《归侨侨眷权益实施办法》是华侨权益保护法律体系的主干。

3. 华侨权益保护的地方立法对上位法的贯彻

（1）制定上位法的实施办法，修订废除与上位法相抵触的法规规章。《归侨侨眷权益保护法》和国务院的实施办法颁行后，各省、市、自治区相继颁布了《归侨侨眷权益保护法》的实施办法或实施规定。及至目下，全国31个省、市、自治区，除西藏自治区外都颁布了各自的《归侨侨眷权益保护法》的实施办法或实施规定，绝大部分省、市和自治区修正了归侨侨眷权益保护方面的地方性法规。

（2）地方综合性华侨权益保护条例的制定亦是以宪法和《归侨侨眷权益保护法》为依据。如中国第一部综合性华侨权益保护的地方性法规《南京市华侨权益保护条例》第一条规定："为了保护华侨合法权益，根据宪法和有关法律、法规，结合本市实际，制定本条例。"中国首部综合性华侨权益保护的省级地方性法规《广东省华侨权益保护条例》第一条亦规定："为了保护华侨的合法权益，根据宪法和有关法律、法规，结合本省实际，制定本条例。"其他地方的综合性华侨权益保护条例均有此类规定。

（3）地方性华侨单项权益保护立法也贯彻执行了上位法。"一法规一权益"是各地华侨权益保护立法的主线。如1997年1月18日的《广东省华侨捐赠兴办公益事业管理条例》第一条规定："为保护华侨捐赠兴办公益事业的正当权益，加强受赠管理，根据宪法和国家有关规定，结合本省实际，制定本条例。"1997年4月3日通过的《上海市华侨捐赠条例》第一条规定："为加强华侨捐赠工作的管理，保护和鼓励华侨爱国爱乡热情，促进社会主义物质文明和精神文明建设，根据《中华人民共和国宪法》和有关法律、法规的规定，结合本市实际情况，制定本条例。"1998年8月1日的《福建省保护华侨投资权益若干规定》第一条规定："为保护华侨在本省投资的合法权益，根据宪法和有关法律、法规，结合本省实际，制定本规定。”1995 年 5 月 9 日通过的《广东省拆迁城镇华侨房屋规定》第一条规定：“为保证城镇建设的顺利进行，妥善处理拆迁城镇华侨房屋，保护华侨业主的合法权益，根据《中华人民共和国宪法》和国家有关法律、法规，结合本省实际情况，制定本规定。”

地方特色是地方性立法的灵魂和生命所在。华侨权益保护的地方立法具有鲜明的地方特色。前述地方性华侨权益保护立法均能结合本地实际情况，因地适宜，凸显地域特性，几乎所有的地方性立法都在其正文的第一条规定了“结合本省实际情况”“结合本市实际情况”等字样。事实上，华侨权益保护的地方性立法也的确反映了各省、市和自治区的实际需求，凸显了各地的地方特色。广东是全国第一大侨乡，海外侨胞人数众多，与广东联系密切。《广东省华侨权益保护条例》围绕侨胞最切身、最关心、最迫切的权益问题进行立法，为解决现实突出问题提供了法律保障和支撑。《广东省华侨权益保护条例》第二十一条明确规定“鼓励和支持华侨投资兴办产业”，第二十二条到第二十七条分别对保护华侨投资经营权、投资财产权、生产经营土地确权、企业投资开发用地征收补偿、招投标权益等作了规定。作为中国重要侨乡和全球关注的国际性都市，《上海市华侨权益保护条例》突出鼓励华侨参与、服务国家和上海发展战略，规定“华侨中来沪定居工作或者创新创业被认定为高层次人才、原户籍注销地非本市的，其本人、随同其回国的配偶、子女或者国内随同其调动、迁移的配偶以及其十六周岁以下或者在普通中学就读的子女，可以按照本市有关规定，向市人力资源社会保障部门申请办理本市常住户口或者《上海市居住证》”。

（二）过程民主化，内容创新性

华侨权益保护的地方立法民主化包括立法过程和公众有序参与的民主化。《广东省华侨权益保护条例》历时 4 年多的立法过程就是地方立法的民主化过程。2011 年以降，广东省侨办牵头、大力推动了《广东省华侨权益保护条例》的立法工作，在 2011 年 12 月向省政府报送了《关于提请省人大制定〈广东省华侨权益保护条例〉的请示》。在 2012 年、2013 年分别向省人大侨委、省政府法制办报送有关立法的函件。2013 年底和 2014 年初，省人大和省政府分别把《广东省华侨权益保护条例》列入 5 年立法规划和当年立法预备项目。2014 年 12 月 4 日，省政府常务会议审议通过了《广东省华侨权益保护条例》（送审稿）。2015 年，省人大常委会分别在 3 月、5 月、7 月的全体会议上对《广东省华侨权益保护条例》送审稿、修改稿进行了认真审议。7 月 31 日，第十二届省人大常委会第十九次会议第二次全体会议表决通过了《广东省华侨权益保护条例》。为了做好《广东省华侨权益保护条例》立法的起草和审核、修改、审议工作，广东省侨办、政府法制办、人大侨委、人大法工委相互支持，密切配合。同时，还分别在广州、深圳、北京召开有著名法律专家、律师参加的征询意见会，广泛听取了法律专家和著名律师的意见，根据专家的意见对《广东省华侨权益保护条例》做了反复修改。通过公开立法活动，提高公众参与地方立法实践的热情，增强公众参与地方立法的民主程度。

《上海市华侨权益保护条例》的立法过程亦充分体现了科学立法、民主立法的要求。2013 年，上海市十四届人大常委会将市政府侨办提出的华侨权益保护立法建议项目列入市人大 2013—2017 年立法规划。2015 年 12 月，上海市人大法制委、人大常委会法工委召开《上海市华侨权益保护条例》立项论证会，对华侨权益保护立法的必要性、可行性和合法性进行了充分的论证。2016 年 2 月，经上海市人大常委会会议审议，通过了《上海市人大常委会 2016 年度立法工作要点》，《上海市华侨权益保护条例》被列为正式立法项目。此后，上海市人大侨民宗委、人大常委会法工委、市政府法制办与市政府侨办组成联合立法工作小组，正式开展《上海市华侨权益保护条例》起草工作。起草过程中，工作小组召开了多场座谈会，广泛听取和征求市政府有关部门、基层侨务部门、在沪华侨华人、侨资企业负责人、海外侨团负责人、专家学者等各方面的意见和建议。6 月 20 日，上海市政府常务会议审议通过了《上海市华侨权益保护条例（草案）》，提请市人大常委会审议。7 月 28 日，市十四届人大常委会第三十一次会议对《上海市华侨权益保护条例》进行了第一次审议，对草案总体上给予了肯定。会后，《上海市华侨权益保护条例（草案）》通过《解放日报》、《上海法治报》、东方网、新民网、上海人大网、“上海人大”微信公众号等媒体向社会公开征求意见。9 月 13 日至 14 日，市十四届人大常委会第三十二次会议对修改后的《上海市华侨权益保护条例（草案）》进行了第二次审议。9 月 14 日，《上海市华侨权益保护条例》获表决通过。整个过程中不乏各方面的意见交锋和博弈。

华侨权益保护的地方性立法亮点纷呈，多有创新，其中最大的亮点是对华侨参政议政的权益以法律形式予以明确下来。如《广东省华侨权益保护条例》第九条规定：“在本省的华侨，可以依法申请成立社会团体并开展活动，社会团体的合法权益和合法活动受法律保护，任何组织和个人不得侵犯。”《福建省华侨权益保护条例》第八条规定：“县、乡两级人民代表大会代表选举期间在省内的华侨，可以参加原籍地、原居住地或者现居住地的选举；县级以上地方人民代表大会可以邀请华侨列席会议。”第九条规定：“省、设区的市和侨务重点县（市、区）可以邀请华侨作为政协特邀委员；县级以上政治协商会议可以邀请华侨列席会议。”第十条规定：“在本省的华侨，可以依法申请成立社会团体并开展活动。华侨依法成立的社会团体的合法财产受法律保护，任何单位和个人不得侵犯。”《上海市华侨权益保护条例》第七条规定：“华侨在本市依法成立的社会团体，应当依照法律、法规和章程开展活动，其合法权益受法律保护。”第二十三条规定：“华侨在本市区或者乡、镇人民代表大会代表选举期间在本市的，可以在本市原籍地或者出国前居住地进行选民登记，参加选举。”

（三）适应客观需求，凸显探索性

华侨权益保护的地方立法顺应了地方和时代需要，是对经济社会发展法律需求和侨务实践工作中所面临的问题的有效回应。如《福建省华侨权益保护条例》的颁行即为立足省情、适应侨情变化的实际需要，对海外侨胞新关切和新诉求的积极回应。福建省是全国著名侨乡，拥有 1 580 多万华侨华人，华侨是一大资源、一大优势。但由于国家层面尚无专门的立法，华侨权益的保护措施主要散见于各部门规章和规范性文件中，而这些规章和规范性文件出台时间较早，有的已不适应当前社会发展需要，有的在实际工作中缺乏操作性，配套衔接不够。改革开放以来，大量华侨华人来闽投资创业发展，其政治、人身、财产、就业、社保、生育、子女入学、投资、捐赠等权益缺乏有力的法律支持和保护，各项权益遭受侵害现象时有发生，影响了对外开放的良好形象。通过立法保护华侨的合法权益，体现了福建省对海外侨胞的高度重视、真切关怀。对增强海外侨胞爱国爱乡精神和对祖籍国的向心力有积极的意义，对进一步凝聚侨心、汇集侨智、发挥侨力也将产生深远影响。《上海市华侨权益保护条例》的颁布实施同样是适应了上海市建设“四个中心”和具有全球影响力的科创中心的需要。上海市是我国的重要侨乡之一，海外上海籍侨胞有 102 余万，分布在世界 159 个国家和地区。他们中间蕴藏着丰富的人才、资金、技术、管理、信息、市场等资源，长期以来为上海的经济社会发展作出了积极贡献。上海在“四个中心”（国际经济中心、国际金融中心、国际贸易中心和国际航运中心）建设中，尤其是在向建设具有全球影响力的科技创新中心进军的进程中，要牢牢把握世界科技进步大方向、全球产业变革大趋势、集聚人才大举措，更离不开华侨华人这一宝库。《上海市华侨权益保护条例》的颁布和实施不仅为在上海创新创业的海外高层次人才提供了法制保障，而且体现了上海市对海外华侨华人的真切关怀，有利于进一步凝聚侨心、汇集侨智、发挥侨力，激发华侨华人回祖（籍）国服务的热情，为上海的经济社会建设作出新的贡献。

地方立法权，是指特定的地方国家权力机关依法行使的，用来制定、认可和变动效力不超出本行政区域范围的规范性法律文件的综合性权力体系。[①] 在我国，地方先行立法是指有地方立法权的地方人大根据本行政区域的具体情况和实际需要，就有关事项在中央立法之前先行进行立法行为，产生地方性法规的情形和状态。我国各省、市和自治区的华侨权益保护地方性立法就是在暂无国家层面的华侨权益保护立法的情况下的“先行先试”，具有先行性和探索性，有诸多方面的创新性，如对华侨成立社会团体，华侨知识产权保护，华侨在农村宅基地权益保护，华侨出国定居后土地承包经营权保护，华侨投资企业参加政府采购等，都具有创新性，较好地回应了海外侨胞的新关切和新诉求。华侨权益保护的地方性立法是对中央立法的有力补充。同时也为中央立法积累了丰富的经验，为完善社会主义法律体系贡献了力量。

（四）问题导向性，注重操作性

《中华人民共和国立法法》第七十二条规定，地方立法一方面要结合本地经济、民情、风俗等现实需求，另一方面要针对中央没有或不适宜解决而本地突出的问题，要求地方立法与解决当地实际问题结合起来。华侨权益保护的地方性立法大多体现了问题导向原则。如《广东省华侨权益保护条例》的制定就是围绕广东广大侨胞最切身、最关心、最迫切的权益问题，如对华侨房屋、华侨投资、华侨捐赠、华侨社保、华侨教育等方面的权益进行立法，从而解决华侨权益保护中现实突出问题。《广东省华侨权益保护条例》第十五条规定：“华侨购买房屋，按照法律、法规和相关政策的规定执行。华侨私有房屋符合法律、法规和本省有关规定的，房产登记发证机构应当依法登记发证。历史遗留的华侨房屋问题，按照国家和本省有关规定处理。华侨对私有房屋享有占有、使用、收益和处分的权利，任何组织和个人不得非法侵犯。”第二十一条规定：“鼓励和支持华侨投资

---

① 周旺生：《立法学教程》，北京大学出版社，2006 年，第 230 页。

兴办产业。华侨投资者可以用可自由兑换货币、机器设备或者其他实物以及知识产权、专有技术、土地使用权等作为投资。华侨投资兴办的高新技术企业，可以按照国家和本省有关规定，享受优惠待遇。”《上海市华侨权益保护条例》的制定亦体现了鼓励华侨参与国家和上海建设的导向。例如《上海市华侨权益保护条例》规定，华侨在上海就业，可办理参加社会保险各项手续；经与用人单位协商一致，可缴存、提取和使用住房公积金；可以参加专业技术人员资格考试和专业技术职务任职资格评审；可按规定购买自住商品房等。

华侨权益保护的地方立法不仅具有问题导向性的特点，而且比较注重实际可行性和可操作性，重视法律法规的实行效果。首先，地方性立法内容中的每条规定都可以在相关法律、法规、规章和规范性文件找到依据，具有合法性。其次，大多数条文的规定都比较具体。对现实生活中出现问题较多的华侨房屋、华侨投资、华侨捐赠等权益的保护，以及侵权的处罚等，都尽可能作了具体规定，增强了可操作性。如《上海市华侨权益保护条例》规定：华侨子女回国就读上海实施义务教育的学校，其父（母）在上海就业或者其有血缘关系的直系亲属监护人具有上海户籍的，与具有上海户籍的适龄儿童、少年享受同等入学待遇；原户籍注销地为上海的华侨，出生在国外并且其配偶或者父母一方具有上海户籍的华侨，申请回上海定居，符合条件的，上海市侨务部门应当核发《华侨回国定居证》，公安机关据此为申请人办理常住户口登记手续。对违法干预或者侵犯华侨投资设立企业经营管理自主权，违法侵犯华侨对其私有房屋依法享有的占有、使用、收益和处分权利，向华侨摊派或者强行募捐、违反华侨捐赠意愿使用捐赠款物或者挪用、侵占华侨捐赠财产等违法违纪行为，《上海市华侨权益保护条例》也明文规定予以相应行政处分并追究刑事责任。

（五）视野全球化，范围清晰化

华侨权益保护地方立法的全球化视野主要表现在立法保障华侨回国定

居的权益。跨国移民是全球化的要素和产物，华侨华人是国际移民的重要组成部分。[①] 伴随全球化的不断发展，改革开放进一步增强了海外侨胞在境内外的流动特性，华侨与国内的联系愈加紧密。基于华侨作为跨国移民的特殊性的考量，各省、市、自治区的华侨权益保护立法均规定了华侨回国定居的权益。如《广东省华侨权益保护条例》第八条规定："华侨申请回本省定居，由拟定居地县级以上人民政府负责侨务工作的部门受理。拟定居地为原户籍注销地，符合以下条件的，负责侨务工作的部门应当核发华侨回国定居证，公安部门依法办理落户手续。"《上海市华侨权益保护条例》第二十六条亦规定："原户籍注销地为本市的华侨，出生在国外并且其配偶或者父母一方具有本市户籍的华侨，申请回本市定居，符合条件的，市人民政府侨务部门应当核发《华侨回国定居证》，公安机关依据《华侨回国定居证》为申请人办理常住户口登记手续。"《海南省华侨权益保护条例》第九条规定："华侨申请在本省定居，符合本省规定条件的，由县级以上侨务主管部门受理并核发华侨回国定居证明，公安机关依据华侨回国定居证明和其他需要交验的材料为申请人办理常住户口登记手续。国内外身份信息不一致的华侨，申请在本省落户，经核实符合规定条件的，按照前款规定办理。符合海南自由贸易港建设需要、属于本省引进的华侨人才，按规定办理在本省落户手续。"

地方立法的实践使得华侨权益保护立法的范围逐渐清晰化，主要涉及华侨选举资格、参政议政、人权保障、回归安置、户籍管理、投资贸易、捐款捐资、合作联营、外汇兑换、税收利润、财产继承、婚姻家庭、归国探亲、国籍管理、子女入学升学、华侨教育、救济贫困华侨、劳动和社会保障、企业经营、民事诉讼、组织社团等方面。[②] 这里特别需要指出的是

① 丘立本：《国际移民趋势、学术前沿动向与华侨华人研究》，《华侨华人历史研究》2007年第3期。

② 张振江、宋婉贞：《华侨权益保护立法进展及特征：跨国移民视角》，《统一战线学研究》2020年第2期。

外籍华人权益获得立法保护。各地的华侨权益保护条例均明确“外籍华人参照华侨权益保护规定执行”，但前提是“除法律、法规规定不可享有的特定权利外”。如《广东省华侨权益保护条例》第三十四条规定：“除法律、法规规定不可享有的特定权利外，外籍华人在本省的有关权益保护，可以参照本条例执行。”《上海市华侨权益保护条例》第三十一条规定：“外籍华人在本市的正当权益，按照法律、法规和本市有关规定予以保护。”这意味着外籍华人作为特殊的外国公民，在享受我国国民待遇方面终获立法肯定，这不仅是中国地方侨务法治建设的重大创举，更是中国侨务法治建设的重大突破。

三、华侨权益保护的地方立法发展

华侨权益保护的地方性立法是一个不断发展完善的过程。在国家层面的立法条件暂时不完全成熟的情况下，各地特别是侨乡地区可以借鉴上述省区立法的实践经验，积极推动本地华侨权益保护的地方性立法工作。未来的地方性华侨权益保护立法需要重点关注以下议题：

（一）创新区域立法协同性，降低立法成本

华侨权益保护是全国性的重要问题，地方立法过程中，需避免同区域同类法律间较大差异性，进而损害法律公正性。如东南沿海侨乡大省之间、中部经济社会发展差异较小的省份之间，可以尝试跨区域立法，针对不同区域的同一问题，协商共同制定跨区域地方法规规章，解决共同面临的问题及挑战。这样，不仅契合条例作为保护华侨权益基本依据的定位，而且可以较好地降低节约立法成本，提高法律适用效率。

（二）完善立法体系化，减少分散性

随着社会主义法制体系的逐渐完善，华侨权益保护的地方性立法也将

更加体系化。目前，有的省份华侨权益保护的内容分散在众多的地方性法规规章中，保护的权益有重叠和交叉，甚至矛盾之处。未来的地方性立法可以统合相关华侨权益保护的规范性文件，把涉及华侨权益保护的相关规定集中规范在一部条例中，增强华侨权益保护地方立法的综合性和体系化。

（三）拓宽新渠道，补强平等保护

各地现有关于华侨政治权利保护与国内公民同等对待的规定，虽在形式上做到了平等，但实质上是不平等的。无论是华侨担任人大代表、政协委员，还是华侨列席人大会议、政协会议，华侨人数均较少，参政议政的程度还不够高，华侨代表、委员所能发挥的真正作用尚需提高。华侨参政议政不应局限于参加“两会”，各地应当积极拓展华侨参政议政新渠道，如建立“网上委员参政议政平台”，以促使华侨委员参政议政常态化。另外，在参加村（居）委会选举、华侨生育权益保护、华侨知识产权权益、其他组织和个人侵犯华侨权益时的法律责任等方面应予增补相关规定。

（四）回归人本性，重视侨文化

华侨权益保护的地方性立法需要维护人的权益，回归人本性，而侨文化是华侨华人与侨乡人民共同创造的、形成于中华大地上的一种区域文化，本质上属于中华优秀文化，亦应予以系统性保护。然而，令人遗憾的是，目前仅有个别省市通过立法的形式提及侨文化的保护以及发挥华侨华人传承侨文化与中华优秀文化的作用，如福建和上海等。但这些条例的相关条文还存在可操作性不够强的缺陷。未来各地华侨权益保护的立法应该结合自身实际，依据《中华人民共和国非物质文化遗产法》《中华人民共和国文物保护法》等法律法规的有关规定，建立华侨华人代表性传承人制度，通过选拔符合条件的华侨华人作为代表性传承人，让华侨华人代表性传承人在海外传承中华优秀文化，推动中华优秀文化走向世界，不断提高中华文化的国际影响力。

四、结语

自 1979 年《中华人民共和国地方各级人民代表大会和地方各级人民政府组织法》授予地方立法权以来，华侨权益保护的地方性立法取得了重大成就，积累了积极的实践经验，但也存在许多亟须完善的缺陷。在国家层面的立法条件暂时不完全成熟的情况下，各地特别是侨乡地区可以借鉴现有各省市关于华侨权益保护的地方性立法的实践经验，积极推动本地华侨权益保护的地方性立法工作，并在此基础上，最终推动《中华人民共和国华侨权益保护法》的出台。

论依法保护海外华侨的政治权益

翁　里　俞姗姗*

[摘要] 华侨在中国历史上始终是一股不容忽视的政治和经济力量。制定《中华人民共和国华侨权益保护法》有利于依法维护海外华侨参政议政的权益，而华侨的选举权和被选举权属于基本的政治权利；在构建海外华侨选民信息库的基础上，划分若干海外选区，按华侨人口基数编制海内外华侨人大代表和政协代表的名额，由国家安全部门会同驻外使馆的政法参赞负责对海外华侨代表候选人的身份确认及政审，符合中国的国家安全与利益。

[关键词] 海外华侨；政治权益；选举权；华侨政审；“一带一路”

国际移民现象伴随着国家的出现而产生，同时也必将受到有关国家法律、国际条约、国际惯例的制约和调控。中国人移居海外的历史由来已久，近三十年来，海外华侨数量逐年增加，他们形成一股新生力量，在世界各地崛起，而选举权与被选举权是其最根本的权益，因此依法维护海外华侨的政治权利显得尤为重要。华侨在其居住国生存、发展和壮大并实现“三个大有作为”是我国侨务政策的核心，同时海外华侨也期待一个统一

---

* 作者简介：翁里，福建福州人，现任浙江省国际法研究会副会长、硕士生导师；主要研究领域：国际移民法、刑事侦查学等；《中华人民共和国出境入境管理法》《中华人民共和国华侨权益保护法》《中华人民共和国难民法》立法论证专家。俞姗姗，浙江仙居人，法学硕士，现任职于浙江大学外事处港澳台办公室。

和强大的祖国。为了适应当前“一带一路”建设的推进，贯彻依法治国方略，笔者以为有必要根据华侨自身的特殊性，重视其选举权与被选举权的法律保护问题，构建全球华侨信息库，在确保国家安全的基础上注重保护海外华侨政治利益并力争实现双赢。

一、保障海外华侨的政治权利符合国家利益

1. 华侨的定义与现状

“华侨”一词最早出现于 19 世纪末清政府的往来呈文中，是侨居国外的中国公民的统称，具体是指定居在外国的中国公民，包括从中国移居外国的人员及其在当地出生并保持中国国籍的后裔。[①] 因此，中国公民在国外定居不区分时间和国家，只要在外国定居并获得永久居留权者，即是华侨。华人则指的是已加入外国国籍的中国人。此外，侨眷包括华侨本人的配偶、父母、子女等三代以内的直系血亲（含拟制血亲）。准确区分这三个概念，有助于更准确地理解我国的侨务制度。近年来，在实践中有人将华侨分为“老华侨”和“新华侨”，将改革开放之前出国定居者称为“老华侨”，之后出国定居者称为“新华桥”，这仅是以华侨出国时间为界限而言，不是以法律为依据而进行的分类。

随着经济全球化进程的加快，各国之间的交流日益频繁，中国公民出国留学、务工、投资的人数不断增加，这些人在国外定居后其身份就转为华侨。这些新移民群体不断壮大海外华侨的队伍，成为华侨社会的主体。华侨主要集中在美国、加拿大、英国、德国、澳大利亚、新西兰、日本等国家，海外侨胞和归侨侨眷是我国独特的国情和重要的资源，对于建设中国特色社会主义有着现实意义。

---

① 翁里：《论依法保护华侨的出入境权益》，《 浙江大学学报（人文社会科学版）》2009 年第 6 期。

2. 宪法规定的公民政治权利

选举权和被选举权是现代国家公民的基本政治权利，而华侨是定居海外的中国公民，依法享有宪法上规定的选举权和被选举权。《中华人民共和国宪法》第三十四条规定，年满十八周岁的中国公民，除依照法律被剥夺政治权利的人外，均享有选举权和被选举权。但在现实生活中，由于长期居住在国外，华侨人际关系相对疏离，不能连续从事某地的公共管理活动，这些都体现了华侨自身的独特性。然而，宪法没有区别旅居国外的华侨与国内公民在行使选举权和被选举权时的不同，只作了原则性的规定，而《中华人民共和国全国人民代表大会和地方各级人民代表大会选举法》（以下简称《选举法》）第七条第二款规定了全国人民代表大会和归侨人数较多地区的地方人民代表大会，应当有适当名额的归侨代表，却没有规定华侨代表。此外，该法第七条第三款也没能进一步明确华侨原籍地和原居住地的确定标准，尤其是在外国出生的华侨如何确定原籍地和居住地，这些规定过于抽象，不利于华侨行使选举权与被选举权。

华侨享有选举权和被选举权是我国宪法规定的一项基本权利，宪法性权利是其他权利的基础，保障华侨权益的前提在于华侨人大代表选举权的实现。缺席了真正代表并反映华侨实际呼求和境况的最高权力机关，是无法制定出切实维护并保障华侨合法权益的法律的。[①] 近年来，海外华侨积极参政，政治意识逐渐觉醒，参与型政治文化日益形成。然而，我国至今仍没有制定一部统一的关于华侨权益保护的法律，虽然国家和地方从不同层面对华侨权益保护问题进行了规定，但这些制度都是零散的，未能形成相应的体系。在实践过程中，因为缺乏华侨权益保护的法律，出现了许多侵害华侨合法权益的案例，损害了海外同胞的利益，因此有必要出台一部华侨权益保护法律，依法维护海外华侨的合法权益。

3. 依法保护华侨选举权与被选举权的意义

华侨权益的内容广泛，包括经济权益、政治权益、文化权益、劳动与

---

① 王谨：《我国华侨代表选举制度的理性思考》，《法制博览》2014 年第 12 期。

社会保障权益、出入境权益等。通常情况下，社会往往注重保护华侨的经济权益，着重保护华侨在国内的不动产，但容易忽视华侨其他权益，尤其是华侨的选举权与被选举权。因此，依法保障华侨选举权与被选举权，一方面可以使广大华侨同胞感受到祖国对他们的关心和信任，增强他们的民族认同感和自豪感；另一方面，由于华侨散居国外，他们对居住国一些成功、成熟的民主政治、经济和社会管理等方面的经验耳濡目染，这就使得他们在参政议政、建言献策中具有独特的作用和优势。他们的参政议政对于推进我国的民主政治改革和各项建设事业的健康发展是有利的。①

自 2001 年以来，共有 590 名华侨华人作为列席代表参加了全国政协大会。② 尽管他们的建言献策对沟通海外华侨与祖国关系有所帮助，但他们毕竟不是正式代表，不能全面参与立法决策讨论。因此，笔者认为全国人大、政协和国侨办应尽快研究考虑恢复海外华侨在全国人大、政协的代表制度。凡是那些居住海外，愿意为国服务的爱国华侨经过政审、选举程序都可以成为人大、政协代表，使优秀的华侨代表能够直接参与祖国的政治活动，充分展示他们的聪明才智，发挥华侨在“一带一路”建设中的作用。侨民参政的类似事例在其他国家也很普遍，例如，居住在海外的印度人在他们的祖国享有广泛的权利和义务。印度政府考虑制定立法，允许他们享有投票权。自 2006 年开始，在韩华侨获得永久居住权 3 年以上，且年龄为 18 周岁以上者，可在地方选举中行使投票权。日本民主党自执政以来，就积极推动立法，给予在日本获得永久居留权的外国人（包括十多万

① 张赛群：《新中国华侨参政议政问题探讨》，《江苏大学学报（社会科学版）》2011 年第 6 期。

② 见《列席今年全国政协会议的 35 名海外侨胞都有谁?》，该文指出，自 2001 年以来，全国政协已连续 18 年，邀请来自 79 个国家的 550 位海外侨胞列席政协会议。载于中国侨网，http：//www. chinaqw. com/qbapp/zwShare. html? id = 894 - 5 - 180466&type = zw，2018 - 03 - 03。另见《40 名海外侨胞列席全国政协大会　关注涉侨话题》，该文提到，全国政协十三届二次会议 3 日将在北京开幕。受邀列席会议的 40 名海外侨胞陆续抵京，他们将在会上发出侨界声音。载于国务院侨务办公室官网，http：//www. gqb. gov. cn/news/2019/0305/45912. shtm，2019 - 03 - 05，最后访问时间：2022 年 12 月 16 日。2020 年以来，受疫情影响，海外侨胞无法回国列席全国政协会议。因此，迄今为止，共用 590 名海外侨胞作为列席代表参加了全国政协大会。

具有中国国籍的在日华侨）在地方的参政权。

海外华侨活跃在各个国家，已经成为“中外民间外交大使”的新角色。他们既是国家“硬实力”的载体，如进行投资经商、创新创业等经济活动，也是国家“软实力”的载体，如传承和传播中华文化。海外华侨在经济、政治、文化等各个方面发挥着重要作用：政治上，他们发挥“民间外交”的作用，增强中国与其他国家的沟通与理解；经济上，他们通过外贸经营、金融投资和企业生产等多种形式，促进中国经济持续发展；文化上，他们通过中文教学、影视娱乐、餐饮服饰等传播中华文化，加深当地人对中国的了解。通过华侨，构建中国了解世界和世界认识中国的桥梁，以官民合作的方式提升国家形象，是侨务公共外交的重要内容，也有利于增强华侨的凝聚力和向心力，促进国家安全与稳定。

4. 海外华侨的分布格局与侨情趋势预测

根据近几年国内学者的研究成果，海外华侨的分布格局和侨情较之20世纪都已经有所变化。庄国土教授在《华侨华人分布状况和发展趋势》一文中阐述，东南亚华侨华人有3 400多万，约占总人口的6%。他认为当前东南亚华人华侨在当地国的影响力远不如其实力和潜力；一是缺乏族群凝聚力，二是政治、经济和文化实力尚待进一步累积。建议通过东南亚国家的各种华侨商贸会、乡土组织活动来减少新移民群体和老华侨社团之间的商贸竞争，协调行事规则。如：通过华人总商会的形式聚合新老移民领袖，推动双方对话与协作，以减少冲突和增强华侨华人的地位。①

龙登高教授在《海外华人新增长点：北美华人动态与趋势》一文中认为，由于移民及其生育高峰，北美华人数量进入峰值，美国华人2015年有460万~470万，2020年将达540万，随后增长势头将趋缓。美国华人占总人口的1.2%，占亚裔总人口的24.3%。就地域分布而言，大陆移民进一步集中于大纽约都会区、洛杉矶都会区和旧金山湾区，而台湾移民则集

① 庄国土：《华侨华人分布状况和发展趋势》，《侨务工作研究》2010年第4期。

中于洛杉矶都会区。华人在高层的政治参与将带动华人更多地参与地方和基层社会治理。美国是一个基层和各州自治的社会，联邦之下，州、县或市各级政府和议会是切实地影响选民与社会，未来华人参政将在州、市县展开。①

李明欢教授在《欧洲华人社会剖析：人口、经济、地位与分化》一文中阐述，根据欧华联会的报告：全欧华侨华人共 251.4 万人，组建了 800 多个华人社团，开办了 300 多所中文学校，有学生约 5.5 万人，全欧共出版发行 100 多份中文报刊。未来五到十年欧洲华侨华人总量还会增长，但增幅将明显减缓，来源构成将更为多元化。她建议加强对欧洲国家政治体制的研究，引导华侨华人在深化对欧洲社会公共政策、公共事务认识的基础上，提高参政水平，合理合法维护自身权益。②

由上可见，新生代华侨将成为未来海外华侨群体的主力军；新华侨的分布显然主要集中在欧美国家和澳大利亚等发达国家，但是亚非等发展中国家的华侨数量也在缓慢的增长过程中。科学地统计海外华侨人数，及时地把握侨情趋势，都是构建海外华侨选民数据库的基础。

二、海外华侨选民信息库的安全审查

1. 华侨选民身份的确认与安全审查

近代以来，随着海外华侨社会逐渐形成以及中国政府对华侨的日益重视，出现了海外华侨参政议政的现象。海外华侨是中华民族大家庭的组成部分，虽然身居海外，但他们关心着祖国的发展和社会主义各项事业的建设。他们分布在世界各地，具有丰富的外国生活和工作经验，他们既了解中国，又了解世界，重视和吸纳他们的意见，依法维护海外华侨的选举权与被选举权，有助于我国政府通过华侨了解民主政治的良好理念，从而更

---

① 龙登高：《海外华人新增长点：北美华人动态与趋势》，《侨务工作研究》2010 年第 3 期。

② 李明欢：《欧洲华人社会剖析：人口、经济、地位与分化》，《世界民族》2009 年第 5 期。

好地进行社会主义民主政治的建设。

大部分海外华侨是在中国完成高中或大学教育，其中国式思维、行事方式和价值观很难改变，他们对故乡、文化、民族有着根深蒂固的亲和力。而华侨的公民身份意味着华侨与国家之间存在着制度性的法律关系，即无论海外华侨以何种理由获取居住国的定居权，抑或是否考虑过加入定居国国籍，其人大代表选举权与被选举权的宪法性权利应当得到切实的保障和落实。与通过血缘溯源、文化认同来增强政治认同相比，公民身份意味着华侨进入"政治前场"的资格，选举代表或被选举成为代表，通过参与国家法律政策制定表达政治诉求。[①] 这表明，从华侨的心理特征着眼，他们还是认同中国政府和中国文化的。笔者认为，可以由国内侨务部门或者授权中国驻外使领馆来确认华侨的选民身份，而华侨需提供身份证或护照来证明自己的选民资格。

2. 改革华侨选民自愿登记制度

为了依法保障华侨的合法权益，我国应该根据华侨选民的特殊性，设置相应的程序机制，其中最重要的是设立华侨选民自愿登记制度，来适应新时期华侨选举的需求。首先，应当放宽华侨选民的登记条件，修改《选举法》第二十七条规定，明确华侨可以以自己的中国护照参加县级以下人大代表的直接选举，护照即是海外华侨的身份凭证。其次，修改《中华人民共和国村民委员会组织法》第十三条规定，取消选民居住时间的限制，明确规定只要是选举期间华侨居住在本村，无论居留时间长短，也无论户籍是否在本村，都应享有选举权，但可以依法限制华侨的被选举权。这一做法可以让更多华侨参加选举活动，激发他们的爱国热情。

此外，鉴于华侨旅居国外，笔者建议不妨采取一些变通的做法，本着选举便利的原则，设置相应的选举登记程序，使得华侨们可以行使该项权利。华侨在海外行使选举权与在国内行使选举权是相辅相成、互为补充的

① 王谨：《我国华侨代表选举制度的理性思考》，《法制博览》2014 年第 12 期。

关系，身居海外的华侨既可以在国外进行选民登记，也可以选择在国内进行选民登记。同时，通过海外华侨选民登记，亦可以参与海外选取的人大代表或政协代表的选举，但两者只能选举一次。选民登记是选举机构对依法享有选举权的公民进行登记造册，以便其参加投票选举的一项选举工作程序，选民登记的实质是对公民是否具有选举权的确认，是公民在法律上享有的选举权转化为实际上能够行使的选举权利的必经程序和环节。① 笔者认为我国政府及驻外使领馆可以对居住在国内外的华侨进行选民登记，依法落实华侨的选举权利，确保华侨参加选举的实质性平等，有利于更好地维护华侨的政治权益。

3. 审查海外华侨选民信息库的项目内容

选民登记信息管理系统，是为换届选举工作量身定做的一款信息系统，该系统集选民登记、选民资格审查和统计分析等相关功能于一身，实现了传统的选民登记方式向电子化、数字化、网络化登记的跨越。② 据调查，大部分华侨集中在美国、加拿大、英国、德国、澳大利亚、新西兰、日本等国家。传统海外华侨华人主要从事洗衣、餐饮、建筑等收入和社会地位较低的服务与制造业。从 20 世纪 90 年代以后，随着计算机网络、新经济的兴起和教育水平的提高，海外华侨华人专业人士从事的行业主要是知识和科技密集型的，如信息技术、商业、管理、科学与工程、生物技术等高科技领域行业。因此，政府可以按照华侨所从事的职业，对华侨选民信息库进行分类，以便更好地维护海外华侨的选举权利。笔者认为，海外华侨选民信息库的项目内容可以包括以下几个方面：①姓名；②性别；③出生日期；④政治面貌；⑤永久居住国；⑥职业；⑦护照或身份证号码；⑧其他事项。此外，根据中国与全球化智库的调研结果，除了传统的计算机、互联网等领域，海外华侨华人的分布领域呈现“多样化”。调研显示，华侨专业人士开始从计算机、电子信息等领域向新生物工程、新医

---

① 许安标：《选区划分和选民登记》，《中国人大》2006 年第 21 期。

② 李国麒：《选民登记信息管理系统推出“升级版”》，《上海人大月刊》2011 年第 9 期。

药、文化创意产业、新能源、节能环保、新材料等行业分散，同时大量跨行业的专业人士也开始出现。[①]

4. 海外华侨代表的身份确认与政审

鉴于华侨身份是推荐选举海外华侨人大代表或政协代表的基础，笔者建议可由国务院侨务部门授权（或派驻）中国驻外使领馆的“政法参赞”履行华侨身份的确认工作。[②] 因为海外华侨与国内华侨所代表的华侨群体利益有差异，所以推荐选举产生的海外华侨代表应参照现行的《中华人民共和国全国人民代表大会和地方各级人民代表大会代表法》，才能确保海外华侨行使其选举权与被选举权的政治权利。

笔者认为，对海外华侨代表候选人的政审，可基于“海外华侨选民信息库”内储存的信息以及海外侨社反馈的信息，由我国驻外使领馆“政法参赞”负责对本辖区内的海外华侨人大或政协代表候选人进行初步的政治审查，然后报国务院侨务办公室会同国家安全部门复核、审批。为了预防在海外华侨代表政审环节可能导致的风波，维护国家安全与社会稳定，由驻外使领馆“政法参赞”或相关工作人员负责对海外华侨代表候选人的政审，国安部门协助配合，具有可操作性。如何确定海外华侨代表和归国华侨代表的名额问题，笔者认为应以华侨选民基数按比例分配为妥，新老侨并重，这样才能理顺海外与国内华侨的选举权关系。

着眼我国现行的侨务政策，近几年国内侨务部门以及驻外使领馆对华侨华人融入当地社会以及寻求自己的权益（包括参政权）起到了积极的推动和协助作用。侨务部门和使领馆不仅是联系华侨同祖国之间关系的重要纽带，而且成为华侨居住国之内不同背景的侨民群体之间相互沟通和联络的最主要平台，这种协调和领导作用还可进一步拓展。

---

① 王辉耀：《海外华侨华人专业人士报告（2014）》，社会科学文献出版社，2014 年。

② 笔者建议可如同大使馆的文化参赞、商务参赞职能，在外交官行业设置“政法参赞”职位，专门处理侨民的政法类事务。

三、维护并落实海外华侨选举权利的举措构思

1. 按华侨所住国人口比例设立海外选区

选区指的是以一定数量的人口为基础，按某一标准划分的选举区域。选区一旦划定形成后，应保持相对稳定性，使其成为一个相当稳定的意见、建议表达单位，代表活动区域。海外华侨群体正在崛起，他们成为一股重要的新生力量，推动全球的人才流动和智力传播，影响世界发展大势，这已成为全球范围内具有深远意义的现象。而在新中国成立初期，我国人民代表大会制度的确立，表明华侨的人大代表选举权具备实践上的可行性。

考虑到华侨的特殊性，需要在定位上将其列为选举单位，通过特殊的选举设置，来维护海外华侨的选举权利。根据华侨出生地将华侨分为在国内出生的华侨和在国外出生的华侨，如果是在国内出生的华侨，其原籍地和居住地容易判断；而出生在国外的华侨，只能依据其父母的原籍地和原居住地来确定。同时，关于华侨海外选区的划分，国际移民法上存在两种观点：一种是按华侨居住国来划分选区，即由法律明确规定每个国家海外选区的个数和海外候选人的名额，进行统一管理；另一种是按华侨人口分布来划分选区，即综合考虑每个居住国的经济状况和华侨自身的择居情况，按华侨人口数额来划分选区。

笔者认为，第二种方法更具有操作性，因为不同的国家吸收的华侨数额不同，区别对待，有助于华侨们更好地行使选举权和被选举权，因此，建议可以通过驻外领事馆的政法参赞或相关人员来主持选举，通过协商或推荐等方式来确定代表候选人。

2. 人大、政协代表华侨候选人的基本条件

海外华侨参政议政有广义和狭义之分，广义的海外华侨参政议政指的是他们按照法律的规定，积极参加国家政治生活、经济生活和文化生活，

发表意见或看法。狭义的海外华侨参政议政指的是他们依照法律的规定，通过人民代表大会选举的方式担任政府公职人员，代表六千万海外华侨群体的利益，参与国家法律、政策的制定与实施。

近年来，海外华侨列席“两会”是对华侨参政议政的有益探索，但主要出现在各级政协会议，很少能在各级人大中看到海外华侨的身影。此外，由于名额有限，只有华侨中的知名人士，如商界精英、专家学者等才可能以列席的方式参政议政，这一做法忽视了广大中下层华侨群体的利益。因此，笔者认为尽快通过修改《中华人民共和国全国人民代表大会和地方各级人民代表大会代表法》、制定《中华人民共和国华侨权益保护法》，依据我国目前的海外华侨人数，按选区分配海外华侨的人大代表和政协代表名额。

在条件许可的情况下，可以适当增加华侨人大代表和政协代表的名额，扩大海外华侨的发言权，使参政议政更具有现实意义。当然，在中央和地方、在一般地区和侨乡又可以有所区别，地方名额和比重可较中央更灵活、机动，侨乡的华侨委员名额可较一般地区多，甚至重点侨乡又可较一般侨乡多。而在参政人数有所增加的情况下，可以考虑在人员结构上尽可能做到中上层和下层并重，老侨与新侨并重，以便更广泛地反映海外华侨的民意。①

3. 海外华侨选举程序及委托选举

海外华侨的选举程序有以下三种方法：第一种是现场选举，即华侨本人赴投票站参加选举，华侨既可以在国外参加选举，也可以在国内参加选举；第二种是通信选举，即华侨以电话、短信或传真等方式参加选举投票，这种情况通常指的是华侨事出有因，不便亲自去现场参加选举；第三种是网络选举，即华侨在投票网站上参加选举，这种方式极大便利了华侨选举权利的行使。此外，为了便于华侨行使选举权利，很多国家采取了海

① 张赛群：《新中国华侨参政议政问题探讨》，《江苏大学学报（社会科学版）》2011 年第 11 期。

外华侨委托选举制度。该制度主要包括以下几个方面的内容：一是委托的形式，既可以是书面委托，也可以是通过电子邮件、电话等其他可以证明的形式委托；二是委托的对象，受委托者必须是享有选举权利的中国公民；三是委托的时间，委托的效力仅限于本次选举结束；四是受委托者的限制，受委托者不得同时接受两人以上的委托；五是委托的权限，委托权限可分为任意委托和指定委托，任意委托指的是受委托人可以按照自己的意愿替委托人进行投票，指定委托指的是受委托人只能按照委托人的意愿进行投票。

同时，不妨借鉴其他国家或地区的立法经验。例如，美国于 1975 年通过了《海外公民投票权法》，并以此法为依据，在世界各地美国人聚集的城市成立了专门负责海外公民投票事宜的管理部门。在 2008 年美国总统选举中，民主党登记的选民可以选择前往海外投票中心进行初选投票，也可以通过传真投票和互联网投票，这一做法大大简化了选举程序。在条件成熟的前提下，笔者建议可考虑海外华侨代表通过网络视频参会和投票。

四、结语

综上所述，笔者认为在经济全球化的发展过程中，海外华侨既是全球化和区域化的产物，又促进了“一带一路”倡议的实施。《粤港澳大湾区发展规划纲要》明确要求，要积极引导海外侨胞参与大湾区建设。海外华侨的生存安全预警机制固然需要研究，但依法保护海外华侨的政治权益问题亦不容忽视。近些年，旅居国外的华侨意识到参与政治生活的重要性，华侨的参政热情逐渐高涨，中央政府必须认识到海外华侨参与政治生活是一个长期的过程。可以预测，海外华侨的人数在未来几年还会增长；华侨的居住地已经呈现从东南亚往澳大利亚、欧美国家迁徙的趋势，因此，笔者认为《中华人民共和国华侨权益保护法》应包含保障华侨政治权益的条款内容，我国立法机关、国家安全机关、外交和侨务部门，应重视海外华侨选举的特殊性，在广泛调查研究的基础上，趋利避害，实施考虑构建海外侨民信息库，创设政法参赞，合理安排全国人大、政协的华侨名额等举措，华侨代表务必通过国家安全审查才能当选，切实依法保护海外华侨的政治权益。

涉外法治建设背景下对我国涉侨政策法规建设的检视和建议

丁新正*

[摘要] 党和政府历来重视侨务工作和涉侨政策法规的建设。自中华人民共和国成立以来，我国涉侨政策法规建设根据国内外形势的发展变化与时俱进，不断调整、不断完善，目前已经形成以党和国家方针政策为引导、以宪法为根本遵循、国内法和国际法相辅相成的涉侨政策法规体系框架。面对百年未有之大变局，世情、国情、侨情都发生了深刻变化，涉侨政策法规建设中存在的一些不适应现实发展需求供给的情况凸显出来。基于此，在涉外法治建设背景下对我国涉侨政策法规建设进行探讨很有必要。

[关键词] 侨务工作；涉侨政策法规；涉外法治；咨政建议

党和政府历来重视侨务工作和涉侨政策法规的建设。自中华人民共和国成立以来，我国涉侨政策法规建设根据国内外形势的发展变化与时俱进，不断完善，目前已经形成以党和国家方针政策为引导、以宪法为根本遵循、国内法和国际法相辅相成的涉侨政策法规体系框架。但随着世情、国情、侨情的深刻变化，涉侨政策法规建设也存在一些不适应现实发展需求的情况；同时，根据中共中央统战部办公厅《关于中央统战系统 2021 年海外统战工作情况和 2022 年工作重点任务的通知》（厅字〔2022〕5

---

* 作者简介：丁新正，重庆中东欧国家研究中心专家，重庆社会科学院法学与社会学研究所研究员。

号）的要求，现从百年未有之大变局的时代大势出发，就涉外法治建设背景下我国涉侨政策法规建设的现状、存在的不足加以阐述，并在此基础上提出几点建议。

一、我国涉侨政策法规建设的现状

（一）侨务政策“十六字”方针和新时代的“大侨务”观

1. 侨务政策“十六字”方针的演化、完善

“一视同仁、不得歧视、根据特点、适当照顾”，是党和国家国内侨务工作的基本方针，也是我国涉侨政策法规建设所遵循的政策方针。这一政策方针是自新中国成立后随着国情、世情的变化而不断调整、完善的。

事实上，护侨政策和传统，早在1945年党的七大上就提出了。在大会上，毛泽东同志就提出了“保护华侨利益，扶助回国的华侨”的护侨原则，而且这一原则在新中国成立时具有临时宪法性质的《中国人民政治协商会议共同纲领》中被正式确定下来。① 这是具有临时宪法高度的政策方针。

新中国成立后，明确提出要“保护华侨利益，扶助回国的华侨”。当时，基于归侨和侨眷的实际情况，有针对性地提出了国内侨务工作的主要任务：在统筹兼顾，全面安排的原则下，适当照顾归侨、侨眷的特点和利益，引导他们走社会主义道路、积极参加社会主义建设事业，不断扩大和加强华侨爱国统一战线。1957年，周恩来同志提出“一视同仁、适当照顾”的国内侨务工作方针，即对归侨侨眷，政治上予以关怀，生活上给予照顾，要正确对待和具体分析归侨的“海外关系”。1958年11月，周恩来同志进一步提出在“一视同仁、适当照顾”的原则下，采取具体措施、争

① 张德瑞：《加强侨务法制建设　保护侨界人士合法权益——我国侨务法治建设的回顾与展望》，《研究与探讨》2007年第5期。

取华侨的方针。中侨委据此制定了一系列利用华侨资源为经济建设服务的政策，鼓励华侨回国投资创业。尽管 20 世纪 50 年代后至改革开放前夕，我国侨务工作和维护海外华侨权益主要靠政策进行调整，没有制定涉侨法律法规，但这些政策方针在特定历史时期依然起到了探索性、开创性的时代价值。

1977 年，邓小平同志发表了对侨务工作具有重大历史意义的谈话，指出：我们的海外关系不是太多，而是太少，海外关系是个好东西，可以打开各方面的关系。[①] 邓小平同志的论断，为制定新时期侨务工作方针政策提供了重要理论依据。

1977 年 11 月，在北京召开的全国侨务会议预备会上形成了《关于全国侨务会议预备会议的情况报告》，提出要恢复新中国成立以后对待归侨侨眷的正确的系列具体侨务政策，首次提出国内侨务工作的“十六字”方针，即对待归侨侨眷采取“一视同仁、不得歧视、根据特点、适当照顾”的政策，以充分调动归侨侨眷的积极性，团结广大华侨，参与社会主义现代化建设。之后，在 1978 年 12 月举行的第二次全国归侨代表大会上，党中央明确宣告对归侨侨眷实行“十六字”方针，全面开启了改革开放后侨务工作的新局面，国内侨务工作方针由“八字”方针发展为“十六字”方针。在这个基础上，党和国家一方面检查过去侨务政策落实情况，平反冤假错案，清理历史遗留问题；另一方面，适应新的形势，制定了一系列新的政策和法规。[②]

1990 年 9 月 7 日，全国人大常委会通过的《中华人民共和国归侨侨眷权益保护法》，把党对归侨侨眷长期实行的“十六字”方针体现为法律条文；1993 年 7 月，国务院又制定《中华人民共和国归侨侨眷权益保护法实

① 谭天星：《重温邓小平对海外关系的论述　推动侨商事业发展》，《侨务工作研究》2008 年第 6 期。

② 李向北：《侨务政策“十六字”方针的形成与完善（回望中共百年侨务工作）》，《人民日报（海外版）》，2021 年 8 月 18 日。

施办法》，对这部法律加以具体化。两部法律法规的颁布，完成了从政策方针、宪法精神到法律法规的转化。

2. 新时代的“大侨务观”

进入新时代，习近平总书记对侨务工作更加重视，作出重要论述，形成了新时期的“大侨务观”，并不断推动中央到地方的“大侨务”工作格局。习近平总书记早在福建工作时，就提出了“大侨务”的工作观念。2016年党中央批准了《中国侨联改革方案》。2018年党的十九届三中全会通过了《深化党和国家机构改革方案》，对侨务工作作出新部署。以习近平同志为核心的党中央把侨务工作放在党和国家战略全局中来谋划，形成了“大侨务”的工作格局。“大侨务”观的科学内涵，可大体概括为四点：加强党对侨务工作的领导，使之成为党和各级政府的大事；侨务工作要有新观念新思路，为经济建设大局服务；要重视联谊联络工作，注重涵养侨务资源；侨务工作要放开眼界，寻找新的合作伙伴。[①]

（二）涉侨政策法规建设

如上提及的，新中国成立之后，当时起临时宪法作用的《中国人民政治协商会议共同纲领》明确规定：“中华人民共和国政府应尽力保护国外华侨的正当权益。”这一规定，在1954年宪法条文中加以体现，其中第四十九条规定：“国务院行使下列职权：……（十一）管理华侨事务。”第九十八条规定：“中华人民共和国保护国外华侨的正当的权利和利益。”这也为改革开放以来的涉侨法律法规建设奠定了宪法基础。

1. 在国家立法方面

在国家立法方面，形成了主要以宪法为基础，以刑法、民法中的涉外规范为主要内容的海外华侨权益保护法律制度。《中华人民共和国宪法》第五十条规定：“中华人民共和国保护华侨的正当的权利和利益，保护归

---

① 黎才旺：《以“大侨务”观创新开展海南自贸港侨联工作》，《今日海南》2021年第2期。

侨和侨眷的合法权利和利益。”《中华人民共和国刑法》第八条规定：“外国人在中华人民共和国领域对中华人民共和国国家或者公民犯罪，按本法规定最低刑为三年以上有期徒刑的，可以适用本法，但是按照犯罪地的法律不受处罚的除外。”涉外民法方面的规定有 1983 年外交部、最高人民法院、民政部、司法部、国务院侨务办公室联合发布的《关于驻外使领馆处理华侨婚姻问题的若干规定》、1983 年民政部的《华侨同国内公民、港澳同胞同内地公民之间办理婚姻登记的几项规定》等。另有《中华人民共和国归侨侨眷权益保护法》《中华人民共和国继承法》《中华人民共和国出境入境管理法》《中华人民共和国海商法》之中的一些条文和规定涉及海外侨胞权益的保护。

2. 在国际法方面

在国际法方面，依据《联合国宪章》《世界人权宣言》《经济、社会及文化权利国际公约》《公民权利和政治权利国际公约》《本国工人与外国工人关于事故赔偿的同等待遇公约》《海员遣返公约》《关于防止和惩处侵害应受国际保护人员包括外交代表的罪行的公约》《联合国打击跨国有组织犯罪公约》等一系列国际法律文件和公约来保护海外华侨合法权益；广泛运用领事磋商机制来保护华侨的生命财产安全。

3. 在地方立法方面

与国家立法相适应，地方性立法也积极跟进，尤其是在涉侨捐赠、投资等权益保护的单项地方性法规、地方规章方面。如 20 世纪 90 年代早期，我国涉侨大省福建便制定了《福建省华侨捐赠兴办公益事业管理条例》（1990 年制定，2010 年修订），后又制定了《福建省保护华侨投资权益若干规定》（1998 年制定，2002 年修订）。党的十八大以来，地方性立法更为积极主动，尤其是华侨权益保护政策法规的地方性专门立法不断出台。2015 年，广东省颁布实施了《广东省华侨权益保护条例》，这是中国第一部保护华侨权益的综合性地方法规。之后，福建、上海、湖北、浙江、海南、四川等省市相继制定实施地方性华侨权益保护条例。[①]

总之，目前我国基本上形成了一个以宪法为基础，以刑法、民法中的涉外规范和涉及而非针对华侨权益保护的法律法规以及与之相关的国际法为主要内容的法律框架。

二、我国涉侨政策法规建设存在的不足

（一）贯彻侨务政策“十六字”方针还存在需要改进的地方

在涉外法治建设背景下，应对百年未有之大变局，适应我国经济社会发展和侨情变化情况，我国涉侨政策法规建设在贯彻侨务政策“十六字”方针方面还存在需要改进的地方。

第一，如何更好地正确处理好“一视同仁”和“适当照顾”的关系。“一视同仁、不得歧视、根据特点、适当照顾”的“十六字”方针，是侨务政策法规工作的指导原则，也是制定侨务政策法规的基本依据。在涉侨政策法规建设中正确地认识和把握“十六字”方针的内涵和辩证关系，还存在对“适当照顾”的条件把握过于严苛的情况，这在对待华侨投资经商权益保护和处理国籍、涉侨婚姻等问题上还有不少比较突出的不能“一视同仁”的问题。

第二，如何正确处理好国家层面的涉侨政策法规建设和地方层面的涉侨政策法规建设的关系。30 年来，涉侨政策法规工作由以国务院主管部门为主体逐步向以国务院主管部门、地方人大和主管部门并重转变，国家层面出台一些原则性的政策法规，地方各省市再因地制宜，结合当地的省情、侨情，出台切实可行、具有地方特色的具体政策法规方面，还存在某些不到位、照搬照抄、地方特色不足、可操作性不强等弊端。

---

① 张秀明：《华侨权益保护政策法规的发展与完善（回望中共百年侨务工作）》，《人民日报（海外版）》，2021 年 9 月 6 日。

（二）推进“大侨务”的政策法规建设方面仍存在不足

“大侨务”观是百年未有之大变局背景下对我国侨务工作提出的新需要。新时代的侨务工作和涉侨政策法规的调整和完善，不仅是应对国内经济社会发展的需要，也是团结一切可以团结的力量，反制西方围堵、霸凌、无底线遏制的需要。当前，我国在推进“大侨务”的政策法规建设方面仍存在不足：

第一，“大侨务”的政策法规建设更多地偏重国内事务，而对国外事务关照不够。长期以来我国一直重视涉侨政策法规更好地服务经济建设大局，而对涉侨政策法规服务于对外斗争，服务于反制西方围堵、霸凌和遏制我国和平崛起方面的作用发挥不足。因此，我国涉侨政策法规，不应局限于保护华侨和侨眷权益、促进地方投资和经济发展，也应强调在提升海外华侨对祖国的向心力、凝聚力方面的引导功能。以外交保护和领事保护为例，我国在涉侨政策法规建设中如何加强外交保护和领事保护力度还有很大的提升空间，也需要学习研究、借鉴美国、日本、以色列等国家的做法。

第二，长期以来我国沿海或侨乡更加重视涉侨政策法规的制定、司法和执法，而相对而言，我国广大的内陆地区或者广大非侨乡地区则对涉侨政策法规的重视不够。譬如，从已经出台的涉及综合性的华侨权益保护、捐赠方面的华侨权益保护、投资方面的华侨权益保护、私有房屋方面的华侨权益保护等地方政策法规来看，沿海或侨乡的福建省、广东省、浙江省的立法、司法案例居于多数。

第三，适应涉侨工作社会化的趋势的政策法规供给不足。侨务工作涉及各行各业、方方面面，“大侨务”格局逐步显现，受到社会各界的广泛关注，侨务工作的社会化趋势越来越明显。“大侨务”格局对侨务工作日益社会化的趋势提出了时代要求。目前，涉侨部门，除侨务部门、侨联组织外，还涉及各级人大华侨委员会、政协港澳台侨委员会等部门；而且，一些专门性涉侨工作也涉及不同部门和群众组织，如留学人员涉及人事部门，海外专家涉及外事部门，归国科技人员涉及科协组织，青年回国人员涉及共青团，妇女归国人员涉及妇联，等等。对此，目前的政策法规明显供给不足。①

（三）对等反制西方“长臂管辖”的涉侨政策法规建设还有不少短板

西方“长臂管辖”政策，成为行使霸权，霸凌干涉，维护其世界政治经济地位的重要手段。当前，在美国政府泛化国家安全概念、加紧构建排他性联盟、推行所谓“民主价值观”，对我国采取精准打击的政治生态下，“长臂管辖”政策显现出立法领域任意扩展、司法原则随意解释、执法力度肆意提升、霸权思维恣意妄为等新特点。近年来，西方“长臂管辖”的范围从民事、商事行为向我国的内政扩展。如 2021 年 3 月，美国联合英国、加拿大和欧盟，以涉疆问题为由，援引美国 2016 年通过的《全球马格尼茨基人权问责法》制裁我国官员。该法案授权美国总统可基于人权问题，对任何非美国公民予以制裁，包括禁止入境、冻结相关个人或者组织的财产。② 在此背景下，如何对等实施反制西方的“长臂管辖”、霸凌干涉行径，需要我国综合施策，其中在涉侨政策法规建设方面还有不少短板需要弥补完善，特别是在外交保护和领事保护方面的立法、执法短板比较突出。

第一，外交保护方面的涉侨立法、执法存在短板。由于近代以来我国一直处于弱势，外交保护和领事保护的历史欠账较多。新中国成立后，以捍卫国家主权、保护中国国家利益和海外华侨权益为主要宗旨的外交保护、领事保护工作取得了巨大成绩，在两种保护机制的构建方面已经作出了多年的努力探索，但与适应涉外法治建设、应对百年未有之大变局的时

① 秦锋：《谈谈“大侨务”观》，《侨务工作研究》2009 年第 1 期。

② 东艳：《美国长臂管辖政策背后的政治生态》，《人民论坛》2021 年第 35 期。

代要求还有不少短板需要弥补。

第二，领事保护方面的涉侨立法、执法存在短板。外交部起草的《中华人民共和国领事保护与协助工作条例》还未正式出台，我国尚无生效的专门的海外华侨的领事保护法律，涉及华侨领事保护方面的法条主要散见于《中华人民共和国宪法》《中华人民共和国国籍法》《中华人民共和国外国人入境出境管理法》和几个应急预案（即《国家涉外突发事件应急预案》《中国公民出境旅游突发事件应急预案》《外交部重大突发事件应急预案》《国家涉外突发公共事件总体应急预案》《国家涉外突发事件应急预案》《旅游突发公共事件应急预案》）等法律规范之中。总体来看，我国涉侨的领事保护还以应急处理为主，缺乏常规性、系统性，应变能力较弱。

第三，海外执法能力存在局限。目前，我国承担海外华侨权益保护的执法机构主要是驻外使领馆和当地的华侨华人机构。上述机构在华侨住在国既无行政权力，也无司法能力；既不能使用强制手段，也不能干涉他国司法主权。政府机构与民间组织在保护海外华侨方面虽然各有所长，但政府机构出面，往往耗时长，易激发不良抵触情绪，从而引发国际争端；民间组织处事灵活快捷，但影响力有限，解决问题难度较大。二者之间也没有形成有效的互动机制，影响其功能和效用的最大化。

三、对我国涉侨政策法规建设的四点咨政建议

（一）进一步转变理念，从贯彻新时代大统战格局、构建大侨务格局出发，完善涉侨政策法规建设，适应世界百年未有之大变局

1. 以坚持新时代大统战的格局，完善涉侨政策法规建设

统一战线历来是党的总路线总政策的重要组成部分，是我们党领导人民取得革命、建设和改革事业胜利的重要法宝。党的十九届四中全会通过的《中共中央关于坚持和完善中国特色社会主义制度　推进国家治理体系

和治理能力现代化若干重大问题的决定》，要求把握时代发展大势，立足新的历史方位，巩固和发展最广泛的爱国统一战线，坚持大统战工作格局，广泛团结海内外中华儿女，共同致力于实现中华民族伟大复兴的中国梦。[①] 在这一宏大的时代格局中，我们应以此为基调，登高望远，完善涉侨政策法规建设，加快推进涉侨政策法规的制定修订“速度”、执行效能，以适应世界百年未有之大变局。

2. 从构建大侨务工作格局出发，完善涉侨法规建设

海外统一战线工作承担着团结海外华侨华人的重要职责。当前，世界处于百年未有之大变局，海外联络和侨务工作出现诸多新情况、新特点，面临诸多新机遇、新挑战。我们要深入学习贯彻习近平总书记关于加强和改进统一战线工作的重要思想，认真贯彻落实《中国共产党统一战线工作条例》，科学认识新时代涉侨政策法规建设的有利条件和不利因素，找准涉侨政策法规的发力点，打好涉侨政策法规制定与执行的组合拳。

为此建议：第一，探索制定《引进涉侨专门人才特别办法》，快速、不犹豫地大量招揽涉侨专门人才。第二，扩大对涉侨侨眷及其密切关系人的合法合理的保护范围，包括放宽对涉侨侨眷及其密切关系人的入籍条件。第三，增强涉侨政策法规的时代性（尤其是斗争性），尽可能删除或减少那些可有可无的禁止性、限制性条款，突出彰显涉侨政策法规反击西方霸权的威力。

（二）落实宪法有关条款精神，完善涉侨政策法规建设，适应世界百年未有之大变局

习近平总书记在首都各界纪念现行宪法公布施行30周年大会上的讲话中强调：“依法治国首先是依宪治国，依法执政关键是依宪执政。”[②] 宪法

---

① 杨岳：《坚持大统战工作格局　充分彰显新时代统一战线法宝作用》，《群众》2021年第10期。

② 习近平：《在首都各界纪念现行宪法公布施行30周年大会上的讲话（2012年12月4日）》，《人民日报》，2012年12月5日。

是我国的根本大法，是制定其他法律法规的依据，具有最高的法律效力，是我国治国安邦的总章程。要落实《中华人民共和国宪法》第五十条、第八十九条，使这些涉侨条款的精神活起来、生动起来。

《中华人民共和国宪法》第五十条规定："中华人民共和国保护华侨的正当的权利和利益，保护归侨和侨眷的合法的权利和利益。"第八十九条明确规定：国务院行使"保护华侨的正当的权利和利益，保护归侨和侨眷的合法的权利和利益"的职权。这里的"权利和利益"包括华侨、归侨和侨眷在国内的权利和利益以及在海外的权利和利益。权益可以是政治、经济方面的权益，也可以是民事、社会和文化方面的权益。我国宪法关于保护华侨、归侨和侨眷权益的规定在世界宪政史上是绝无仅有的。它反映了中国实际的国情，体现了国家保护华侨权益的决心和意志。[①] 作为中华民族的一分子，海外侨胞理应享有宪法所规定的权利。依法保护海外华侨权益是宪法的题中之义，应予以贯彻和落实。

（三）统筹优化、综合实施我国外交保护和领事保护的政策法规，助推外交保护和领事保护力度

外交保护是指一国在它的国民遭受另一国国际不法行为的损害，而那些国民的合法权益通过正常途径不能得到保护时，有权向其受害的国民提供保护。"损害实际发生""用尽当地救济"是外交保护的国际法基本原则。外交保护通过将国民"私权利"上的纠纷上升为国家与国家之间的争端，为海外国民提供保护。以孟晚舟案为例，该案虽非涉侨案件，但该案是我国政府实施外交保护力量，反制美国"长臂管辖"的典型案例，对我国外交保护涉侨主体有很好的启发。孟晚舟案的背后，是美国支持加拿大，美加共谋的"长臂管辖"行径，美加滥用其双边引渡条约，对中国公民采取无理强制措施，公然侵犯中国公民合法权益。孟晚舟案是中国外交

---

① 张国安：《法治思维下海外华侨权益的保护》，《侨务法论丛》（2014 年卷·总第一卷），法律出版社，2015 年。

保护能力建设进程中的里程碑事件，孟晚舟结束了加拿大方面近 3 年的非法拘押，乘机顺利回到祖国，极大提振了中国人民对党和国家外交保护能力的信心和决心。孟晚舟案也提醒我们重新审视外交保护制度建设的重要性，处于起步阶段的我国外交保护制度，有着巨大的制度建设潜力。[①]

就领事保护而言，改革开放后，随着走出国门的公民日益增多以及国际形势的变化，海外华侨面临的安全威胁亦趋多样化，如刑事犯罪、交通事故、恐怖袭击、海盗劫持、绑架、商业纠纷、劳务纠纷、留学纠纷等。所有这些都对海外华侨的领事保护提出了更多、更高的要求。目前，如何有效提升领事保护立法、执法的效能，使领事保护与我国的经济实力和“一带一路”倡议的快速推进相匹配，已经成为新时代的必然要求。

（四）在遵循国家涉侨政策法规统一性的前提下，发挥地方性涉侨政策法规制定、实施的积极性

在中国涉侨政策法规的制定史上，有一个突出现象，地方省市对地方性涉侨政策法规的制定的积极性、主动性较高，甚至在中央立法尚未突破的情况下，一些地方先试先行，率先颁布、率先施行。以多年来呼吁的华侨权益保护而言，由于诸多因素，国家层面的华侨权益保护法多年来未能出台，但省级地方层面的华侨权益保护条例纷纷颁布生效。自 2015 年《广东省华侨权益保护条例》公布施行以来，福建、浙江、湖北、上海、江苏、贵州，以及计划单列市大连等地方，都已公布、施行。这些华侨权益保护条例为切实满足华侨的利益诉求，充分发挥华侨在促进国内外多领域合作交流中的桥梁纽带作用，提供了有力的法治保障。

在涉侨政策法规建设方面，一些地方之所以能先试先行，率先颁布施行地方性法规，有其内在的特殊侨情和地方依规依法治理的经济社会发展动因。以广东省为例，能率先出台省级层面地方性法规《广东省华侨权益

---

① 王栋、徐祥民：《不断建设“一带一路”海外利益领事与外交保护能力》，《光明日报》，2022 年 1 月 7 日，第 12 版。

保护条例》，首先是因为多年来广东省侨情发生了巨大变化，大量华侨、外籍华人来粤创业发展，他们在粤创业投资、社会保险和子女入学等权益保护的需求日趋突出，合法权益被侵犯的事件也时有发生；其次是因为广东省是我国著名的侨乡、重要的侨务大省，分布于全世界 160 多个国家和地区的 3 000 多万华侨华人，是广东省的独特优势和宝贵资源，也是推动广东省经济社会发展的一支重要力量；[①] 最后是如何进一步发挥地方性的涉侨政策法规的功能，更好地利用这些独特优势和宝贵资源，也是新时代广东省经济社会发展提档升级的内在要求。

因此，如何在遵循国家涉侨政策法规统一性的前提下，突出地方特色，发挥地方性涉侨政策法规制定、实施的积极性，应是在涉外法治建设背景下我国涉侨政策法规建设的突破路径之一。

① 《涉侨立法赢得华侨掌声》，《人民日报（海外版）》，2019 年 7 月 19 日。

新时代华侨投资权益保障的理念更新与制度转型

——以公平竞争审查制度的实施为视角

郭宗杰　欧阳素珍*

［摘要］改革开放以来，为吸引更多资金以促进我国经济的发展，政府对华侨投资采取了较多的倾斜保护政策。随着经济体制改革的不断深化，全国统一大市场的加快推进，公平竞争审查制度的建立与发展，政府为追求部门或地方经济发展目标而对市场的过多干预逐渐成为我国深入推进公平竞争审查制度的障碍，传统华侨投资权益的保障机制面临现实挑战。新时代华侨投资权益保障宜顺应公平竞争审查制度的要求，在理念上从“特惠制”向“普惠制”转变，并在市场准入、产业选择等方面进行相应的制度转型，从而建立与时代相适应的新型华侨投资权益保障机制。

［关键词］华侨投资权益；公平竞争审查；国民待遇原则；特惠制；普惠制

一、我国对华侨投资权益特别保护的制度背景与法律实践

（一）我国对华侨投资权益特别保护的制度背景

改革开放以来，我国对华侨投资采取了优惠政策，这一政策根植于国家确立的对侨工作“十六字”方针，即“一视同仁、不得歧视、根据特

* 作者简介：郭宗杰，暨南大学法学院/知识产权学院教授；欧阳素珍，暨南大学法学院/知识产权学院博士研究生。

点、适当照顾”。回顾这“十六字”方针的形成过程，对于我们正确认识该政策存在的时代背景及其当代意义具有重要价值。

早在 1957 年，周恩来总理就提出“一视同仁、适当照顾”的国内侨务工作方针。在 1958 年 11 月召开的全国侨务工作会议上，周总理进一步提出在“一视同仁、适当照顾”的原则下，采取具体措施、争取华侨的方针。中侨委据此制定了相关利用华侨资源为经济建设服务的政策，鼓励华侨回国投资创业。但在“文革”期间，国家政策部门错误地认为归侨侨眷海外关系复杂，不可信任，使侨务工作基本陷于停滞。

1977 年，已恢复工作的邓小平对侨务工作发表谈话，明确否定了归侨侨眷不可信任的说法，为制定新时期侨务工作方针政策提供了重要依据。同年 11 月，全国侨务会议预备会议在北京召开，形成了《关于全国侨务会议预备会议的情况报告》，首次提出国内侨务工作的“十六字”方针，以充分调动归侨侨眷参与社会主义现代化建设的积极性。① 1990 年全国人大常委会通过的《中华人民共和国归侨侨眷权益保护法》第三条规定：“归侨、侨眷享有宪法和法律规定的公民的权利，并履行宪法和法律规定的公民的义务，任何组织或者个人不得歧视。国家根据实际情况和归侨、侨眷的特点，给予适当照顾，具体办法由国务院或者国务院有关主管部门规定。”该规定正式将上述“十六字”方针予以法律化和规范化。②

改革开放后，利用外资发展我国经济成为我国经济政策的重要导向。改革开放伊始，邓小平就十分重视发挥华侨在对外开放中的桥梁作用，也十分重视引进华侨资金进行经济建设。邓小平还对华侨投资的性质作了分析：“我们国内还是全民所有制，或者集体所有制。也还可能包括一部分华侨的投资，这部分也可能是资本主义经济的形式，但是绝大多数华侨都

---

① 李向北：《侨务政策“十六字”方针的形成与完善（回望中共百年侨务工作）》，《人民日报（海外版）》，2021 年 8 月 18 日。

② 毛起雄：《关于归侨侨眷权益保护法及其实施办法的几个原则问题》，中国人大网，http：//www. npc. gov. cn/npc/c221/200703/ae95bcce646d4b0497e4c62cea989bdc. shtml。

是带着爱护和发展社会主义祖国这个愿望来的，与纯粹的外国投资不同。”① 邓小平将华侨来华投资与中国的对外开放联系起来，为中国对外开放打开了一个突破口，为以后大规模利用外资奠定了基础。利用外资包括利用侨资发展中国经济，是邓小平改革开放思想的核心内容之一。正是在邓小平理论的指导下，中国制定了一系列吸引外资的法规条例。因而，在华侨的特殊身份和吸引外资的政策导向下，我国对华侨投资权益实行了特别保护。

（二）改革开放后对华侨投资权益特别保护的法律实践

1. 中央层面的法律法规及政策

1979 年 7 月 1 日，第五届全国人民代表大会第二次会议通过了《中华人民共和国中外合资经营企业法》。1983 年 9 月 3 日，中共中央、国务院发出关于加强利用外资工作的指示，指示重申：“对华侨和港澳、台湾同胞在国内投资给予特殊的优惠。由国务院侨务办公室会同有关部门制定具体办法，报国务院批准。”

1985 年 4 月 2 日颁布了《国务院关于华侨投资优惠的暂行规定》，其中第三条规定，华侨在经济特区和经济技术开发区以外投资兴办企业，除按我国有关法律、法规执行外，还可以享受 11 项优惠，并第一次对华侨回国投资的出资方式、投资形式、优惠待遇等作出全面规定。

1986 年 4 月 12 日，第六届全国人民代表大会第四次会议通过《中华人民共和国外资企业法》。同年 10 月 11 日，国务院颁布了“鼓励外商投资的规定”。1990 年 8 月 19 日发布了《国务院关于鼓励华侨和香港澳门同胞投资的规定》，共 22 条。第一条明确了制定该规定的目的是“促进我国经济发展，鼓励华侨和香港澳门同胞在境内投资”。第五条指出：“华侨、港澳投资者在境内投资举办拥有全部资本的企业、合资经营企业和合作经营

---

① 《邓小平文选》（第 2 卷），人民出版社，1994 年，第 235 页。

企业，除适用本规定外，参照执行国家有关涉外经济法律、法规的规定，享受相应的外商投资企业待遇。华侨、港澳投资者在境内进行其他形式的投资，以及在境内没有设立营业机构而有来源于境内的股息、利息、租金、特许权使用费和其他所得，除适用本规定外，也可以参照执行国家有关涉外经济法律、法规的规定。”

其后，我国又颁布了一系列涉及华侨投资问题的法律法规，如 2000 年通过的《中华人民共和国归侨侨眷权益保护法》，2002 年发布的《涉侨经济案件协调处理工作暂行办法》以及 2004 年颁布的《中华人民共和国归侨侨眷权益保护法实施办法》等，均对华侨投资权益规定了特别优惠措施。

2. *地方层面的法规条例及政策*

1991 年《北京市人民政府侨务办公室、北京市对外经济贸易委员会、北京市财政局关于进行“侨资企业”性质确认的通知》规定：凡港澳同胞和海外侨胞在京兴办的合资、合作、独资企业均简称为“侨资企业”。“侨资企业”性质确认后，除享受外商投资企业的优惠政策外，还可以享受的优惠政策包括：土地使用费减收 20% ~30% 的优惠；验资、查账、会计咨询减收 30% 费用的优惠；聘请法律顾问等法律事务减收 30% 费用的优惠，以及部分进口物资的有关优惠政策等。

1998 年福建省第九届人民代表大会常务委员会第四次会议通过了《福建省保护华侨投资权益若干规定》。其中对侨资的界定、审批登记、权利义务、委托代理、投资者子女教育、税收、权益保护等均作了详细规定。如第七条规定：“华侨投资享受本省鼓励外商投资的一切优惠待遇。”第八条规定：“华侨投资的产品出口和先进技术企业、开发性农业、开办在宁德、南平、三明、龙岩四地市及其他地市中贫困乡镇的生产性企业，均可享受本省企业所得税最优惠减免待遇。”

另外，海南、辽宁、四川、山东等许多省、自治区、直辖市也相继颁布了吸引侨资的相关地方性法规、政府规章或者具体的政策措施。

3. 华侨投资法律实践的特点

总体上看，我国改革开放后华侨投资权益保障的法律实践呈现出以下特点：一是我国对华侨投资一般是与港澳台资一道作为外资看待的，享受与外商投资企业相同待遇，并没有严格区分华侨投资与外商投资。只有少数政策措施对华侨投资权益实施了明显的特别保护，如北京市区分侨资企业与非侨资企业，并给予侨资企业优惠措施；福建省给予了侨资税收等方面的优惠；海南省出台了《海南省华侨、港澳台同胞投资、捐赠奖励办法》；辽宁省对于华侨投资给予政治与经济待遇等。二是我国没有专门的华侨投资权益方面的法律，地方对于华侨投资实施的政策具有较大的自由裁量权。

二、公平竞争审查制度实施的背景和基本要求

（一）公平竞争审查制度实施的背景

2016 年 6 月 1 日，国务院印发《关于在市场体系建设中建立公平竞争审查制度的意见》，标志着我国公平竞争审查制度的初步建立。该意见指出，为规范政府有关行为，防止出台排除、限制竞争的政策措施，逐步清理废除妨碍全国统一市场和公平竞争的规定和做法，在市场体系建设中建立公平竞争审查制度。

改革开放以来，在原有计划经济体制和市场经济体制本身发展不充分不平衡的双重影响下，我国仍然存在较为严重的政府不当干预经济，滥用行政权力、排除限制竞争的现象。虽然 1993 年的《中华人民共和国反不正当竞争法》与 2007 年的《中华人民共和国反垄断法》在一定程度上对行政性垄断行为进行了规制，但这些规制均属于事后救济，无法从根本上防止政府滥用行政权力排除、限制竞争行为。公平竞争审查制度正是为弥补此一规制漏洞，通过设置事前的行政审查程序，维护公平的市场竞争环境。

（二）公平竞争审查制度实施的基本要求

1. 逻辑起点：维护公平竞争秩序，形成有效的市场环境

产业的发展离不开有效的竞争环境，只有竞争才能使市场主体对价格信号作出及时反应，促使企业不断根据市场变化，对生产要素进行重新组合，从而达到资源的最佳配置。反垄断法的传统任务是预防市场势力，禁止经济垄断。然而，在我国现实经济生活中，限制竞争的力量并不仅仅来自企业，而更多来自政府。正如古典经济学派早已指出过的，“无论在过去、现在还是将来，政府限制竞争行为都是对竞争危害最甚的行为”①。这是因为行政主体依靠行政权力实施的损害市场竞争行为对市场竞争的破坏往往是致命且严重的，影响的范围往往是广泛而持久的。

我国过去几十年市场经济的实践已经证明，只有在市场竞争的压力下，企业才会努力降低产品价格，提升产品质量，改进售后服务，不断开发新技术、新产品。相反，处于政府形形色色保护之下的企业往往既经不起国内市场竞争的考验，更经不起国际市场竞争的考验。建设统一、开放、有序的市场经济体系，使市场主体的经营活动更加便捷、自由、公平，这些都离不开自由和公平竞争的市场环境。

2020 年 5 月 11 日，《中共中央、国务院关于新时代加快完善社会主义市场经济体制的意见》中指出：“全面落实公平竞争审查制度……强化公平竞争审查的刚性约束，修订完善公平竞争审查实施细则，建立公平竞争审查抽查、考核、公示制度，建立健全第三方审查和评估机制。统筹做好增量审查和存量清理，逐步清理废除妨碍全国统一市场和公平竞争的存量政策。建立违反公平竞争问题反映和举报绿色通道。”② 这对公平竞争审查制度进行了更为全面的部署，也意味着公平竞争审查制度在完善社会主义

---

① 王晓晔：《反垄断法》，法律出版社，2011 年，第 287 页。

② 《中共中央、国务院关于新时代加快完善社会主义市场经济体制的意见》，中国政府网，http：//www. gov. cn/zhengce/2020－05/18/content_5512696. htm，最后访问时间：2022 年 6 月 20 日。

市场经济体制中担负着重要使命。只有全面落实公平竞争审查制度，保证制度供给层面的公平公正，才有可能真正形成以竞争为导向的有效的市场资源配置的制度环境。

2. 政策导向：理顺竞争政策与产业政策关系，确立竞争政策基础性地位

公平竞争审查制度是在众多政策目标中优先保护竞争政策的一项重要制度。产业政策与竞争政策的关系一直以来是我国理论与实务中关注的焦点。在我国，产业政策有两种：功能性产业政策和选择性产业政策。功能性产业政策主要是指政府通过提供人力资源培训、研发补贴等形式提高产业部门竞争力的政策，这种类型的产业政策通常没有特定的产业指向；选择性产业政策指政府通过主动扶持战略产业和新兴产业，缩短产业结构的演进过程，以实现经济赶超。[①] 竞争政策，从广义上讲，是为维持和发展竞争性市场机制所采取的各种公共措施，乃“促进竞争”之政策。在促进经济发展、统领经济政策、保障经济运行等方面发挥着重要作用。[②] 与产业政策不同的是，竞争政策特别关注政府在竞争方面的决策和程序，强调政府应当保持中立，并应公平地对待参与市场资源配置的所有经营者。

改革开放以来，我国通过充分发挥产业政策的作用，实现了经济的快速发展。然而随着市场经济的深入发展，“人民对美好生活的向往，同不平衡不充分的发展之间的矛盾”已经成为当前社会的主要矛盾，使得我国政策目标从追赶型发展转向高质量、可持续发展。而要实现经济可持续高质量发展，必须要充分发挥市场“无形之手”的作用。2015 年 10 月，《中共中央、国务院关于推进价格机制改革的若干意见》首次提出“逐步确立竞争政策的基础性地位”；2019 年 10 月，中共十九届四中全会提出“强化竞争政策基础地位，落实公平竞争审查制度，加强和改进反垄断和反不正当竞争执法”；2021 年 3 月发布的《国民经济和社会发展第十四个五年规划和 2035 年远景目标纲要》全面论述了“强化竞争政策基础地位”的基

① 孙晋主编：《公平竞争审查制度基本原理与中国实践》，经济科学出版社，2020 年，第 3 页。

② 徐士英：《中国竞争政策论纲》，《经济法论丛》2013 年第 2 期。

本要求。我国对竞争政策地位的表述从“逐步确立”提升到“强化”，更将“基础性地位”修订为“基础地位”，竞争政策得到了前所未有的重视。①

竞争政策基础地位意味着竞争政策居于核心地位，产业政策的制定，应当坚持与竞争政策不抵触的底线原则，同时产业政策应通过市场竞争机制来落实，以充分发挥市场机制对产业结构优化升级的决定性作用。② 这要求我国在众多公共政策中，竞争政策处于基础地位，其他任何价值目标都应当以保障市场竞争机制为前提，或者至少不能以牺牲市场竞争机制为代价来实现其他价值目标。完善的竞争政策不仅是市场在资源配置中起决定性作用的重要法宝，也是其他经济政策发挥作用的前提。

3. 回归本位：科学界定政府与市场的关系，实现政府竞争中立

“虽然市场失灵产生了政府干预的需求，但是从各国的实践经验来看，盲目且不受法律制约的政府干预只会让市场失灵雪上加霜。”③ 改革开放以来随着我国市场经济体制的逐渐完善，以及我国全面深化改革，推动国家治理体系和治理能力现代化，最主要的改革主线就是探索如何处理好政府与市场的关系。政府和市场关系的实质，就是在资源配置中，到底是市场还是政府起决定性作用。④ 党的十八届三中全会通过的《中共中央关于全面深化改革若干重大问题的决定》中提出，要使市场在资源配置中起决定性作用，更好发挥政府作用。这是我们对政府与市场关系的新认识。市场在资源配置中起决定性作用这一论断不仅表明我国对市场机制的认识实现了质的飞跃，更重要的是为市场在社会主义市场经济体制下应该发挥的作用给予了准确的定位。市场决定资源配置的本质要求，就是在经济活动中

① 王先林：《强化竞争政策基础地位背景下的〈反垄断法〉修订》，王先林主编：《竞争法律与政策评论》（第 6 卷），法律出版社，2020 年。

② 时建中：《论竞争政策在经济政策体系中的地位——兼论反垄断法在管制型产业的适用》，《价格理论与实践》2014 年第 7 期。

③ 孙晋、钟瑛嫦：《竞争政策的理论解构及其实施机制》，《竞争政策研究》2015 年第 3 期。

④ 孙晋：《新时代确立竞争政策基础性地位的现实意义及其法律实现——兼议〈反垄断法〉的修改》，《政法论坛》2019 年第 2 期。

遵循和贯彻价值规律、竞争规律和供求规律。这就要求大幅度减少政府对资源的直接配置，推动资源配置根据市场规则、市场价格、市场竞争实现效益最大化和效率最优化。①

习近平总书记于2014年12月9日的《在中央经济工作会议上的讲话》中指出："在供求关系日益复杂、产业结构优化升级的背景下，涌现出很多新技术、新产业、新产品，往往不是政府发现和培育出来的，而是'放'出来的，是市场竞争的结果。"② 2015年，我国在推进体制机制改革的同时，全面落实创新驱动发展战略，格外强调构建与落实公平竞争审查制度的必要性。随后，我国全力推进大众创业、万众创新的相关工作，再次重申制定实施公平竞争审查制度的重要性。2016年公平竞争审查制度的正式出台，正是为了从源头约束政府干预市场经济活动的权力，使政府回归"中立"角色，从而维护公平、自由的市场竞争秩序，以确保市场经济的健康发展和有序运行。

三、华侨投资权益保障的理念变革与制度转型

（一）理念变革：华侨投资权益保障应由"特惠制"转向"普惠制"

改革开放初期，我国从计划经济体制向社会主义市场经济体制转轨过程中面临着艰巨的改革与发展任务。为使改革开放得以顺利进行，为吸引更多的资金以促进我国经济的发展，政府对于华侨投资与对待其他外资一样，采取较多的倾斜保护政策，是符合当时的经济社会发展现实要求的。但是随着经济体制改革的不断深化，全国统一的市场基本形成，市场机制的调节作用在范围和程度上越来越大，这时候，以政府的手段发展市场，达到促进部门或地方经济发展的目的，便逐渐成为我国建立统一开放、竞

① 王先林：《竞争法学》，中国人民大学出版社，2018年，第19页。
② 习近平：《在中央经济工作会议上的讲话》，《人民日报》，2014年12月12日。

争有序的市场体系的障碍。[①] 经济的发展必须坚守市场经济的竞争内核，才能获得长期性、持续性和增长性的发展。

正如全国人大常委会副委员长王晨2019 年在《关于〈中华人民共和国外商投资法（草案）〉的说明》中所指出的那样："中国特色社会主义进入新时代，我国经济已由高速增长阶段转向高质量发展阶段。过去40 年中国经济发展是在开放条件下取得的，未来中国经济实现高质量发展也必须在更加开放条件下进行。党的十九大明确提出，实行高水平的贸易和投资自由化便利化政策，全面实行准入前国民待遇加负面清单管理制度，大幅度放宽市场准入，扩大服务业对外开放，保护外商投资合法权益；凡是在我国境内注册的企业，都要一视同仁、平等对待。"[②] 2019 年3 月15 日，十三届全国人大二次会议表决通过了新的《中华人民共和国外商投资法》（以下简称《外商投资法》）。新的《外商投资法》顺应了我国公平竞争审查发展大势，科学界定政府与市场的关系，秉承竞争中性原则，对内外资企业一视同仁、平等对待，为新时代吸引外商投资，保护投资者合法权益和营造一流的营商环境提供了有力的法治保障。在我国，华侨投资由"特惠制"向"普惠制"转变，是顺应我国时代发展的大势所向，是我国全面深化改革的必然要求，也是我国营造稳定、透明、可预期和公平竞争的市场环境的现实需要。

（二）制度转型：建立与公平竞争审查制度相适应的华侨投资权益保障新机制

1. 在市场准入领域使侨资由参照外资到参照内资转变

2020 年1 月1 日起实施的《中华人民共和国外商投资法实施条例》明

① 吴汉洪：《对我国建立公平竞争审查制度的认识》，《中国价格监管与反垄断》2016 年第8 期。

② 《关于〈中华人民共和国外商投资法（草案）〉的说明》，中国政府网，http://www.gov.cn/xinwen/2019-03/09/content_5372190.htm?_zbs_baidu_b，最后访问时间：2022 年7 月7 日。

确规定对外商投资实行准入前国民待遇加负面清单管理制度。[①] 准入前国民待遇，是指在投资准入阶段给予外国投资者及其投资不低于本国投资者及其投资的待遇；负面清单，是指国家规定在特定领域对外商投资实施的准入特别管理措施；国家对负面清单之外的外商投资，给予国民待遇。[②] 一般而言，国家拥有并保留控制外国投资者进入本国的绝对权力。对外资实行准入前国民待遇加负面清单管理制度，其实质是以负面清单的方式列出限制和禁止外商投资经营的行业、领域、业务。2022 年 3 月国家发展改革委印发《市场准入负面清单（2022 年版）》，其中包含涉及金融、互联网、新闻媒体等 6 项禁止准入事项，以及制造业、采矿业、建筑业、批发零售、住宿餐饮等 111 项许可准入事项，共计 117 项。[③]

《中华人民共和国外商投资法实施条例》第四十八条规定："定居在国外的中国公民在中国境内投资，参照外商投资法和本条例执行；法律、行政法规或者国务院另有规定的，从其规定。"据此，定居在国外的中国公民在中国境内投资若无法律、行政法规或国务院规定，则参照适用外商投资法和外商投资法实施条例的规定。若按外商投资法实施条例的相关规定，我国华侨投资适用准入前国民待遇加负面清单管理制度，也即意味着清单之内 6 项禁止准入事项以及 111 项许可准入事项皆应受到管制。对于外商投资者而言，我国采用准入前国民待遇加负面清单管理制度，根据对等原则、国际公约以及与其他国家签署的双多边条约等，外商投资者能够享受相应的待遇，而华侨投资者则因中国公民身份无法享受双边投资协定中的市场准入待遇，从而在投资权益上处于劣势。加之，根据《外商投资

---

① 《中华人民共和国外商投资法实施条例》（国令第 723 号），中国政府网，http：//www. gov. cn/zhengce/content/2019 - 12/31/content_5465449. htm，最后访问时间：2022 年 7 月 7 日。

② 《关于〈中华人民共和国外商投资法（草案）〉的说明》，中国政府网，http：//www. gov. cn/xinwen/2019 - 03/09/content_5372190. htm？_zbs_baidu_b，最后访问时间：2022 年 7 月 7 日。

③ 《关于印发〈市场准入负面清单（2022 年版）〉的通知》，国家发展和改革委员会，https：//www. ndrc. gov. cn/xwdt/tzgg/202203/t20220325_1320233. html？code = &state = 123，最后访问时间：2022 年 7 月 7 日。

准入特别管理措施（负面清单）（2021 年版）》以及《市场准入负面清单（2022 年版）》的相关规定，“港澳台地区对投资者实施更优惠开放措施的，依据其相关规定执行”，由此可见，华侨投资者权益相比于港澳台地区投资者亦处于劣势。

但实际上，华侨投资与外商投资不同，华侨所投资的企业并非我国传统意义上的外资企业。在我国，华侨具有中国国籍，虽然长期定居海外，但仍然是中国公民，在历史、文化、血缘等方面与祖国息息相关，华侨投资者与其他外国投资者在家国情怀、民族情感、投资目的、竞争策略等方面有着明显不同。2018 年 3 月 11 日，第十三届全国人民代表大会第一次会议通过的《中华人民共和国宪法修正案》将“包括全体社会主义劳动者、社会主义事业的建设者、拥护社会主义的爱国者和拥护祖国统一的爱国者的广泛的爱国统一战线”修改为“包括全体社会主义劳动者、社会主义事业的建设者、拥护社会主义的爱国者、拥护祖国统一和致力于中华民族伟大复兴的爱国者的广泛的爱国统一战线”。由此可知，广大华侨是新时代爱国统一战线的重要组成部分。华侨是中国公民，无论是在政治地位、法律地位以及情感归属等方面均不同于外商。

若简单将《中华人民共和国外商投资法实施条例》适用于华侨投资，不顾及华侨双重身份属性，没有充分体现华侨在新时代爱国统一战线中的重要性，不利于充分调动广大海外侨胞为国奉献、积极投身于中华民族伟大复兴的积极性。华侨投资不仅是一种经济行为，还体现了海外游子对于祖国的拳拳之心，更是位于公民个人层面社会主义核心价值观之“爱国”价值观的重要体现，对于维护广大海外侨胞合法权益、巩固新时代爱国统一战线和弘扬社会主义核心价值观具有十分重要的作用。因此，不宜简单将华侨投资比照外商投资适用《中华人民共和国外商投资法实施条例》的相关规定。因此，在市场准入方面，应当改变将侨资参照外资管理，适用外商投资准入特别管理措施（负面清单）的做法，而是将侨资作为内资看待，统一适用国内投资者准入标准，使其享有更为广泛的投资方面的市场准入权利。

2. 参照港澳台居民享受内地特定待遇

早在1990年，为促进我国经济发展，鼓励华侨和香港澳门同胞在境内投资，国务院发布了《关于鼓励华侨和香港澳门同胞投资的规定》。该规定将华侨、港澳同胞投资者一视同仁，给予了相同的待遇，同时也给予了华侨和港澳同胞投资者相较于外商投资者更加优惠的投资待遇。然而这一规定随着时代的不断发展，相关法律的修改与制定，以及港澳台地区特别政策措施的制定实施使得赋予华侨回国投资的一些优惠待遇逐渐失去优势。

内地于2003年先后与香港和澳门签署《关于建立更紧密经贸关系的安排》及系列补充协议，内地对港澳地区在世界贸易组织承诺的基础上进一步开放部分服务领域或者放宽市场准入条件，在关税、市场准入、金融合作、旅游合作、贸易投资等方面给予港澳地区投资者更加优惠的投资待遇。1994年，大陆为了保护和鼓励台湾同胞投资，促进海峡两岸的经济发展，通过了《中华人民共和国台湾同胞投资保护法》，对台湾同胞来华投资财产、工业产权、投资收益和其他合法权益予以保护，并规定“台湾同胞投资企业依照国务院关于鼓励台湾同胞投资的有关规定，享受优惠待遇”。2010—2013年间大陆与台湾签署了《海峡两岸经济合作框架协议》《海峡两岸投资保护和促进协议》和《海峡两岸服务贸易协定》，大陆在世界贸易组织承诺的基础上进一步开放某些服务领域和放宽市场准入条件，并在货物贸易和服务贸易的市场开放、原产地规则、贸易救济、争端解决、投资和经济合作等方面与台湾取得了共识，极大地促进了两岸经济的发展。内地与港澳台地区签署的特别优惠措施极大地调动了港澳台同胞投资的积极性，为祖国的发展与建设注入了不竭的动力。随着“一带一路”建设的不断推进，粤港澳大湾区上升为国家发展战略，内地相继推出了港澳地区与内地深度融合发展的系列举措，进一步促进了港澳同胞投资的积极性。

2021 年 9 月 5 日，中共中央、国务院印发了《横琴粤澳深度合作区建设总体方案》。该方案在科技研发和高端制造产业、中医药行业、文旅会展商贸产业、现代金融产业等方面给予政策支持，并在税收、跨境投资交易、市场准入等方面给予较大力度的优惠待遇：一是完善企业所得税优惠政策。“对合作区符合条件的产业企业减按 15% 的税率征收企业所得税，对企业符合条件的资本性支出，允许在支出发生当期一次性税前扣除或加速折旧和摊销，对在合作区设立的旅游业、现代服务业、高新技术产业企业新增境外直接投资取得的所得，免征企业所得税。”二是提高跨境直接投资交易效率。“按照准入前国民待遇加负面清单模式简化管理，提高兑换环节登记和兑换便利性。”三是建立高度便利的市场准入制度。“实施市场准入承诺即入制，严格落实‘非禁即入’，在‘管得住’前提下，对具有强制性标准的领域，原则上取消许可和审批，建立健全备案制度，市场主体承诺符合相关要求并提交相关材料进行备案，即可开展投资经营活动。不断放宽各类投资者在合作区开展投资贸易的资质要求、持股比例、行业准入等限制。”① 为加快广州南沙粤港澳重大合作平台建设，2022 年 6 月 6 日国务院印发了《广州南沙深化面向世界的粤港澳全面合作总体方案》。该方案在科技创新产业合作基地、青年创业就业合作平台、高水平对外开放门户、规则衔接机制对接高地和高质量城市发展标杆等方面进一步推动港澳地区与内地经济发展的深度融合并给予相应的优惠措施。

新时代背景下，华侨投资者与港澳台投资者均属于不在内地（大陆）定居的中国公民，且在家国情怀、投资目的、民族情感等方面有诸多类似之处，在因公平竞争审查制度的实施，侨资企业相关优惠逐渐取消的背景下，将华侨投资者的相关权益参照港澳台投资者，使其享受特定优惠待遇，无疑是最优的选择。这将极大地调动华侨投资祖国的积极性，形成新

① 《中共中央、国务院印发〈横琴粤澳深度合作区建设总体方案〉》，新浪网，https：//finance. sina. com. cn/china/2021 - 09 - 05/doc - iktzqtyt4219411. shtml，最后访问时间：2022 年 7 月 11 日。

时代吸引华侨投资祖国的新动力。

3. 吸引侨资积极参与国家鼓励类产业政策

2005 年 12 月 7 日，我国发布了《关于发布实施促进产业结构调整暂行规定的决定》及《产业结构调整指导目录》。《产业结构调整指导目录》将产业政策划分为鼓励类产业政策、限制类产业政策、淘汰类产业政策。鼓励类产业政策的实施能够给投资者带来一系列的税收优惠、贷款支持、研发补贴等。一方面政府希冀尽可能弥补企业技术创新研发投入的不足，弥补市场失灵；另一方面，政府支持对企业而言也能够释放一种积极的信号，促进企业加大技术创新的研发投入，进一步提高创新水平，进而有利于制造业全要素生产率水平的改善。①

鼓励类产业政策的实施使政府和市场两种手段相互配合，进而形成更加系统、科学、有效的资源配置方式，促使投资者不断根据市场变化，对生产要素进行重新组合，从而达到资源的最佳配置。当前，我国经济已由高速增长阶段转向高质量发展阶段，这对我国转变经济发展方式、优化经济结构、转换增长动力提出了新的更高要求。通过鼓励华侨投资者积极参与鼓励类产业政策，使侨资企业得以享受相应的产业优惠政策，从而增强侨资企业的竞争力，吸引更多的侨资参与到新时代国家市场经济发展的建设进程。

华侨投资政策是我国改革开放的重要组成部分，对于我国经济持续快速发展发挥了重要作用。面对经济体制改革不断深化、公平竞争审查制度持续走向深入，华侨投资权益保护政策面临制度转型的新形势，积极回应时代需要，采取有效政策措施切实保护华侨投资权益是当前侨务政策的时代使命。华侨投资者具有融通中外的天然优势，是中国走向世界、世界了解中国的重要桥梁和纽带。通过有效的政策措施，在符合公平竞争审查制度要求的前提下，给予侨资适当的优惠措施，能够进一步凝聚侨心、汇集侨力，也能使更多的侨资为中华民族的伟大复兴贡献更大力量。

---

① 李振洋、白雪洁：《产业政策如何促进制造业绿色全要素生产率提升？——基于鼓励型政策和限制型政策协同的视角》，《产业经济研究》2020 年第 6 期。

华侨建筑与史迹法律保护：价值分析、现实困境与突破路径

——以泉州市的实践为例

白晓东*

[摘要] 泉州是我国著名侨乡，泉州华侨回乡购地建房浪潮中，将西方建筑文化与闽南本土建筑融合，建设了大量带有明显异邦风貌的建筑物，这些建筑的突出特点是中外建筑元素混搭组合，形成了独具特色的闽南侨乡景观。侨乡建筑景观蕴含丰富的精神内涵，是弘扬中国优秀传统文化、提高文化自信、增强民族自豪感的优秀教育素材和文化资源。应正确认识华侨建筑与史迹的保护现状及其困境，从观念上将华侨建筑与史迹作为一种活态的文化景观，让它永续存在和传承。为此，应明确华侨建筑的保护目的和保护手段，同时，借鉴国内外有关经验，制定专门的保护法规，以政府为主导，将华侨建筑作为一种特色建筑风貌融入当前侨乡城乡建设的规划中。

[关键词] 侨乡文化；建筑风貌；保护宗旨；保护路径

一、华侨建筑的定义及其保护价值

（一）华侨建筑的定义与范畴

什么是华侨建筑？华侨大学建筑学院陈志宏教授认为："华侨建筑是

* 作者简介：白晓东，华侨大学法学院副教授，研究方向：民商法学。

自古以来随着华侨华人在海内外交流、迁徙、定居过程中形成的具有中外文化交流特点的建筑文化现象。”① 他指出，华侨建筑主要包括海外华侨建筑和中国国内的侨乡建筑。在其著作《闽南近代建筑》中，他将华侨建筑划归到侨乡建筑中进行研究，华侨建筑主要包括闽南近代洋楼民居、闽南近代骑楼建筑及厦门的嘉庚建筑三种侨乡建筑类型。

基于研究，本文将华侨建筑的范畴作一定的限定：在地理范围上，限定为泉州地区；在时间元素上，限定为近代以来；在建筑功能上，限定为居住房屋；在建筑形态上，限定为中外建筑元素混搭；在文化呈现上，限定为能够凸显泉州侨乡景观风貌的建筑。基于以上限定，本文所称华侨建筑，系指伴随着近代泉州侨乡的形成，在泉州华侨回乡购地建房浪潮中所建成的中外建筑元素混搭，带有明显异邦风貌的近代洋楼民居。因此，本文所称华侨建筑，指涉的重点是在华侨民居建设过程中形成的独具风格的建筑类型。②

因此，本文所指华侨建筑与有关规范性文件中所称的“华侨房屋”具有明显不同的内涵。华侨房屋，根据《中华人民共和国归侨侨眷权益保护法》第十三条规定：“国家依法保护归侨、侨眷在国内私有房屋的所有权。”可见，华侨房屋是指具有华侨、侨眷（包括华侨在国内的配偶、父母、子女）、归侨、归国华侨学生身份的房屋所有权人的房屋，其侧重点在华侨、侨眷的财产权归属方面。而华侨建筑，除房屋权利归属外，侧重关注建筑形态和文化元素上的独特性，关注其与泉州特定的华侨出国和回归史的关联，将其作为融合于泉州社会文化发展的血脉中，影响泉州文化发展的典型建筑。

华侨房屋是华侨与祖国家乡联系的一条重要纽带。新中国成立后，在土地改革、社会主义改造及历次政治运动中，由于受到历次政治运动中“左”的影响，侵占华侨房屋的事件不时发生，华侨私房问题成为一个全

① 陈志宏：《闽南近代建筑》，中国建筑工业出版社，2012 年，第 22 页。
② 高鈴明、王乃香、陈瑜：《福建民居》，中国建筑工业出版社，1987 年。

国性的历史遗留问题，在广东省、福建省两个重点侨乡，问题尤为突出。改革开放以后，党和政府开展了落实侨房政策清退侨房的一系列工作，1982 年 4 月，国务院侨办、原国家城市建设总局联合召开北京等 20 个城市和广东、福建两省落实华侨私房政策座谈会。10 月，中共中央办公厅、国务院办公厅转发《关于落实华侨私房政策座谈会纪要》等三个文件。通过这些政策和法律文件，到 2010 年底，福建省涉及的 6 899 户侨房住户的侨房使用权清退任务全面完成①，侨房落实政策圆满落幕，侨房问题已不是一个学术问题②。华侨房屋不是本文的研究重点。

本文所称华侨建筑与建筑学意义的“建筑物”亦有区别。建筑学关注的是一个个单体华侨建筑的建筑结构类型、功能布局、装饰艺术、建造工艺。③ 但本文侧重点在于这些建筑作为侨乡文化特征的研究价值和保护意义。通过对其作为泉州文化中生机勃勃的侨乡精神象征的阐发，揭示其保护价值，从法律上解释这一特定文化标志的法律保护之道。

（二）华侨建筑的保护价值

1. 经济价值

2021 年泉州“申遗”成功④，让泉州四百余年来中西文化共融的历史得到了更广泛的国际认可，从而在提高了泉州的文化地位之余，也为泉州的城市形象走向多元化提供了条件。“对于外来的游客和生活在城市之中的人们而言，对城市的感知是通过与街区密不可分的生活体验，形成一个集合印象，而这个印象往往成为人们对一个城市环境的主要感知。”⑤ 华侨

---

① 《依法护侨尽心尽力——厦门特区侨务三十年回眸之第三篇章》，《鹭风报》，2011 年 12 月 21 日。

② 查中国知网，2014 年后，没有以“侨房”为题的研究文献。

③ 有关华侨建筑形态的研究，可参阅张千秋等主编：《泉州民居》，海风出版社，1996 年。

④ 2021 年 7 月 25 日，在第 44 届世界遗产大会上，“泉州：宋元中国的世界海洋商贸中心”成功列入《世界遗产名录》。

⑤ 付少慧：《城市建筑风貌特色塑造及城市设计导则的引入》，天津大学硕士学位论文，2009 年，第 24 页。

建筑是泉州城乡建筑风貌的典型体现，也是泉州历史文化的重要组成部分。“这些形象直接承担着建筑作为文化所具有的符号意义，也是狭义城市特色的最终体现。”① 对于侨乡文化而言，泉州华侨建筑中西合璧，此种形态既是同源同宗的文化认同基础，同时，奇珍异彩的中西文化面貌也不断冲击着已建立基础的文化认同，又满足着人们的文化他者的猎奇心理，中西交融的多元文化特质使华侨历史象征获得了消费文化的关注，因此，作为泉州侨乡的典型文化象征，华侨建筑与史迹可以成为泉州重要的旅游资源，发挥泉州华侨建筑的旅游文化功能，成为泉州市“后申遗时代”的重要课题。

2. 科学价值

“中西合璧”的建筑是泉州市城乡一道美丽的风景线，深深地影响了泉州市城乡建设风貌，如何活化和挖掘泉州华侨建筑的科学价值，是当前泉州市城乡建设中必须予以考虑和研究的重要课题。从华侨建筑的营造风格看，基于闽南人民勇于追求新潮事物，求新求变的个性，华侨建筑设计者对国外的建筑技术和装饰艺术加以改良，在处理建筑整体与细节时，长廊天花、立面墙体等处大量运用西方建筑装饰图案，华侨建筑洋溢着西方洛可可、巴洛克和古典主义的气息，甚至设置有西洋假山、花圃、曲径、鱼池、喷水池等新奇设施。许多华侨建筑的窗户采用西方百叶窗造型，以增强空气的流通性，使建筑获得良好的采光及赏景视野。以霞美华侨建筑为例，该民居最大的特点就是“中西合璧”。整座建筑风格以闽南红砖、硬山顶、两开间带双护厝为主，东侧建筑巧妙地将南洋建筑风格融入其中，中部建筑方亭的设计小巧别致，西侧“炯霞别墅”更是体现出浓郁的南洋建筑风格，该建筑群装饰可谓既承袭了闽台古建筑的传统技艺，又体现了南洋建筑风格，是福建省民国时期侨乡民居的优秀代表。

---

① 付少慧：《城市建筑风貌特色塑造及城市设计导则的引入》，天津大学硕士学位论文，2009年，第24页。

3. 历史价值

指导 21 世纪建筑发展的重要纲领性文献《北京宪章》指出："文化是历史的积淀，它存留于建筑间，融汇在生活里，对城市的营造和市民的行为起着潜移默化的影响，是城市和建筑的灵魂。"① 华侨建筑作为泉州侨乡的特定文化标志，它来自泉州特定的华侨出国和回归史，融合于泉州市社会文化发展的血脉之中，是泉州人民特有的精神面貌的体现，也成为永远支撑着泉州社会文化发展的精神源泉，透析出泉州城市的特有灵魂，华侨建筑成为泉州侨乡文化的缩影，完整地记录了近代侨乡社会变迁过程，见证了华侨的兴衰成败历史。通过这些建筑，可以发现华侨在中国近代史上与闽南家乡之间的脉络，宛如一部隐性的穿越空间、时间的立体史书，能够帮助我们还原侨乡的社会人文环境，明白华侨建筑的历史与意义。当今，在全球化的浪潮中，许多城市的建造方式和规划手段千篇一律，城市面貌和文化走向趋同，造成了城市的日益相似，引起了城市特色的危机。② 华侨建筑的西式窗楣、窗框、窗形，檐口和窗楣装饰的浅浮雕，无疑是构成泉州侨乡一道独特的风景线，更凸显其在世界舞台中的独特价值。而这些，正是泉州华侨建筑留给人们的宝贵财富，这些建筑见证了泉州民国时期的生活，又承续了宋元以来泉州中外交通繁盛的城市人文风情，可以说，泉州华侨建筑是泉州城市物质环境的历史存在，是城市历史性的重要见证，也是城市特色得以凸显的重要方面。

4. 文化价值

中国书画元素的融入形成中华传统建筑的特点，也是泉州华侨建筑的灵魂所在。诚如陈嘉庚先生所言："每个民族，各有他的历史传统和民族性的建筑艺术，不必强同于异族而来抹煞自己民族的建筑文化艺术。而走

---

① 《北京宪章》由国际建筑师协会第 20 届世界建筑师大会于 1999 年 5 月在北京通过，该宪章由吴良镛教授起草。

② 付少慧：《城市建筑风貌特色塑造及城市设计导则的引入》，天津大学硕士学位论文，2009 年，第 7 页。

上模仿洋化惟妙惟肖的道路，是埋没自己民族和本国伟大历史传授下来的建筑文化艺术，是没有国性的。”① 泉州华侨建筑不但大量运用西方艺术形象，追求奇异新颖，博取关注，同时，又选择以中国传统书画艺术装饰建筑主体，表现自己亦儒亦商的追求，传达自身富而好礼的操守，尤其喜欢梅兰竹菊等寓意圣人的文化题材。这些建筑大量使用木雕、石雕、砖雕、泥塑、彩绘等传统闽南建筑的装饰技法，题材样式有花草虫鱼、飞禽走兽、吉祥纹样、民间故事等，围绕着大富大贵、延年益寿、多子多孙、万事如意等吉祥祝福，表达了人们对美好生活的向往，脱离不了中国传统文化的审美观点，处处表现家族和谐绵延的美好祝愿。不少泉州华侨建筑中还有近代名人留下的墨宝，晋江古檗山庄就嵌有孙中山、康有为、梁启超、梅兰芳等各界名家的书法作品，完美体现了建造者的生活艺术哲理，深远含义尽在其中，可以说，这些建筑物彰显中华传统的家族伦理观念，彰显中华民族不忘根本，踔厉奋发的精神风貌和国家责任感、精神象征感②，成为一部活生生的中华文化优秀教材。

5. 情感价值

华侨建筑还是海外华侨与家乡割不断的纽带，是海外华侨与国内亲属亲情关系的永久脐带。以霞美陈氏民居为例，该民居是菲律宾著名侨商陈炯辽兄弟于民国时期所建。陈炯辽、陈炯月兄弟年少时往菲律宾谋生，从做苦力到经商，勤俭拼搏，忠厚待人，事业蒸蒸日上，经营范围从菲律宾扩展到东南亚其他国家及中国香港、台湾等地，成为著名侨商。兄弟两人热心公益，修桥造路，捐资助学，为发展乡梓教育事业作出贡献。至今，陈氏民居已成为泉州市中外建筑艺术交流难得的实物资料，发挥着侨乡寻根谒祖的神圣使命。这一切都表明，华侨建筑兼具极强的人格利益。所谓

① 陈荣彬、尹培如：《基于风貌延续的高层住宅坡屋顶设计——以厦门集美嘉庚风格为例》，《华中建筑》2013 年第 5 期。

② 鲍展斌：《历史文化遗产之功能和价值探讨》，《绍兴文理学院学报》2002 年第 3 期。

人格利益，即为“人身非财产利益”或“非物质性利益”①，是指物对特定主体所具有的特殊情感利益或精神利益，该种情感利益或精神利益是人格利益的重要组成部分，包括具有特定人格象征意义、寄托特定人的情感、源于特定人的身体或精神智慧等方面的利益。②

总之，诚如《国际古迹保护与修复宪章》（以下称《威尼斯宪章》）所指出的，“世世代代人民的历史文物建筑，饱含着从过去的年月传下来的信息，是人民千百年传统的活的见证”。③ 泉州华侨建筑蕴含丰富的精神内涵，是弘扬中国优秀传统文化、提高文化自信、增强民族自豪感的优秀教育素材和文化资源。传承和保护华侨建筑，进一步扩大华侨建筑在新时代的影响力，具有十分重要的文化价值和现实意义。④

二、华侨建筑与史迹的保护现状及其现实困境

（一）泉州市华侨建筑与史迹的保护现状

资料显示，泉州地区现辖 12 个区县，现存的华侨建筑尚有 3 000 余座，其中，属于物质文化遗产的建筑文化遗产数量近 80 件，其中各级文保单位数量达总数的四分之一。其中，国家级文物保护单位：杨阿苗故居；省级文物保护单位：南安奎霞建筑群；市级文保单位：蒋报企故居，吴澧、吴茂华宅第；陈光纯故居、济阳别墅；谢嫲民居、吴家嫲民居、陈启紫民居等，梧林古村落、福林村、蔡氏古民居、陈清机宅、蔡敦福宅、古檗山庄、王顺兴信局博物馆，西溪寮蔡家娇宅等。但从总体上看，泉州现存华侨建筑中，除了晋江市个别乡镇进行了零星的开发保护之外，近一半

① 郑玉波：《民法总论》，中国政法大学出版社，2003 年，第 139 页。

② 易继明、周琼：《论具有人格利益的财产》，《法学研究》2008 年第 1 期。

③ 《国际古迹保护与修复宪章》，第二届历史古迹建筑师及技师国际会议于 1964 年 5 月 25 日至 31 日在威尼斯通过。该宪章强调文物保护的第一要义是“真实性”。

④ 苏雪莉、夏敏：《民族性与开放性：嘉庚建筑的融合之美》，《艺苑》2021 年第 4 期。

仍处于“零保护”状态，或因年久失修，或因建筑在册手续遗失不全，传承、迁移契约等产权情况亦十分复杂，大部分处于人去楼空、荒草盈阶的“自生自灭”的状态之中。

从自然原因来看，经过一个世纪的社会变迁以及人为损毁，现在近一半的华侨建筑保存状态不佳。虽然已陆续将华侨建筑登记在册，但出于各种原因，大部分华侨建筑仍需拆除改建。

从产权归属来看，产权情况复杂。近代泉州华侨建筑与史迹由华侨出资建造，由于历史原因，侨房不断受到侵占，虽然这种情况已经通过福建省落实侨房政策而得到了很大程度上的解决，但是，因为战争、传承、迁移、契约遗失等多种历史因素影响，华侨建筑的产权情况十分复杂，既有个人独有，也有集体所有，或无主移交，另有部分侨居的屋主侨居海外，很难联系到，增加了对侨居保护和利用的难度。

从保护的现状来看，虽然近年来华侨文化内涵日益受到重视，文物数据信息的搜集，侨批汇票等关于华侨文化的研究已经开始，但是，华侨建筑的保护尚未得到重视。泉州现存的华侨建筑有 3 000 余座，属于物质文化遗产的建筑文化遗产数量也才不到 80 件，占比非常小，事实上，大部分华侨建筑尚未进入“文化遗产”“文物”的保护范围，基本上处于“零保护”的状态之中。

（二）华侨建筑与史迹法律保护的主要困境

1. 城市的现代建设如何与华侨历史风貌建筑保持协调，形成整体性的城市景观，该矛盾未能得到梳理和消解

近十几年来，随着城乡的迅速发展，泉州市现代城市建设达到了空前的水平，在侨乡，村民自建楼房等现代房屋建筑也迅猛展开，如此，一个新的城市建设难题出现了：面对着侨乡的大量中西合璧的华侨建筑，现代房屋建设如何保持与华侨建筑的协调性？如何保持建筑群落具有整体性？从泉州市的情况看，这一问题已越来越突出。在福林村，部分历史建筑年

久失修，已成危房，难以利用，建筑内缺少生活必要配套设施，当地村民迫切想要提高居住环境和生活水平，拆旧建新、弃旧建新的情况时有发生。在梧林古村落，随处可见村民自建楼房等现代房屋建筑，尤其紧邻村落核心区的“忠塔楼”最为突出，直接影响了村落古建筑周边的历史风貌，南安市霞美奎霞建筑群的后面，也有新建筑突兀地“横行”在景观中。这一难题，在没有出台规范性法律文件之前，显然将一直无解，且越来越严重。

2. 建筑物的静态保护与活化建筑景观的矛盾不易解决

从晋江市梧林古村落的开发保护的情况看，还突出地反映了华侨建筑的静态保护与活化建筑景观的矛盾，非通过特别立法无法解决。在梧林古村落，村民已陆续搬离，只剩下无人的建筑，这种缺了人的“建筑物静态保护”，表面上看似乎不会使建筑物遭受破坏，但事实是，当古建筑与村民分离，虽然保护了建筑的壳，却丧失了滋养建筑中风土人情的土壤，这种徒存建筑物的静态保护，实际上是将建筑物作为“历史陈迹”，对华侨建筑有百害而无一利。

另外，梧林古村落也采取了一些“活化”华侨建筑的举措。例如，梧林古村落计划将村落打造成集“参观—体验—堂食—购买”四位一体的传统文化活态空间，从已经开放的第一期项目情况来看，非物质文化遗产项目引进颇多，却毫无新意。如线香、瓷器、各色小吃（蛤仔煎、土笋冻等），都与其他文旅项目并无什么分别，这种通过向文物“索取”，榨取文物剩余价值的做法，其实也并非“活化”华侨建筑的善举，反而贬低了华侨建筑的固有价值。

从上述对华侨建筑的“静态”保护和“活化”利用的现状看，有关方面可谓用心良苦，但保护措施进退失据，其根本症结就在于，有关方面尚未认识到华侨建筑的特定价值，也无法找到活化保护华侨建筑的关键节点，那就是，保护华侨建筑，到底要保护什么。

3. 业主自行保护与政府责任协调一致，政策法律依据阙如

随着华侨建筑越来越严重的“老龄化”“空心化”，华侨建筑的本体保

护修缮、建筑群开发利用、村落文化要素保护、村落环境整治等多方面工作提上日程，但是，华侨建筑体量大，修缮任务非常严重。往往一栋建筑就要消耗几十万元，资金缺口大，修缮整治难度大。如果该资金由业主自行解决，则明显难度更大，因为老旧建筑物的保护本就是一项花费巨大、投入产出不一定同步的工作，再加上华侨建筑周边基本没有成规模的产业和商业，商机少，难以适应年青一代的发展需求，依靠房屋所有人的热情、积极性进行修缮保护工作，明显是不现实的 。

因此，有必要考虑从另一个角度修缮和保护华侨建筑：政府的支持和协助。华侨建筑的修缮保护如果能够依靠政府的支持或者补助，将能根本改善目前资金缺口大、整治困难的问题，而且修缮完的后续保护也可得以持续。但随之而来的问题是：法治时代，政府根据什么对华侨建筑的保护予以支持？目前，有关保护华侨建筑的政策法律依据仍付阙如，可能正是症结所在。

（三）泉州华侨建筑保护困境的根源解析

首先，从认识上看，存在将华侨建筑作为“一般文物”保护的认识误区，对华侨建筑的保护没有引起足够的重视。一直以来泉州地区的文物保护工作主要是依照传统的文物保护工作方式开展，由政府主导、全面负责，以“保护为主、抢救第一、合理利用、加强管理”为文物工作指导方针，发挥政府对文物工作的高层协调和宏观调控作用，文物保护工作实行“五纳入”。但是从现实情况来看，由于新中国成立以来国家主要以经济建设为中心，所以在很长一段时间内，文物保护工作都是政府工作中的边缘内容，尤其是像华侨文物这种话题敏感、数量大、不集中、历史文化价值不受重视的历史文物，更是难以得到足够的重视。

其次，从政策文件的角度看，泉州市尚未有系统的地方性法规或者规范性文件对华侨建筑作出专门规定。目前，泉州市已出台涉及“历史文化名城名镇名村和传统村落”“南洋建筑风貌”的规范性文件。例如，2019

年，泉州市人大常委会制定《泉州市中山路骑楼建筑保护条例》，对泉州市鲤城区中山路骑楼这一“具有泉州传统民居特色和南洋建筑风貌的连排式建筑物”进行保护，该条例也注意到“南洋建筑风貌”的特殊保护价值，但并没有突出“华侨建筑”的显著特点，且其保护范围仅仅为泉州市鲤城区中山路“南起江滨北路、北至钟楼的骑楼建筑本体及相关的建（构）筑物”，而遍及泉州市城乡各处的华侨建筑，虽然也有满满的“南洋风”，但仍然没有专门的保护条例作系统性规定。

2021 年，泉州市人大常委会制定《泉州市历史文化名城保护条例》，对泉州市“历史城区、历史文化街区、名镇、名村和传统村落、世界文化遗产、不可移动文物、历史建筑、传统风貌建筑、非物质文化遗产等”进行保护，华侨建筑仍然没有作为泉州市特有的景观风貌建筑被纳入其中，可以说，华侨建筑在泉州市历史文化名城保护体系中，至今没有应有的“显示度”。

最后，从近年来晋江市个别乡镇的开发保护案例看，“华侨建筑”是伴随着“传统村落”“名村名镇”的保护而得以被“关注”的，保护方式和保护效果并不突出。近年来，晋江市新塘街道的梧林古村落和福林古村落的开发保护工作，做得有声有色。这两个古村落中均分布了大量的华侨建筑，但从实际开发保护的路径上看，均是作为“传统村落”的一部分来开展相关工作的。例如，2014 年 7 月，梧林华侨建筑群被授予“闽南文化生态保护区晋江展示点”的称号；2016 年 12 月，入选第四批中国传统村落；2017 年 3 月，梧林古村落保护发展工作领导组揭牌，开启了动员征迁和修缮建设的序幕。2015 年，福林村华侨建筑群被列入福建省首批传统村落名录，2016 年被评为福建省历史文化名镇名村，同年 11 月，被列入第四批中国传统村落名录，2019 年 1 月，被列入第七批中国历史文化名村，是福建省少有的拥有“双国字号”的传统村落。上述这两个村落中，都具有典型的闽南侨乡特征，华侨文化对当地建筑形式产生了重要影响。梧林古村落留存了数量丰富、风格多样的华侨建筑——无论是番仔楼、洋楼、闽南官式大厝，还是哥特式、西班牙式、罗马式，这些建筑细部工艺精美、建筑历史文化价值较高，是泉州市华侨文化的鲜活载体，尽管如此，“华侨建筑”仍然淹没在“古村落”的烟海之中，并没有特别之处，可以设想，假如没有国家有关“历史文化名城名镇名村和传统村落”保护的相关规定，上述村落中的华侨建筑，可能仍然处于“人在深闺，自然老去”的状态。

总之，从整体上将华侨建筑与史迹作为泉州侨乡的典型文化象征远未提上日程；从观念上将华侨建筑与史迹作为一种活态的文化景观让它永续存在和传承，也尚未成为社会共识；从法律上保护华侨建筑与史迹，更未厘清保护的目的和保护手段。

三、华侨建筑与史迹保护宗旨的归结与抉择

华侨建筑与史迹，在财产归属上系华侨及其侨眷的私人业产，对这些建筑与史迹的保护，人们更容易联想到《中华人民共和国归侨侨眷保护法》第十三条的规定：“国家依法保护归侨、侨眷在国内私有房屋的所有权。”然而，如果仅仅根据该法规定对华侨建筑与史迹进行法律保护，则无疑是将这些建筑与史迹固守在私人业产保护的范畴中，忽视华侨建筑与史迹所沉淀和凝聚的特定文化、历史、科学和情感价值，也忽视华侨建筑所具有的公法益的属性。

因此，强化对泉州华侨建筑与史迹的保护，如果不能从法律上正确地审视泉州华侨建筑与史迹的特定保护法益，选择恰当的保护机制，这项工作的开展就可能无的放矢，找不到正确的保护之道。

（一）泉州华侨建筑与史迹的两个转变

1. 华侨建筑与史迹保护对象：从落实侨房政策的时代转向后侨房时代

如前所述，到2010年底，福建省涉及的6 899户侨房住户的侨房使用

权清退任务全面完成，侨房落实政策圆满落幕，有关落实侨房政策的问题就不再是一个现实社会问题。由此，泉州华侨建筑与史迹的保护，转入了“后侨房时代”。

在“后侨房时代”，虽然华侨建筑被侵占的时代过去了，产权也基本清楚了，但是，新的问题迅即产生，那就是，华侨建筑随着时间的推移，大多数的传统建筑已接近、到达或者超过正常的使用年限，建筑的质量和呈现出来的风貌堪忧，有整体衰败的趋势。而对待传统建筑在修缮手段上的简单粗暴和不规范正是造成这一局面的重要因素。因此，传统建筑的规范性修缮已经刻不容缓，修缮导则的制定更是迫在眉睫。

与此同时，中外元素混搭组合的华侨建筑，凸显了泉州在中外文明互鉴中的独特地位。作为泉州地区独具地域性特性的人文风貌景观，华侨建筑越发成为“后侨房时代”泉州需要重新审视和捡拾的重要文化遗产，成为泉州继续发展的难以割断的社会人文环境和风貌基础。泉州市的旧城改造和乡村建设中，迫切需要延续华侨建筑的空间格局和风貌特征，强化和塑造地方特色。这一切，均有必要运用法律手段将华侨建筑与史迹保护下来，让它成为一张闪亮的城市景观名片。

2. 华侨建筑与史迹的保护范围从单纯的私人业产转向文化遗产

如前文所述，随着“后侨房时代”的来临，尤其是随着我国社会经济的迅猛发展，国家综合国力的迅速提升，物质文化遗产的保护被逐步提上日程，中国于 1985 年加入《保护世界文化和自然遗产公约》，2005 年《国务院关于加强文化遗产保护的通知》将文化遗产分为物质文化遗产和非物质文化遗产，物质文化遗产指的是：“具有历史、艺术和科学价值的文物，包括古遗址、古墓葬、古建筑、石窟寺、石刻、壁画、近代现代重要史迹及代表性建筑等不可移动文物，历史上各时代的重要实物、艺术品、文献、手稿、图书资料等可移动文物；以及在建筑式样、分布均匀或与环境景色结合方面具有突出普遍价值的历史文化名城（街区、村镇）”，古建筑和历史文化名城的保护已提上日程。

诚如《威尼斯宪章》所指出的："历史古迹的要领不仅包括单个建筑物，而且包括能从中找出一种独特的文明、一种有意义的发展或一个历史事件见证的城市或乡村环境。这不仅适用于伟大的艺术作品，而且亦适用于随时光逝去而获得文化意义的过去一些较为朴实的艺术品。"① 华侨建筑与史迹，作为不可移动的华侨文化遗产，其重要的文化价值和现实意义将不断得以体现。传承和保护华侨建筑，进一步扩大华侨建筑在新时代的影响力成为历史必然，华侨建筑与史迹的保护范围也将从单纯的私人业产转向文化遗产，即从华侨侨眷个体的合法权益转向公法益，从个体财产的保护，转向对华侨建筑所彰显的侨乡建筑风貌的保护。华侨建筑已不再仅是一种私人所有权的载体，更是渗透着满满侨乡文化的精神存在，构成了泉州有别于其他城市的独特空间肌理与标识，显示了突出的公共利益。或者可以说，华侨建筑是"人格利益受到公共利益制约"的特殊的私有物。② 泉州华侨建筑与史迹的保护法益，已由侧重私人法益转入侧重公法益保护的时代。

（二）华侨建筑与史迹保护宗旨的抉择

1. 从华侨建筑与史迹的现状看，其不属于文物，而属于风貌建筑

1972 年《保护世界文化与自然遗产公约》规定，"文化遗产"保护范围为："文物：从历史、艺术或科学角度看具有突出的普遍价值的建筑物、碑雕和碑画，具有考古性质成份或结构、铭文、窟洞及联合体。"建筑群的保护范围是："从历史、艺术或科学角度看，在建筑式样、分布均匀或环境景色结合方面，具有突出的普遍价值的单位或连接的建筑群。"而根据《中华人民共和国文物保护法》第二条规定，"与重大历史事件、革命运动或者著名人物有关的以及具有重要纪念意义、教育意义或者史料价值

---

① 国际古迹遗址理事会：《威尼斯宪章》，1964 年。

② 林旭霞、王芳：《历史风貌建筑的权利保护与限制——以公共地役权为解决方案》，《福建师范大学学报（哲学社会科学版）》2012 年第 3 期。

的近代现代重要史迹、实物、代表性建筑”属于该法规定的文物。

从这些规定看，泉州华侨建筑与史迹除了少数列入文物保护范围外，绝大多数不属于文物。但是，不可否认的是，华侨建筑承载了泉州源远流长的传统文化基因和丰富的地方底蕴，反映了泉州多元、深厚、交融的文化特征，是泉州多元文化发展的活化石。根据 1992 年 12 月联合国教科文组织世界遗产委员会第十六届会议确定的保护“自然与人类的共同作品”的文化景观遗产的共识，可以认为，华侨建筑是反映泉州地区的时代特色、地域特色，具有一定艺术、科学价值的特色风貌非文物建筑。它突出反映了泉州这片土地上，累积了宋元以来的侨外活动所形成的人类生产、生活与大自然的和谐与平衡，成为有必要立法保护的文化建筑景观。因而基于人类可持续发展理念，我们不能像保护文物一样将它“圈养式”保护，而是将其作为一种活生生的人文景观。

2. 从华侨建筑与史迹的未来看，华侨建筑的保护应置于存续与活化的双重约束之下

前文提到，如果将华侨建筑与史迹作为一种固化的文物审视，这些建筑可能被死板地冰封起来，在一定意义上可能无法与侨乡社会持续发展相衔接，那么，由此带来的可怕的后果就是将华侨建筑与现代侨乡发展对立起来，活生生把我们本土所产生的特殊建筑形态锁进历史以供凭吊，这对于泉州社会而言，完全没有意义。事实上，在如何对待华侨建筑的问题上，广东省开平华侨碉楼和厦门市嘉庚建筑的不同保护思路提供了正反两个方面的教训与经验。

广东省江门市下辖的开平市境内有 3 000 多座碉楼，分布在 1 500 平方公里的乡村中，可谓“无碉不成村”。百年来，碉楼历经风云变幻和岁月磨砺，至今仍有 1 833 座被完整无缺地保存下来。2007 年 6 月 28 日，“开平碉楼与村落”正式列入《世界遗产名录》，成为中国第 35 处世界遗产。目前，有关方面对开平碉楼进行了保护性开发，但在保护性开发的同时，出现了因过分重视经济利益而使遗产受损的现象，开平碉楼与村落的旅游

开发并没有严格按照世界遗产规划的要求去做，而是采用现代城市规划理论的方法，使得整个遗址保护区的“真实性”和“完整性”遭到一定破坏。例如，位于自力村和马降龙保护区旅游中心新设的大型停车场和广场与周边风貌格格不入，这对遗址周边的自然景观造成了严重破坏。

福建省厦门市的嘉庚建筑，是以集美学村和厦门大学为典型代表，历经半个世纪的发展逐渐形成的独特风格的建筑群，因这些建筑系陈嘉庚先生以其赤诚的爱国之心，倾资兴学，躬身主持、参与建设的，故被人们誉称为“嘉庚建筑”。嘉庚建筑具有人文的价值取向和深厚的文化内涵，其历史价值和美学价值是新建筑所难以取代的。现在，嘉庚建筑已经成为厦门市十分宝贵的城市资源，是厦门乃至闽南城市重要的有形和无形资产。2006 年 6 月，厦门大学和集美学村的嘉庚历史建筑被列为国家文物保护单位。

在厦门市近年的地域建筑创造中，“嘉庚风格”得到自觉的延续，形成了巍巍壮观的“新嘉庚风格建筑”，成为厦门市的城市景观。2015 年 12 月 24 日，厦门市第十四届人民代表大会常务委员会通过《厦门经济特区历史风貌保护条例》，该条例第二条规定：“本条例所称的历史风貌，是指能反映厦门经济社会发展沿革，并具有文化、科学、人文、艺术价值，体现历史文化传承与地域特色的历史风貌建筑和历史风貌区。”从条例看，嘉庚建筑已不单纯地作为单体建筑形态保护，而是在现代城市规划中得以延续和留存。“活的历史街区在城市生活中起着重要作用，最能体现城市特色，也是文化旅游中最吸引人的场所。”① 厦门市能够成为我国著名旅游城市，与厦门市对城市风貌建筑采取活化保护的方案密不可分。

总之，对华侨建筑不能局限于对建筑的静态保护，更不能僵化地进行封闭式的保存、“复古式”保护。而应当把它们作为传统风貌建筑，进行科学有效的利用，这才是最好的保护，对泉州华侨建筑而言，应注重保护与利用并重，让这些风貌建筑“活起来”，实现保护与再利用的良性循环。

---

① 付少慧：《城市建筑风貌特色塑造及城市设计导则的引入》，天津大学硕士学位论文，2009 年，第 39 页。

四、华侨建筑与史迹法律保护的若干思路

（一）文物遗产保护的角度

如果将近代华侨建筑作为文物遗产来审视，在某种意义上看确实“强化”了华侨建筑遗产的保护力度，表面上看是有利于对华侨建筑的保护的。根据联合国世界遗产公约的规定，文化遗产主要指的是历史文物、历史建筑、人类文化遗址，我国目前与此关系最为密切的法律规范是《中华人民共和国文物保护法》及其实施条例，因此如果从文物遗产保护的角度来保护华侨建筑与史迹，则在肯定华侨建筑与史迹的“历史、艺术或科学突出的普遍价值”方面，确实反映了华侨建筑的保护意义。但是，如果将华侨建筑与史迹仅仅作为文物来保护，则也是有明显缺陷的。理由是：首先，泉州华侨建筑中仅有 80 处划定为市级文物保护单位，受《中华人民共和国文物保护法》的保护，而泉州有 3 000 多座华侨建筑，大部分都没有列入文物保护单位的名单，但不能否认的是，没有被认定为文物的建筑，仍具有受保护的珍贵价值。其次，将华侨建筑与史迹仅仅作为文物来保护，其实质就是将华侨建筑与史迹仅仅作为“死文物”来保护。《威尼斯宪章》指出：“保护与修复古迹的目的旨在把它们既作为历史见证，又作为艺术品予以保护。”根据我国文物保护法的规定，我国实行文物工作贯彻保护为主、抢救第一、合理利用、加强管理的方针，保护处于优先的地位，这就意味着，面对着数量巨大的华侨建筑，只能“保”不能“用”，某种意义上讲，作为文物遗产，虽保障了华侨建筑的文化价值的实现，但是对于华侨建筑的修缮义务所产生的费用赋予了所有权人，大多数的所有权人在不能任意使用建筑的同时还要承担相应的修缮费用，成为经济财力上的一项负担，这对于所有权人而言是有失公平的，这种保护是不能长久持续的。

因此，从逻辑上讲，基于文物当然是受到保护的，但受到保护的不应当仅仅是文物建筑的基本认识。仅仅将泉州华侨建筑作为文物遗产来保护，明显与华侨建筑的现状不符，在立法上也不宜从这一角度审视和构建华侨建筑的保护体系。

（二）建筑物保护的角度

将华侨建筑与史迹作为特殊建筑物来保护，在一定意义上确实能够反映该建筑的科学和文化价值，“建筑可以反映建造它的那个时代和地方的多方面的生活状况，政治制度，在文化方面，建筑也有最高度的代表性”。[①] 不同时代的建筑对于后人来说，是不可复得的珍贵文化遗产，“就意味着各个时代所产生过的文化证据得到保存”。而且，“建筑是人类一切造型创造中最庞大、最复杂、也最耐久的一类，所以它所代表的民族思想和艺术，更显著、更多面、也更重要”。[②] 因此，将华侨建筑与史迹作为特殊建筑物来保护，能够反映华侨建筑中西合璧建筑形式的特殊保护价值。

然而，将华侨建筑与史迹作为特殊建筑物来保护，同样存在难以克服的保护困境。理由是，首先，华侨建筑虽然中西合璧，形态上有些特殊，但是，几乎所有的华侨建筑都是一个个华侨家庭兴建的，且建筑用途都是用于日常居家所需，因而，客观而言，华侨建筑虽然营造形态带有南洋风格，但从建筑学的角度看，是否能够反映特殊的建筑艺术和技术尚有疑问，更无法作为一项在建筑史上的辉煌成就。其次，若仅仅从建筑功能的视角来理解华侨建筑的保护价值，那么一幢房屋对于人们来说可能只是一件可供使用的消费品。这样，对建筑物的保护可能为对经济利益的追求所取代。如此，无论是什么样的建筑，对其进行保护的目的要么是使构建它时具有的使用功能得到正常的发挥，要么是能够带来利润的最大化。则建筑实际上是人们实现某种目的的工具，对其拆除或重建只要符合其工具性

---

① 梁思成：《凝动的音乐》，百花文艺出版社，1998 年，第 48 页。

② 梁思成：《凝动的音乐》，百花文艺出版社，1998 年，第 48 页。

的目的，就是正常的。

正因为对传统建筑曾经有过的这种狭隘的认识，导致了经济发展过程中许多被认为是没有保留价值的传统建筑的毁灭，取而代之的是新技术和新的生产方式下产生的新建筑，这种现象被建筑学家们称为对传统建筑的“建设性破坏”。① “建设性破坏”导致的后果是使建筑学最终面对的建筑只能是失去生机、毫无生气的纯粹是科学技术意义上的由各种新材料构建起来的一个个孤立的工程。刘晓榕在其硕士学位论文中提到，泉州市政府在保护闽南建筑的过程中，关注的往往是建筑实体的保护，忽略了对建筑周边环境的保护、建筑文化的传承与创新，反映了泉州市的华侨建筑保护视角存在偏差。②

诚如《威尼斯宪章》第 5 条所指出的，“为社会公用之目的使用古迹永远有利于古迹的保护。因此，这种使用合乎需要，但决不能改变该建筑的布局或装饰。只有在此限度内才可考虑或允许因功能改变而需做的改动”。华侨建筑的保护也不能狭隘地将其作为一个个孤立的建筑单体，有必要在泉州城市规划的框架下，对华侨建筑进行继续保护与传承。

（三）人为环境保护的角度

人为环境保护的角度，是将华侨建筑作为“人为环境”对待。所谓人为环境，是指与自然环境相对立的一个概念。陈泉生教授认为，人为环境是人类在利用和改造自然环境中创造出来的人工环境。③ 吕忠梅教授的定义是，人为环境是指在自然环境的基础上经过人类改造或人类创造的、体现了人类文明的环境，如水库、道路、公园、城市等。④ 将华侨建筑作为人为环境的视角，力图将华侨建筑的人类文明成分凸显出来，同时又强化

---

① 杨梧生：《防止对名胜古迹的“建设性破坏”》，《建筑学报》1986 年第 12 期。
② 刘晓榕：《泉州城市规划中闽南建筑保护与传承研究》，华侨大学硕士学位论文，2016 年。
③ 陈泉生：《可持续发展与法律变革》，法律出版社，2002 年，第 7 页。
④ 吕忠梅：《环境法》，法律出版社，2004 年，第 2 页。

华侨建筑与周围环境的协调整合，该思路似乎全面考量了华侨建筑的特定价值，又考量了其延续发展前景。但很明显，“人为环境外延过于广泛，不仅难以确定，而且语意甚微模糊，例如举凡伤风败俗、作奸犯科等行为均可视为对社会环境、文化环境等人为环境的侵害。倘若轻易将人为环境纳入法律定义上的‘环境’范畴，必将混淆环境污染或生态破坏与社会风化问题的界限，以至无法对环境污染或生态破坏问题对症下药，采取应有的法律对策”。[①] 因此，将华侨建筑作为“人为环境”，可能将华侨建筑与史迹置入一个非常宽泛的范畴中，使得华侨建筑的保护变成一个环境法上都难以确定中心议题的保护难题。

（四）作为传统风貌建筑整体性保护

美国建筑学家埃德蒙·培根指出：“城市设计是最应当负责城市整体性。”[②] 以上各个视角对华侨建筑的保护路径虽有一定揭示，但也都存在明显的缺陷。要么将华侨建筑作为孤立的建筑实体，要么将其作为“往而不返”的历史陈迹，其突出的共同缺陷就是将华侨建筑人为地与现存社会环境对立起来，没能抓住华侨建筑需要保护，更需要活化这一核心。而活化的关键应当是：城市设计应追求环境的连续性。[③]

厦门市的保护经验很有启发性。在厦门市近年的地域建筑创造中，“嘉庚风格”得到自觉的延续，形成了巍巍壮观的“新嘉庚风格建筑”，使嘉庚建筑风格成为厦门市的一道城市的景观。2015 年 12 月 24 日厦门市第十四届人民代表大会常务委员会通过《厦门经济特区历史风貌保护条例》，在国内率先通过立法，明确规定“为了加强对历史风貌的保护，促进城乡建设与历史文化的协调发展，制订本条例”，专门立法保护“能反映厦门

---

① 陈泉生：《可持续发展与法律变革》，法律出版社，2002 年，第 3 页。

② ［美］埃德蒙·培根著，黄富厢、朱琪译：《城市设计》，中国建筑工业出版社，2003 年，第 9 页。

③ 吴良镛：《世纪之交的凝思：建筑学的未来》，清华大学出版社，1999 年，第 145 页。

经济社会发展沿革，并具有文化、科学、人文、艺术价值，体现历史文化传承与地域特色的历史风貌建筑和历史风貌区”。2021 年 5 月 27 日，福建省十三届人大常委会第二十七次会议表决通过《福建省传统风貌建筑保护条例》，其突出传统建筑风貌的整体风貌保护，明确传统风貌建筑是“对整体风貌形成具有价值和意义的建筑物、构筑物”。

五、泉州市华侨建筑与史迹法律保护的实现路径

（一）融入泉州市社会经济文化发展的规划，活化华侨建筑与史迹作为侨乡的风貌特征

目前，我国对于历史文物建筑保护和利用方面，多是根据具体的项目，将相关的部门、机构和专家等组织起来，形成临时的工作组，定期召开会议。2015 年，泉州市城市规划设计研究院组织编制《泉州历史文化名镇名村保护课题研究》，对照《福建省历史文化名镇名村评选办法》《福建省传统村落评审认定办法》，对全市村镇进行摸底式调查，形成历史文化名镇名村、传统村落的推荐名单，为全市的历史文化名镇名村和传统村落保护工作提供指导。同时督促全市 16 个历史文化名镇村和 15 个未被评为历史文化名村的中国传统村落和 40 多个未被评为历史文化名村的省级传统村落按照《历史文化名城名镇名村保护规划编制要求（试行）》《传统村落保护发展规划编制要点》要求，推进保护规划的编制工作，也有部分华侨建筑被确定为文物建筑。但是，泉州市尚未有专门的华侨建筑保护规划。至今，大部分华侨建筑未被列入文物或历史建筑的侨居处于无部门管理、无制度可供遵循的状态。

泉州市华侨建筑与史迹的数量众多、保护工作时间周期长，需要有针对性的长期系统的保护规划制度和专门的组织机构作为保障。泉州市可以借鉴“香港活化历史建筑伙伴计划”，在制度方面借鉴其“从整个香港历

史建筑的宏观视角提出的一项成体系的保护体制”。泉州市可以将华侨建筑与史迹的保护，融入泉州市社会经济文化发展的规划中，活化华侨建筑与史迹的作为侨乡的风貌特征，即我们不是单纯地保护一种“既往的历史陈迹”，而是将它作为活生生的文化存在。

（二）借鉴国外的有益经验，政府为主导推动保护工作，防止这些建筑被人为拆除或者改建

制定泉州市华侨建筑与史迹的法规制度，不仅需要完备的政策和法律体系，而且需要科学的保护理念，这方面需要扩大视野，借鉴国外有益的经验。德国、英国、法国等西方国家已经形成了比较全面系统的文化遗产保护及活化利用体系。德国的经验尤其值得学习借鉴，其已形成了完备的政策和法律体系、合理的投入机制、科学的保护理念、科学的分工及运作流程、专业权威系统的研究和实用性强的指导手册和较高的利用率。德国历史文物建筑保护法规的完备体现在两方面，一是系统性，主要体现在政策法规的清晰合理的层级划分，国家层面的法律主要作为纲领性文件保证了历史文物建筑保护在国家层面上的统一性，而由16个联邦州各自制定的法律则更具有实际指导作用，增加了历史文物建筑在实际保护过程中的灵活度；二是针对性，主要体现不同的联邦州根据自身的情况，制定切合本州实际的法规政策，因而能够有针对性地对历史文物建筑进行保护管理。虽然，各州遗产保护相关法律的内容上各不相同，但都遵守将遗产保护作为公共利益这一基本原则，都将注意力集中在本州的遗产保护上。作为德国文化遗产登录系统之一的“决定系统”尤其值得注意，决定系统“从法律的强制性上确保历史文物建筑受到保护，20世纪90年代德国东部提出的快速登录清单则最大限度地防止遗产在被认定之前遭到拆除”①。

泉州市作为我国著名侨乡，有必要通过专门的地方立法，将华侨建筑

---

① 李育霖：《德国现代建筑遗产的保护理念与方法研究——以世界遗产法古斯工厂和包豪斯建筑及其遗址为例》，西安建筑科技大学硕士学位论文，2016年，第16页。

作为侨乡文化的精神象征，在华侨建筑被认定为文物或者文化遗产之前，以政府为主导，联合居民社区、华人华侨社团、海内外校友等民间团体，多边全方位的全民参与保护工作，防止这些建筑被人为拆除或者改建。

（三）整合已有立法，制定地方法规，突出华侨建筑与史迹的侨乡风貌保护

2019年，泉州市出台文化和自然遗产保护利用的“1+3”文件，详细规划了泉州市在文化遗产保护工作中的思路以及具体实施办法。“1+3”文件，包括一份《实施意见》和三份《工作方案》。《泉州市中山路骑楼建筑保护条例》于2019年1月1日起正式施行，中山路骑楼的修缮保护工作得到及时有效开展。但客观而言，泉州市在深度挖掘华侨建筑与史迹的价值内涵，打造泉州侨乡文化价值体系，健全华侨建筑与史迹的保护管理制度方面，仍然没有自己的特色和思路。泉州市完全有必要整合已有立法，制定地方法规，突出华侨建筑与史迹的侨乡风貌保护，而不是毫无思路地依照省市的保护规定依样画葫芦。

对此，泉州市可以借鉴厦门市的保护经验。泉州市可以研究制定《泉州侨乡建筑风貌保护条例》，从整体上将华侨建筑与史迹作为泉州侨乡的典型文化象征，通过立法的方式保护下来。通过地方性保护立法，对具有重大社会历史文化价值的华侨建筑与史迹，采取抢救性、强制性的保护措施。明确规定：华侨建筑风貌区保护范围内的建设活动应当保持原有空间布局、建筑肌理、空间尺度以及景观环境特色，不得破坏历史风貌的真实性、完整性，在历史风貌区建设控制范围内开展建设活动，应当符合建筑高度和建筑色彩等方面的控制要求，与周边景观相协调，严格保护相应的景观视廊，不得对历史风貌区整体空间形态与景观环境构成破坏性影响。

（四）由城市规划部门承担侨乡风貌的规划管理保护工作

1990年4月1日施行的《中华人民共和国城市规划法》规定，编制城

市规划应当“保护历史文化遗产、城市传统风貌、地方特色和自然景观”。1986 年公布第二批全国历史文化名城时提出了“历史文化保护区”概念，对文物古迹比较集中，或能较完整地体现某一历史时期的传统风貌和民族地方特色的街区、建筑群、小镇、村寨等进行特殊保护。

值得注意的是，我国文物保护工作由国家文物局具体负责。根据国务院的相关规定，国家文物局是负责国家文物保护及管理方面的行政管理机关，具有相对的独立性。文化和旅游部事实上主要通过部长召开会议的形式，对国家文物局工作中的重大方针政策、工作部署等事项实施管理，由文化和旅游部主管部长对国务院负责。文化遗产保护方面的条块分割仍然存在。这种中央层面和部分省级行政单位两套管理系统和两套执法体制并存的局面，不利于文化遗产一体保护工作的开展。

同时，将华侨建筑与史迹作为文物保护，则明显是消极保护，根据《威尼斯宪章》，对古迹的保护至多就是修旧如旧，古迹只是让其作为一个建筑符号孤立存在，显然没有生命力。从旅游开发的角度出发，则很有可能存在对侨乡建筑的过度消费。因此，从活化和延续华侨建筑风貌的角度出发，应改由城乡规划主管部门负责华侨建筑与史迹的保护工作，事实上，《厦门经济特区历史风貌保护条例》关于风貌建筑的保护机制的规定，也是值得借鉴的，该条例第四条规定，“市城乡规划主管部门负责全市历史风貌的保护工作，指导、协调、监督历史风貌保护工作的开展，承担名录制定、规划管理和档案管理等工作”。

总之，泉州市作为我国著名侨乡，应充分认识华侨建筑对泉州市城乡社会发展的巨大价值，从观念上将华侨建筑与史迹作为一种活态的文化景观，让它永续存在和传承。在明确华侨建筑的保护目的和保护手段的基础上，借鉴国内外有关经验，制定专门的保护法规，调整保护思路，强化保护手段，调整保护机制，真正使华侨建筑成为泉州文化中永远生机勃勃的标志性建筑景观。

我国主要城市侨商企业开办便利度实证研究

陈胜蓝*

［摘要］对33个城市侨商企业开办便利度的测评显示，2021年我国侨商企业开办便利度显著改善，整体实现了企业开办“一个环节”“一天时间”“零成本”。其中，上海市、广州市、深圳市、重庆市、成都市、杭州市和济南市的企业开办环境最佳。我国应进一步推动各地建立外商投资“一站式”服务体系，在完善办事指南、开设涉外服务专窗、跨省办理和企业代办等服务细节上下功夫，提升和增强侨商在企业开办过程中的体验感和获得感，同时应进一步深化行政审批制度改革，推动各地在权限范围内采取更大力度的改革举措，放宽侨资市场准入门槛，进一步提升侨商企业开办便利度。

［关键词］侨商；开办企业；便利度

一、侨商企业开办便利度的中央政策法规梳理与解读

企业开办便利度是衡量一个国家和地区营商环境优劣的首要指标。①

---

* 作者简介：陈胜蓝，暨南大学法学院/知识产权学院副教授，广东省侨务与法治研究中心研究员。

基金项目：国家社会科学基金重大项目“中国海外侨胞权益的重大法律问题研究”（项目编号：17DA143）；广东省法学会“侨务法治系列课题研究”［项目编号：GDLS（2022）C5］之子课题“我国主要城市侨商企业投资营商环境研究”。

① “开办企业”是世界银行营商环境评估指标中的第一项。

开办企业作为侨商到国内投资经营的首要步骤，是侨商评价我国营商环境优劣并决定是否持续投资的关键一环。近年来，我国以政府“放管服”改革为核心，逐步深入推进行政审批制度改革和“证照分离”改革，实施了“多证合一”“先照后证”“照后减证”“商事登记全程电子化”等一系列提高企业开办便利度的举措，并将行之有效的政策措施上升为法律法规，从2019年到2021年，我国相继制定了《优化营商环境条例》《企业名称登记管理规定》《中华人民共和国市场主体登记管理条例》等系列法规，极大优化了企业开办的营商环境（见表1）。2020年，在世界银行营商环境评估中，我国“开办企业”指标排名全球第27，比2018年上升了66位（见图1）。

表1　2019—2021年我国提高企业开办便利度的主要法规政策

序号	名称	发布时间	效力级别
1	《优化营商环境条例》	2019年10月	行政法规
2	《企业名称登记管理规定》	2020年12月	行政法规
3	《中华人民共和国市场主体登记管理条例》	2021年7月	行政法规
4	《国务院办公厅关于印发全国深化“放管服”改革优化营商环境电视电话会议重点任务分工方案的通知》	2019年8月	国务院行政规范性文件
5	《国务院办公厅关于做好优化营商环境改革举措复制推广借鉴工作的通知》	2019年9月	国务院行政规范性文件
6	《国务院办公厅关于进一步优化营商环境更好服务市场主体的实施意见》	2020年7月	国务院行政规范性文件
7	《国务院办公厅关于深化商事制度改革进一步为企业松绑减负激发企业活力的通知》	2020年9月	国务院行政规范性文件

（续上表）

序号	名称	发布时间	效力级别
8	《国务院办公厅关于印发全国深化“放管服”改革着力培育和激发市场主体活力电视电话会议重点任务分工方案的通知》	2020 年 11 月	国务院行政规范性文件
9	《国务院关于深化“证照分离”改革进一步激发市场主体发展活力的通知》	2021 年 6 月	国务院行政规范性文件

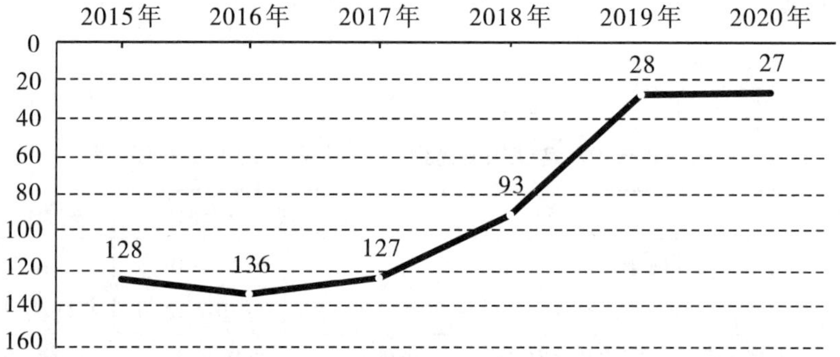

图 1　世界银行营商环境评估中国“开办企业”指标 2015—2020 年全球排名

另外，为进一步扩大改革开放，提高外商投资便利度，保护外商投资合法权益，规范外商投资管理，2019 年我国相继出台《中华人民共和国外商投资法》（以下简称《外商投资法》）和《中华人民共和国外商投资法实施条例》（以下简称《外商投资法实施条例》）。其中，《外商投资法实施条例》第四十八条规定：“定居在国外的中国公民在中国境内投资，参照外商投资法和本条例执行。”《外商投资法》和《外商投资法实施条例》在侨商投资权益保护中具有基础性地位。为提升侨商企业开办便利度，两部立法特别针对外商投资企业登记和行政审批事项进行了细致规定。为落实相关条款，2019 年底，市场监管总局下发《关于贯彻落实〈外商投资法〉做好外商投资企业登记注册工作的通知》，对涉及外商投资企业开办的若干登记事宜进行细化规定。2021 年 3 月，国家市场监管总局调整形成了《企业登记前置审批事项目录（2021 年）》和《企业变更登记、注销登记前置审批事项目录（2021 年）》，各地也对实践中不符合《外商投资法》规定的文件和做法进行了清理和纠正，从而进一步优化了侨商企业投资营商环境（见表 2）。考察我国当前针对侨商企业开办便利度的改革措施，有如下几个突出特点。

表 2　2019—2021 年我国促进外商（侨商）投资注册便利化的主要法律政策

序号	名称	发布时间	效力级别
1	《外商投资法》	2019 年 3 月	全国人民代表大会立法
2	《外商投资法实施条例》	2019 年 12 月	行政法规
3	《市场监管总局关于贯彻落实〈外商投资法〉做好外商投资企业登记注册工作的通知》	2019 年 12 月	部门规范性文件
4	《外商投资信息报告办法》	2019 年 12 月	部门规范性文件
5	《企业登记前置审批事项目录（2021 年）》	2021 年 3 月	部门规范性文件
6	《企业变更登记、注销登记前置审批事项目录（2021 年）》	2021 年 3 月	部门规范性文件

（一）以提效率、减成本为核心

提高企业开办便利度，其核心在于降低企业开办的制度性成本。纵观当前改革，企业开业登记中的“四减”——减环节、减材料、减时限、减费用是提升企业开办便利度的主要举措。“减环节”，是指将原来开办企业所需的企业名称预核准、申请办理营业执照、申请制作企业公章许可、制作企业公章、申请购买发票、登记招聘文件和社保登记等多个程序压缩，当前，我国已经在全国范围内取消企业名称预核准制度，全面采取企业名称自主申报制度，而对于企业开办的其他程序，则采取“一网通办，一窗受理”的模式，将多个环节压缩为一个环节，从而大幅提高办事效率。“减材料”，是指将企业办理登记所需的申请材料缩减，将市场监管、公安、税务等部门的同类型材料进行归集，减少材料数量。“减时限”，是指提高行政部门效率，将办理开业登记的时间大幅缩短，2020 年 6 月，李克强总理召开国务院会议，要求推动企业开办时间从 2019 年推开的 5 个工作日以内压缩至 4 个工作日以内或更少。“减费用”，是指减少办理企业开办过程中的各项费用，如北京、上海、广州等城市，已实行办理首套公章刻制免费制度。

（二）以扩大市场主体经营自主权为目的

企业开办领域的多项改革，其根本目的在于扩大市场主体经营自主权，减少政府对市场主体行为的不当干预，充分激发市场主体的活力。行政审批制度改革是实行这一改革目标的主要举措。我国行政审批制度改革经历了从“先照后证”到“证照分离”的发展过程，“先照后证”改革的主要目标是解决企业工商登记时前置审批事项繁多的问题。2015 年，《国务院关于“先照后证”改革后加强事中事后监管的意见》（国函〔2015〕222 号）明确提出：“工商总局负责公布工商登记前置审批事项目录。除法律、行政法规和国务院决定外，一律不得设定工商登记前置审批事项，也不得通过备案等方式实施变相前置审批。”从而将“先照后证”的改革成果通过由国家统一发布工商登记前置审批事项目录的形式固定下来。从 2015 年起，市场监督管理总局已先后发布过 6 版《企业登记前置审批事项目录》，最新一版为 2021 年 3 月发布的《企业登记前置审批事项目录（2021 年）》。“证照分离”则进一步为企业松绑，其目的是进一步减少企业领取营业执照后的行政审批事项，简化行政审批手续。除涉及国家安全、公共安全、生态安全和公众健康等重大公共利益外，分类推进行政审批制度改革，实现持“照”即可经营，使审批更简、监管更强、服务更优。《国务院关于深化“证照分离”改革进一步激发市场主体发展活力的通知》（国发〔2021〕7号）明确，自2021年7月1日起，在全国范围内实施涉企经营许可事项全覆盖清单管理，按照直接取消审批、审批改为备案、实行告知承诺、优化审批服务四种方式分类推进审批制度改革。

此外，目前正在推行的商事登记确认制改革，包括由企业自主申报企业名称、自主承诺申报住所和经营范围、企业登记机关采取容缺受理机制等，均体现了国家扩大市场主体经营自主权，提升市场主体活力的政策目的。

（三）降低外资市场准入门槛，在企业登记和审批中确保“内外平等”

《外商投资法》和《外商投资法实施条例》的实施标志着我国外商投资保护制度进入了新阶段，我国营商环境建设达到了新高度。《外商投资法》以法律法规的形式确立了准入前国民待遇加负面清单管理制度，对外商投资企业设立等不再实行审批、备案管理，实行“非禁即入”；内外资企业在项目申报、土地供应、税费减免、资质许可等方面一视同仁。《外商投资法实施条例》第三十五条明确规定：“外国投资者在依法需要取得许可的行业、领域进行投资的，除法律、行政法规另有规定外，负责实施许可的有关主管部门应当按照与内资一致的条件和程序，审核外国投资者的许可申请，不得在许可条件、申请材料、审核环节、审核时限等方面对外国投资者设置歧视性要求。”

两部立法出台后，我国行政机关迅速作出回应。一是外商投资企业可直接到市场监管部门（登记机关）办理，无须再向商务部门办理审批或者备案，并要求各地市场监督部门及时改造完善企业登记系统和国家企业信用信息公示系统，以满足外商投资企业注册登记的需求。二是申请人通过企业登记系统申请外商投资企业登记注册，提交外商投资信息报告不再是办理外商投资企业登记注册的必要条件。三是在登记注册要件上实施“内外平等”。2019 年市场监管总局出台的第 247 号文规定：“外国投资者或者外商投资企业在《负面清单》以外的领域投资的，按照内外资一致的原则进行登记注册。”此外，国务院办公厅在《关于印发全国深化“放管服”改革优化营商环境电视电话会议重点任务分工方案的通知》中则要求：“支持有条件的地方建立外商投资‘一站式’服务体系，联通相关部门信息系统，实现外资企业一次登录、一次认证、一次提交材料，即可办理企业注册、预约开户、外汇登记等高频事项。”

二、侨商企业开办便利度评价指标体系构建

正如前文所述，近年我国的外商投资制度发生了重大变革，这一变革对于我国侨商企业开办便利度产生了实质性的重大影响。自 2019 年《外商投资法》和《外商投资法实施条例》颁布以来，各地积极采取各种措施，以回应国家加强外商投资保护的政策导向，可以说，当前外商投资企业开办制度的面貌已经焕然一新。然而，新体制的运行必然需要磨合期和过渡期，体制的完善更需要不断地试错、创新与完善。加之外商投资制度的具体实施，有赖于中央通过政策性文件给予细化和落实，而基于各个城市在行政效率、行政能力以及经济基础和结构等方面的差异，对于外商投资法律政策的执行也必然存在差异性。此外，基于国家政策性文件内容的概括性、灵活性和指引性，各个城市可以在国家外商投资法律政策许可的范围内，因地制宜，制定适合本地侨商企业发展需要的举措，这就意味着各个城市的企业开办制度将出现个性化的安排，呈现出一定的地域性特征。因此，考察各城市侨商企业开办便利度的实施现状，一方面，可以把握我国侨商企业开办便利度的整体状况，有利于中央适时作出政策调整；另一方面，对城市间侨商企业开办便利度的比较，有利于各地取长补短，

齐头并进，创造侨商开办企业的优质环境。

（一）侨商企业开办便利度评价指标体系的功能定位

第一，评估体系须能客观反映我国主要城市侨商企业开办便利度的发展现状。评价体系需要全面、客观地认识待评估对象，亦即评估体系的指标区间应当能最大化地反映出关涉侨商企业开办的各个城市的最主要因素，并首先对这些评估事实有客观描述与数据收集。在此基础上，才能为各城市间的情况提供可供对比的“初始资料”；而依托于一系列具体指标所映射的现实状况，能够对侨商开办企业便利度的实然状况有基本清晰的认识，并为评估数据采集提供支撑，为评估的查验提供资料指引。

第二，有利于促进各主要城市之间的沟通与对话，进一步优化企业开办营商环境。我国主要城市侨商企业开办便利度评估体系的构建只是一种手段，根本目的仍然是通过评估促进改革。因而本文中评价体系必须亦应当是一个多层次的指标体系，各个指标所指向的须是具体的、可操作的营商环境优化措施，亦即将“国际化法治化市场化营商环境”抽象概念项目化、具体化，使营商环境的优化具有可测量性的特点，通过具体数值的比较，指明某个城市在哪些方面具有优势以及在哪些方面存在不足，并通过我国最佳实践的样本，以及世界标准的最佳实践样本，为各个城市的优化提供“榜样的力量”，进而指引地方政府有针对性、有根据、有计划地推动落实外商企业开办营商环境的建设。①

（二）侨商企业开办便利度评价指标体系的构建原则

1. 以企业开办营商环境法治化为核心

针对现代化经济体系的法治转向，国际前沿营商环境评估体系已经完成法律转向。以具有代表性的世界银行《营商环境报告》为例，其明确任

① 易海辉：《粤港澳大湾区内地城市群营商法治指数建构：动因、价值及路径》，《法治社会》2018 年第 2 期。

何商事活动的发展和营商环境的建立都应当在法律、法规的框架内进行，故将评价焦点置于法律制度环境和法律改革。《营商环境报告》按照企业生命周期所设计的评价指标①，均是在通过考察内资中小企业运营的“生命周期”内所适用的法律法规，通过具体量化的方式对国家和地区的法律法规进行分析所创建的具有完整体系、可供比较的指标体系。

我国营商环境的优化进程，也是围绕着法治化而推进。人们所期待的良好的营商环境，正是稳定、公平、透明、可预期的营商环境，实际上也可以被等同地表述为“法治化”的营商环境。营商环境的优化，在本质上就是法治化。因此在考察国际前沿评估体系的同时，以我国营商环境的优化情境为落脚点，构建以法治化为核心的营商环境评价体系，不仅可以具体地、量化地作出评价，为了解和改善国内主要城市的营商环境提供一个客观依据，也利于针对营商环境相关的法律改革、制度设计提出综合意见，以促进各主要城市有针对性地优化本地区营商环境。

2. 围绕“放管服”改革要求

近年来，李克强总理多次强调，必须把深化“放管服”改革作为推进供给侧结构性改革的重要内容，作为增强企业活力、释放市场潜力、提升未来竞争力的有力举措，以优质的营商环境推动有质量、有效益的可持续发展。由此，党中央及地方各省市围绕“放管服”改革不断提出创新性政策，力图以“放管服”改革为抓手，不断优化营商环境。我们对中国主要城市侨商企业开办营商环境的评价亦需从中国实际出发，围绕党中央和国务院针对营商环境工作部署之大局展开，以“放管服”改革要求为纲要，合理设置评价指标，切实考察中国主要城市侨商企业开办营商环境的建设状况。

3. 反映侨商投资主体的特殊性

多年来，我国对于外商投资企业和内商投资企业在市场准入、行政审

---

① 参见娄成武、张国勇：《基于市场主体主观感知的营商环境评估框架构建——兼评世界银行营商环境评估模式》，《当代经济管理》2018 年第 6 期。

批、营业开展等方面采取不同的政策措施，外商投资企业受限颇多，侨商在投资政策上参照适用外商企业，因此实际上也受到诸多限制。而以往开展的企业开办营商环境评估，基本是从内资企业的视角出发设置指标，忽视了外资与内资在企业开办方面所遵循的政策法规之不同，因而不能反映侨商企业开办便利度的真实状况。因此，不同于国内现有关于企业开办营商环境的各类评估体系，本文评估体系的建设立足于“侨商”视角，即切实针对侨商需求，力求真实客观评价我国近年来在改善外商企业开办营商环境方面的成效及其不足。

（三）侨商企业开办便利度评价指标体系的指标选择及依据

《外商投资法》和《外商投资法实施条例》实施后，有关侨商投资的中央政策随之调整，根据相关政策，现阶段我国设立外商（侨商）投资企业直接到市场监管部门（登记机关）办理，而无须再向商务部门办理审批或者备案。因此目前侨商企业开办的主要环节包括注册企业并申请营业执照、制作企业公章、申请关于打印或购买发票的授权、社保登记四个程序。为了直观评估地方对中央改革政策的落实情况，侨商企业开办便利度评估指标选取我国主要城市落实中央制定出台的各项关于外资企业开办便利度改革政策文件的现状，从整体上把握我国的侨商企业开办便利度改革的实施状况，具体指标设置如下（见表3）：

1. 企业开办程序

根据世界银行营商环境评估指标体系，企业一旦收到最终的成立文件或公司可以正式开展业务时，程序视作全部完成。因此，我国侨商投资企业开办的实际环节包括注册企业并申请营业执照、制作企业公章、申请关于打印或购买发票的授权、社保登记四个程序。开办程序越少，则效率越高。而根据《国务院办公厅关于印发全国深化“放管服”改革优化营商环境电视电话会议重点任务分工方案的通知》（国办发〔2019〕39号）要求，“鼓励具备条件的地区加快实现开办企业时申领营业执照、刻制印章、申领发票、申领税控设备、社保登记、住房公积金开户登记等全流程网上申请和办理，现场‘一窗’、一次领取企业开办全部材料”。因此，实际上我国在企业开办方面，已设置了比世界银行更高的便利化标准。然而，为便于与世界其他经济体进行比较，本文仍采取世界银行的标准。

2. 企业开办时间

企业开办时间是反映企业开办便利度的核心标准，时间越短，则企业开办效率越高。《国务院办公厅关于深化商事制度改革进一步为企业松绑减负激发企业活力的通知》（国办发〔2020〕29 号）指出，2020 年底前，各省、自治区、直辖市和新疆生产建设兵团全部开通企业开办“一网通办”平台，做到企业开办全程网上办理，进一步压减企业开办时间至 4 个工作日内或更少。

3. 企业开办成本

企业开办成本反映了企业开办过程中花费的物质成本，根据世界银行营商环境评估指标体系提出的标准，其包含了所有的官方费用。具体而言，则指侨商投资企业办理营业执照、刻制印章、申领发票和社保登记等环节所需的办理成本，以及在企业开办过程中官方提出的额外的行政收费。

4. 是否开设“涉外服务”专窗/建立外商投资“一站式”服务体系

基于侨商投资的特殊性以及我国扩大开放吸引外商投资的政策方针，该指标反映的是在侨商企业开办过程中，各地是否能够因地制宜，采取有效措施提高外商投资服务水平，特别是在企业开办环节，能否做到尽量降低侨商的信息搜寻成本、信息处理成本等与企业开办成本相关联的一系列成本。2020 年 11 月，《全国深化“放管服”改革优化营商环境电视电话会议重点任务分工方案》明文指出：“支持有条件的地方建立外商投资‘一站式’服务体系，联通相关部门信息系统，实现外资企业一次登录、一次认证、一次提交材料，即可办理企业注册、预约开户、外汇登记等高频事项。”因此，设置该指标，可以反映各城市在提高侨商企业开办便利度方面的能动性。

表 3 侨商企业开办便利度评估指标体系

一级指标	二级指标	指标属性	单位	指标解释
侨商企业开办便利度	企业开办程序	数据指标	项	指侨商投资企业办理营业执照、刻制印章、申领发票、社保登记等环节的数量
	企业开办时间	数据指标	工作日	指侨商投资企业办理营业执照、刻制印章、申领发票和社保登记等环节所需的时间
	企业开办成本	数据指标	元	指侨商投资企业办理营业执照、刻制印章、申领发票和社保登记等环节所需的办理成本，包括所有行政收费
	是否开设"涉外服务"专窗/建立外商投资"一站式"服务体系	评价指标	"是"或"否"	指是否为外国人和港澳居民、华侨提供线上或线下的专门服务通道

三、我国主要城市侨商企业开办便利度 2021 年度评估

（一）样本城市

本文参考了世界银行选择调研样本的思路，但待评估的样本城市更为多元，进一步延展为我国主要城市，具体选择的"主要城市"涵盖主要省会城市以及国家级新区和自由贸易试验区所在城市，共计 33 个城市，包括：

（1）自贸区所在地城市，包括上海市、广州市、深圳市、天津市、福州市、厦门市、沈阳市、郑州市、洛阳市、武汉市、宜昌市、舟山市、重庆市、成都市、西安市 15 市。

（2）国家级新区所在地城市，包括兰州市、青岛市、长沙市、南京市、昆明市、哈尔滨市、长春市、南昌市、保定市 9 市。

（3）省会城市、自治区所在地城市及直辖市，排除与（1）（2）两项中重合的相关城市包括北京市、石家庄市、太原市、济南市、合肥市、海口市、贵阳市、杭州市、南宁市 9 市。

以我国主要城市为本文评估的样本，能够更为全面地展现我国当前侨商企业开办营商环境的大体面貌。从中国实际情况出发，围绕党中央和国务院针对营商环境优化工作部署之大局展开，才能充分地认识与探明优化营商环境在世界改革发展浪潮中所发挥的积极作用。通过开展评估，更为真实地刻画各地营商环境的发展状态，展现我国各主要城市通过各种措施改善侨商企业开办营商环境便利度的实际，认识中国本土环境下企业生命周期中的各类运营成本，使优化营商环境的各项改革措施有的放矢，不仅为侨商企业提供投资路线图，也为各地进一步改善营商环境提供参照系。

（二）评估方法

1. 数据来源

本文进行营商环境评估的过程，是基于中国市场交易的发展历程和特点，从政策评价的角度出发，围绕党中央和国务院针对营商环境的工作部署，查验中央与地方政府层面涉及侨商企业开办便利度的规范性文件，结合侨商投资企业运营活动的实际情况，对主要城市的营商环境进行评价。

评估体系主要是从政策落实的角度出发，对各主要城市的侨商企业开办便利度进行评估，故采用的数据主要来源于各主要城市官网上的公开数据。

2. 计算方法

（1）评价指标。

评价指标，又可称为是否指标。评价指标的衡量采取赋分制，主要针对各地方是否出台了相应的具体政策、各地是否相应制定了相关的地方性规则以及各地是否有相关制度建设等情况进行赋分评价。具体赋分标准为：采用0~1赋分衡量，“否”为0分，“是”为1分。

（2）数据指标。

这类指标反应相关政策实施效果。在指标量化衡量上，采用0~2分的评价体系，采用相关计量公式如下：

$$\text{特定指标分数} = \frac{2\times(\text{当前值}-\text{设定最差值})}{\text{设定最佳值}-\text{设定最差值}}$$

上述公式设定最差值和设定最佳值可以考虑数据展示的排名取值，也可以考虑对该指标的专业评价进行设定。指标在0到2之间取值，考虑本研究主要基于政策实施进度及效果衡量展开，政策之间难以区分重要程度，各个指标权重等权分布。

（三）评估结果

评估结果显示（见图2），33个城市中，开办侨商投资企业便利度排名前七位的分别是上海市、广州市、深圳市、重庆市、成都市、济南市和杭州市，得分均为6.8分；排名后七位的依次是武汉市、洛阳市、海口市、郑州市、石家庄市、兰州市和太原市。其中，上海市开办侨商投资企业的便利度最高，2020年2月，上海市开通“一网通办”涉外服务专窗，该涉外服务专窗以外国人和我国港澳居民、华侨为服务对象，整合上海市各类涉外政策信息、办事指引、便民服务等信息内容，为外国人和我国港澳居民、华侨来沪创业投资和就业发展提供服务事项清单、办事指南、服务栏目、涉外政策等英文指引服务。广州市、深圳市、成都市、杭州市也分别于该市特定区域设立涉外服务专窗或外商投资“一站式”服务体系，便利外商开展企业登记、办理外汇登记等各项事宜。而目前开办侨商投资企业便利度最低的几个城市中，太原市和郑州市①未在网上公布办理外商投资

① 仅能通过拨打郑州市市场监督管理局电话0371－67581101获知办证信息。

企业登记指南[①]；石家庄市和兰州市的企业开办环节需要 3 个，包括企业登记注册、电子印章生成、发票申领；洛阳市、海口市、郑州市、石家庄市、兰州市等地设立外商投资企业的期限较长，如石家庄市需 4 天，其中企业登记注册需 3 个工作日进行审批，且必须到窗口办理；郑州市和海口市需要收取费用，海口市的收费标准最高，其标准为："设立登记费按注册资本总额的 0.8‰缴纳；注册资本超过 1 000 万元，超过部分按 0.4‰缴纳；注册资本超过 1 亿元的，超过部分不再缴纳。营业执照副本每本收费 10 元。"[②]

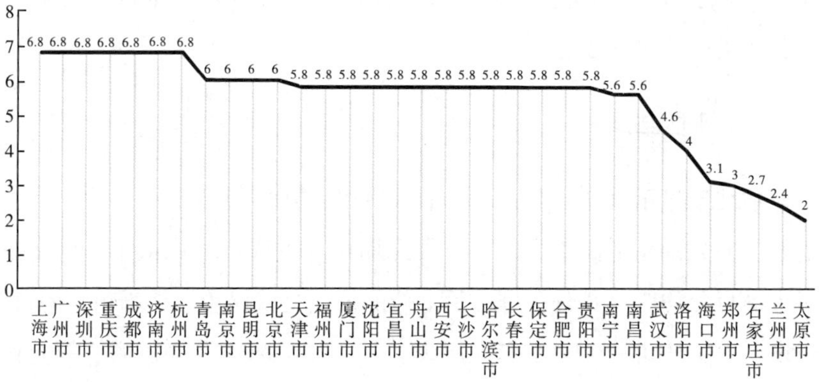

图 2　33 个城市开办外商投资企业便利度分值

整体而言，当前我国开办侨商（外商）投资企业便利程度已达到世界一流水平，中央关于贯彻落实《外商投资法》，优化外商投资企业登记注册工作，在企业开办中实现"内外平等"的基本政策在各个城市得到了良好的执行，根据实证调研的结果，当前侨商投资企业开办主要呈现出以下几个特点：

① 其他 31 个城市均在官网上公布外商投资企业设立指南。

② 见海口市市场监督管理局官网，http：//www. haikou. gov. cn/pub/root9/0203/201106/t20110615_294138. htm，最后访问日期：2021 年 11 月 8 日。

第一，大部分城市开办侨商投资企业程序已缩减为1个环节。当前，我国大部分城市开办外商投资企业的程序与内资企业相同，实现“一网通办，一窗办理”，即将填报申请营业执照、刻制印章、申领发票、员工参保登记、公积金开户登记、预约银行开户等事项全部整合为一个环节，企业开办者只需填报一张表，即可完成企业开办。因此，在企业开办的程序环节，我国事实上已达到世界一流水平。①

第二，大部分城市开办侨商投资企业的时间已缩减为1个工作日。当前，我国大部分城市开办外商投资企业所需时间与内资企业相同，为1个工作日，某些城市如北京、昆明，则达到0.5个工作日。这一高效率归功于“互联网+开办企业”的便利化效应，政府部门通过一网通平台同步采集数据、实时共享信息、联办各个业务，从而提升开办企业的便利度。此外，企业还可以选择办理电子营业执照、电子印章和电子发票，从而进一步降低时间成本，足不出户即可完成企业开办。

第三，大部分城市开办侨商投资企业实现零成本。当前，我国大部分城市开办外商投资企业所需成本与内资企业相同，成本为零。新开办企业均享受首次刻制印章免费优惠政策：免费领取一套四枚印章（含企业公章、财务专用章、发票专用章、合同专用章各一枚）。同时，新开办企业需要开具增值税普通发票、增值税电子普通发票和增值税专用发票，可以统一领取免费税务UKey开具发票。以武汉市为例，截至2021年6月底，武汉市累计免费赠送公章4.6万套，累计为企业节省开支1 150万元。此外，该市对新开办企业全面实现100%自愿领取税务UKey，一次性为每户企业节省设备采购费160元。②

第四，大部分城市开办侨商投资企业实现“一网通办”。当前，我国

① 根据《2020年世界银行营商环境报告》，在开办企业程序指标中，监管表现最佳的是新西兰，为一个程序。

② 参见武汉市场监督管理局官网，http://scjgj.wuhan.gov.cn/zwgk_65/jggg/jgdt/202108/t20210823_1764653.shtml，最后访问日期：2021年11月8日。

各省市均已开通企业登记全程电子化服务平台和企业开办“一网通办”服务，开办内资企业可以全程通过上述平台完成线上登记注册，实现“一次不用跑”。而在我们调研的 33 个城市中，目前除了石家庄、成都、西安、武汉和南昌[①]等少数几个城市外，在其他城市开办侨商投资企业，可以全程通过上述平台完成注册登记，实现企业开办“全程不见面”，从而大大节省了外商投资企业开办的时间成本和物质成本。

第五，少数城市开通涉外服务专窗或外商投资“一站式”服务体系。开通涉外服务专窗，建立外商投资“一站式”服务体系，是我国提高涉外服务水平，吸引外商投资的重要举措。以成都高新自贸试验区为例，该区涉外集成一站式政务服务大厅集纳了该区各部门 100 余项涉外审批服务职能，分为政务服务区、中介服务区、生活服务区。其中政务服务区可办理企业注册、首证通、税务服务、签证服务、外国专家服务、社保服务等业务，中介服务区引入了涉外法律、知识产权保护、海关、商检、涉外金融服务等特色中介服务，生活服务区可为外籍人士子女入学、日常生活等提供服务。目前，我国已经全面开通线上线下涉外服务专窗的仅有上海市，广州、深圳等城市仅在特定区域提供外商投资“一站式”服务，重庆市则实施外商投资企业行政服务管家制度，“行政服务管家”的职责包括及时公开“行政服务管家”成员构成和联系方式，主动联系对接服务对象；向服务对象提供政策咨询；协调解决服务对象在项目落地、企业经营、变更、注销过程中遇到的困难和问题等。

---

① 其中南昌和成都可以线上提交材料，但必须到窗口提交打印的材料，武汉必须到窗口拿证。石家庄和西安仅能到线下办理企业登记手续。

四、基本结论与政策建议

（一）基本结论

基于前述政策解读和调查评估结果，可以得出以下三个基本结论：

第一，从纵向来看，我国侨商企业开办便利度取得显著改善。这一改善以2020年1月为重要的时间节点，即在《外商投资法》和《外商投资法实施条例》通过实施后，我国政府部门在外商投资企业开办中大力推进落实减少外商投资经营限制，降低市场准入门槛的政策方面取得了明显的成效。

第二，从横向来看，就考察城市的内部比较来看，33个城市的企业开办便利度存在差异性，概言之，经济较为发达的城市相对而言其改革强度也较高，如上海、深圳、杭州、广州等沿海发达城市皆排序靠前，而排序靠后的城市主要分布在我国的中西部内陆地区，基本折射出我国目前总体存在的地级以上城市的落实现状，这一现状与经济社会发展程度大致呈正相关关系，也反映出企业开办便利度对地区经济社会发展产生重要的推动作用。因此，分值较低的城市必须进一步革新理念，加大改革和落实力度，对标先进城市，加快追赶领先者的步伐。

第三，从整体来看，我国侨商企业与内资企业开办便利度的差距正在缩小，各城市之间企业开办便利度的差距也在缩小。这一方面与我国政府推动企业开办领域“内外平等”的基本政策密不可分，另一方面也得益于我国在企业开办领域“自上而下”的改革——通过国家层面的顶层设计，制定具体的改革目标与方案，进而由各个城市进行落实贯彻，在各个城市的落实过程中，又进一步激发地区创新，通过总结地区的成功经验并在全国范围内进一步复制推广。这一“总—分—总—分”螺旋上升式的改革路径使得各地营商环境不断升级，同时也使各地营商环境的趋同性不断增强，最终达到国家层面的政策目标。

（二）政策建议

尽管我国侨商企业开办便利度整体上已获得显著改善，但是在具体的城市和地区，以及政府服务理念和服务细节方面，仍有相当大的提升空间。具体可以从以下几个方面着手：

一是加速推进各地实现侨商企业开办"一网通办"进程，持续加速降费。当前仍有一些主要城市未能实现侨商企业"一网通办"，在企业开办环节、时间和费用方面仍有改进空间，建议对标内资企业开办"110"标准——"一个环节""一天时间""零费用"，尽快实现外资企业与内资企业开办同等便利度。

二是以"绣花功夫"完善侨商企业开办服务细节，增强侨商企业开办过程中的获得感。事实上，企业开办环节、时间和费用仅是企业开办过程中的核心事项，在企业开办的整个流程中，还牵涉企业开办信息获取与处理、跨地企业开办的可行性与代办等具体而微的问题。我们在调研中发现，一些侨商不懂中文，无法看懂中文版的外商投资企业办事指南，迫切要求国内行政部门能够提供企业开办的中英双语指南；还有一些行政机构虽然公开办事指南，但是没有区分外商投资企业的类型，而是概而言之，如在"所需材料"一栏，即将所有侨商可能需要提供的材料全部列举，徒增侨商的资料准备成本；还有一些城市未及时更新数据，指南的法律依据仍然是旧的三资企业法。此外，我们随机拨打各地政务服务热线，许多地区电话均未能及时打通，大量处于忙机状态，如此种种，体现的是我国侨商企业开办的服务细节仍不到位，体验感仍未达到良好水平。因此，建议各地应针对侨商企业开办特殊性，增设涉外服务专窗或建立外商投资"一站式"服务体系，进一步提供跨省通办、企业代办等服务，以提升和增强侨商企业开办过程中的体验感和获得感。

三是进一步深化行政审批制度改革，动员各地在权限范围内采取更大力度的改革举措。一方面，中央应持续推进将保留的登记注册前置许可改为后置，放宽市场准入，加大外商企业经营自主权；另一方面，应动员各地在权限范围内采取更大力度的改革举措。当前我国行政审批制度改革力度虽大，但从各地的实施情况来看，基本是以国家公布的清单目录为标准，如市场监督管理总局发布的《中央层面设定的涉企经营许可事项改革清单（2021年全国版）》，各地采取更大力度的改革举措的积极性不高。因此，应当鼓励、动员各地因地制宜，加大改革创新力度，加快行政审批制度改革步伐。

我国主要城市侨商企业政务服务便利度研究

高　轩　付鹏远　黄号山*

[摘要] 对33个城市侨商企业政务服务便利度的评估结果显示，整体而言，当前我国主要城市的侨商企业政务服务便利度仍存在一定的提升空间和明显的发展差距。针对当前我国主要城市侨商企业政务服务发展现状，建议根据《外商投资法实施条例》以及《优化营商环境条例》等相关规定，积极推进各地针对侨商企业投资与政务服务相关的专门地方立法和配套政策措施；全面落实侨商投资促进与服务机制的建设，包括编制侨商投资指引、搭建侨商投资服务平台和健全侨商投资企业投诉工作机制，不断探索创新"一站式"跨境商事纠纷多元化解决机制，推动商事仲裁和商事调解机构发展，优化诉讼、调解和仲裁之间的制度衔接。

[关键词] 侨商企业；政务服务；便利度

一、我国优化侨商企业政务服务便利度的政策特点

企业政务服务便利度是营商环境评估中的重要指标，直接影响到当地营商环境整体生态循环，简单来说，政务服务便利度持续良性发展能吸引更多的侨商投资，反之恶性发展则将驱离现有的侨商投资。习近平总书记指出，必须善于通过改革破除发展面临的体制机制障碍，改善营商环境，

* 作者简介：高轩，暨南大学法学院/知识产权学院教授；付鹏远，暨南大学法学院/知识产权学院讲师；黄号山，暨南大学法学院/知识产权学院硕士研究生。

推动简政放权，加强事中事后监管，优化服务，把蛰伏的发展潜能激活。① 侨商回国投资经营需要全面及时掌握国家的各种信息，以期达到把握投资机会、降低投资风险之目的。在实际中，侨商由于不熟悉我国的法律、政策和市场环境，加上因国外生活造成的文化、习俗的差异，难免在回国投资经营的过程中存在诸多疑惑和困难，因此亟须当地政府部门从政策获悉、信息咨询到设立登记、办理证照，再到许可审批、纳税缴费和执法监管等方面提供相应的政务服务。

我国营商环境发展变化是持续解放思想、深化改革开放的实践成果，充分体现了我们党和国家对经济建设和经济管理规律的认识和把握，展示了我们经济发展理念的丰富变化、政府职能的深刻转变、社会治理方式的不断创新，是政府管理体制机制不断适应经济社会发展变化的内在要求和综合成效。② 自 2017 年以来，我国政府为营造公平的营商环境，深入推进简政放权、放管结合、优化服务改革，落实“证照分离”改革要求，进一步厘清政府与市场关系，全面改革审批方式，精简涉企证照，加强事中事后综合监管，创新政府管理方式，显著提升了侨商企业政务服务便利度。2019 年颁布的《中华人民共和国外商投资法》（以下简称《外商投资法》）和《中华人民共和国外商投资法实施条例》（以下简称《外商投资法实施条例》）进一步健全完善了我国外商投资法治体系③，对此各地政府如何配套颁布地方立法、出台相应政策措施是进一步优化侨商企业政务服务便利度的重要保障。综合分析，当前我国针对侨商企业政务服务便利度的地方立法和政策措施主要呈现如下特点。

① 张定安、高乐：《聚焦市场主体关切　持续打造市场化法治化国际化营商环境》，《中国行政管理》2021 年第 8 期。

② 余海鸥：《〈外商投资法〉中“政策承诺”之辨析》，《武大国际法评论》2021 年第 1 期。

③ 侨商作为特定群体在我国法律体系内并无专门界定，与外商相比亦无特殊地位或待遇。根据《外商投资法实施条例》第四十八条规定，海外华侨回国投资，参照《外商投资法》和《外商投资法实施条例》执行。因此，本文将结合侨商的外资法律属性，根据各地针对外资的地方立法和优惠政策展开调研分析。

1. 简政放权，深化商事登记制度改革

从2013年开始，我国开始推动商事登记制度改革，取消了注册资本的最低要求，改“实缴制”为“认缴制”。各地政府积极推进“证照分离”和“先照后证”改革，将企业登记由“先证后照”改为“先照后证”，通过“证照分离”改革，有效区分“证”“照”功能，让更多市场主体持照即可经营，着力解决“准入不准营”问题。持续推进“先照后证”改革，推动将保留的登记注册前置许可改为后置。改企业年检为年报，同时大力推动“多证合一”，优化流程，减少企业注册程序和时间。近几年来，又进一步全面推行企业开办全程网上办，取消企业银行账户许可等措施，变革企业注册地点制度要求。截至2020年底，工商登记前置审批精简比例超过85%，全国基本实现企业开办不超过4个工作日，企业开户时间缩减至1到2天。中央层面设定的全部523项涉企经营许可，按照直接取消审批、审批改为备案、实行告知承诺、优化审批服务四种方式在全国自贸试验区开展“证照分离”改革全覆盖试点，并且，在自由贸易试验区试点商事主体登记确认制改革，最大限度尊重企业登记注册自主权。推进电子证照归集运用，国务院有关部门制定完善电子证照有关标准、规范和样式，于2022年底前全面实现涉企证照电子化，且要强化电子证照信息跨层级、跨地域、跨部门共享，凡是通过电子证照可以获取的信息，一律不再要求企业提供相应材料。此外，积极探索对需要许可证的行业实行“一证准营”“跨地通用”，全面推行证明事项和涉企经营许可事项告知承诺制，缓解企业和群众办证多、办事难问题。以上海为例，上海浦东在电商、餐饮等31个行业开展“一业一证”改革试点，将一个行业准入设计的多张许可证整合为一张行业综合许可证，推动实现“一证准营”。

2. 优化提升，健全外商投资促进和服务体系

力除烦苛之弊，大兴便民之举。各级政府应当以侨商企业需求为导向，创新服务方式，优化服务流程，健全外商投资促进和服务体系，让外商企业在全生命周期都能享受到高效便捷、公平可及的公共服务。以规范

性文件为例，2019 年颁布的《外商投资法实施条例》规定，地方政府应当加强对外商投资促进、保护和管理工作的组织领导，支持、督促有关部门依照法律法规和职责分工开展外商投资促进、保护和管理工作，及时协调、解决外商投资促进、保护和管理工作中的重大问题。2021 年 7 月，国务院办公厅印发的《全国深化“放管服”改革着力培育和激发市场主体活力电视电话会议重点任务分工方案》进一步明确指出，地方政府应当健全外商投资促进和服务体系，全面落实外商投资法和相关配套法规。例如，建立健全外商投资服务体系，编制和公布外商投资指引等。与此同时，地方政府还应积极完善外商投资准入前国民待遇加负面清单的外资管理制度，贯彻法不禁止即自由原则，保障外资企业依法平等进入已经开放的领域。此外，地方政府还应切实维护公平竞争的市场秩序，对包括国企、民企、外企在内的各类市场主体一视同仁。然后，各级政府应切实履行《外商投资法》中的政策承诺，坚守诚信原则，维护信赖利益，并坚持包容审慎监管原则，实行透明的外资审查制度，合理平衡国家安全和外资市场开放度。最后，创新外商投资促进和服务机制，合理运用互联网技术，让便民的服务落实到每一个侨商。

3. 定纷止争，探索创新国际商事争议解决多元方案

近年来，北京、上海、福建、广东、山东、浙江、黑龙江、河南等地相继出台有关法律文件，创新跨境商事纠纷多元化解决机制，积极建设发展商事仲裁机构和商事调解机构，借鉴国际先进经验，不断完善诉讼与仲裁、调解等非诉讼争议解决机制的衔接。上海着力于全面建设一站式多元解纷和诉讼服务体系，主动融入基层解纷网络，搭建诉调对接线上平台，与全市 6 400 多家人民调解组织以及经贸、银行、证券等行业调解组织互联互通，实现矛盾纠纷“远程调解、一网解纷”。北京围绕服务保障高水平对外开放，在四中院建立涉外商事纠纷诉讼、调解、仲裁一站式多元解纷中心，积极打造国际商事纠纷解决高地。海口积极推进两个“一站式”建设，建设一站式多元解纷机制和一站式诉讼服务中心。广州着力构建跨

境商事纠纷多元化解决平台，建成“一带一路”法律服务集聚地，形成互联网仲裁“广州标准”，搭建大湾区争议解决合作和资源共享平台。探索创新国际商事争议解决多元方案可以促进国际商事纠纷的公平高效解决，维护侨商企业的合法权益，对于最终形成多元主体、开放、复杂的共治系统和以对话、竞争、妥协、合作和集体行动为共治机制，以纠纷解决、合作共赢为目标的市场化法治化国际化一流营商环境而言至关重要。①

二、外商投资企业政务服务便利度评价指标体系构建

侨商企业政务服务便利度关注的核心在于人民政府深化行政管理体制改革、建设服务型政府，减少对市场的过度干预行为，以更加规范透明和便捷高效的形式服务经济社会发展，持续优化外商投资营商环境，鼓励和促进外商投资，推进更高水平、更深层次的对外开放。基于此，侨商企业政务服务便利度评价指标体系的构建应依据2019年12月颁布的《外商投资法实施条例》中的相关规定而展开，客观反映当前我国主要城市侨商企业政务服务便利度的发展差异。

在国家结构形式方面，鉴于我国属于单一制国家，主要法律和政策改革的开展落实通常是基于“顶层设计、基层实施”的模式，故从政策评价的角度出发，结合侨商“外资”的特点，本文拟从立法与政策完善、政务服务创新、商事纠纷解决三个方面对侨商企业政务服务便利度进行综合测评，形成以下指标体系（见表1）。

1. 立法与政策完善方面

完善的地方立法与具体细化的政策出台是各地政府依法规范行政、提升政务服务便利度的前提基础和必要依据。本指标主要包括“侨商企业政务服务便利化规范性文件”“侨商企业相关法律政策网上集中公开”两项

---

① 胡仕浩：《中国特色多元共治解决机制及其在商事调解中应用》，《法律适用》2019年第9期，第12页。

子指标，前者旨在考察各地政府出台的关于侨商企业政务服务便利化的地方立法与政策文件情况；后者重点考察各地是否通过政府网站或政务服务平台集中列明有关外商投资的法律、法规、规章、其他规范性文件及政策措施。

2. 政务服务创新方面

政务服务创新可以为侨商企业办事提供便利，优化办事服务，提升办事体验，加快办事速度。本项指标选取“侨商投资指引”“侨商投资服务体系”“侨商投资企业投诉机制”作为二级指标。“侨商投资指引”关注各地政府有关主管部门是否已编制外商投资指引。“侨商投资服务体系”要求各地政府应当按照政府主导、多方参与的原则，建立健全外商投资服务体系，不断提升外商投资服务能力和水平，当前阶段主要关注各地是否建设专门的外商投资促进服务平台，是否完成外商投资网上政务服务平台建设工作。“侨商投资企业投诉机制”重点考察各地政府及其有关部门是否按照公开透明、高效便利的原则，建立健全外商投资企业投诉工作机制。

3. 商事纠纷解决方面

营造市场化法治化国际化营商环境离不开多元化商事纠纷解决机制的建设，这不仅可以为侨商企业提供多样化的争议解决途径，还可以提升国际商事纠纷的解决效率。为此，本项指标进一步分为“国际商事仲裁/调解机构”和“探索创新商事纠纷解决机制”，前者旨在考察各地关于国际商事仲裁机构与国际商事调解机构的建设情况，后者则着重考察各地法院是否在跨境商事纠纷解决方面探索建立诉讼与调解、仲裁有机衔接的国际商事纠纷解决平台，形成便利、快捷、低成本的“一站式”国际商事纠纷多元化解决机制。

表 1　侨商企业政务服务便利度评估指标体系

一级指标	二级指标	指标属性	单位	指标解释
立法与政策完善方面	侨商企业政务服务便利化规范性文件	数量指标	项	近 5 年本市出台关于侨商企业政务服务便利化的地方立法与政策文件数量
	侨商企业相关法律政策网上集中公开	评价指标	“是”或“否”	是否通过政府网站或政务服务平台集中列明有关外商投资的法律、法规、规章、其他规范性文件及政策措施
政务服务创新方面	侨商投资指引	评价指标	“是”或“否”	是否已编制外商投资指引
	侨商投资服务体系	评价指标	“是”或“否”	按照政府主导、多方参与的原则，建立健全外商投资服务体系，现阶段主要考察是否建设专门的外商投资促进服务平台，是否完成外商投资网上政务服务平台建设工作
	侨商投资企业投诉机制	评价指标	“是”或“否”	是否按照公开透明、高效便利的原则，建立健全外商投资企业投诉工作机制
商事纠纷解决方面	国际商事仲裁/调解机构	数据指标	家	本市国际商事仲裁机构与国际商事调解机构的建设数量
	探索创新商事纠纷解决机制	评价指标	“是”或“否”	各地法院是否探索建设“一站式”跨境商事纠纷多元化解决机制

三、我国主要城市侨商政务服务便利度2021年度评估

1. 评估过程说明

（1）样本来源：报告参考了世界银行的标准来选择调研样本，为了使评估数据来源更加多元化，进一步延展为我国主要城市，具体涵盖主要省会城市，以及国家级新区和自由贸易区所在地城市，我国的东、中、西部均有城市位于样本范围内，一共选取了33个城市作为样本城市。①

（2）数据来源：本报告采用的数据主要来源于两个方面：一是源于各城市官方网站上的公开数据，主要运用到的网站为各城市政务服务官网；二是搜索引擎和主流门户网站，通过百度、必应等搜索引擎和人民网、新华网等主流门户网站搜集有关外商投资企业政务服务便利度的相关数据与信息。

（3）评估方法：

①评价指标，又称是否指标。评价指标的衡量采取赋分制，主要针对各地方是否出台了相应的具体政策、各地是否制定了相关的地方性规则以及各地是否有相关的制度建设等情况进行赋分评价。具体赋分标准为：采用0~1赋分衡量，“否”为0分，“是”为1分。

②数据指标。这类指标反映相关政策实施效果。在指标量化衡量上，参考世界银行《营商环境报告》的数据计算方法，即前沿距离分数（DTF，Distance to Frontier），并采用0~2分的评价体系，采用相关计量公式如下：

---

① 样本中的33个主要城市包括：①自贸区所在地城市，包括上海市、广州市、深圳市、天津市、福州市、厦门市、沈阳市、郑州市、洛阳市、武汉市、宜昌市、舟山市、重庆市、成都市、西安市15市。②国家级新区所在地城市，包括兰州市、青岛市、长沙市、南京市、昆明市、哈尔滨市、长春市、南昌市、保定市9市。③省会城市、自治区所在地城市及直辖市，其中排除①②所列重合城市，包括北京市、石家庄市、太原市、济南市、合肥市、海口市、贵阳市、杭州市、南宁市9市。

$$\text{特定指标分数} = \frac{2\times(\text{当前值}-\text{设定最差值})}{\text{设定最佳值}-\text{设定最差值}}$$

上述公式设定最差值和最佳值可以考虑数据展示的排名取值，也可以考虑对该指标的专业评价进行设定，指标在 0 ~2 之间取值。

考虑本研究主要基于规范与政策的实施进度及效果衡量展开，政策之间难以区分重要程度，各个指标权重等权分布。评价指标与数据指标的分数相加后进行排名，排名结果即为主要城市的侨商政务服务便利度得分排名。

综上，结合指标属性，各指标分数匹配如下：侨商企业政务服务便利化规范性文件 0 ~2 分、侨商企业相关法律政策网上集中公开 0 ~1 分、侨商投资指引 0 ~1 分、侨商投资服务体系 0 ~1 分、侨商投资企业投诉机制 0 ~1 分、国际商事仲裁/调解机构 0 ~2 分、探索创新商事纠纷解决机制 0 ~1 分，即满分为 9 分。

根据上述评估体系和评估方法，综合考察“立法与政策完善”“政务服务创新”“商事纠纷解决”三个方面的各项指标，我国 33 个主要城市侨商企业政务服务便利度的整体评估分值与排名如图 1 所示。我国侨商企业政务服务便利度排名前 20% 的城市分别为上海市、重庆市、北京市、深圳市、西安市、南京市和济南市，得分分布在 9 分（上海市）到 4.6 分（南京市、济南市）之间；排名后 30% 的城市分别为沈阳市、昆明市、哈尔滨市、长春市、保定市、石家庄市、太原市、贵阳市、洛阳市、宜昌市和兰州市，得分分别为 2.4 分和 1.4 分。整体而言，当前我国主要城市的侨商企业政务服务便利度仍存在一定的提升空间和明显的发展差距。除了排名前三位的城市之外，其余城市得分皆在 6 分以下。值得关注的是，近 2/3 的城市其得分均分布于 3 分以下的低分域，并且分值呈现出一定的同一性。

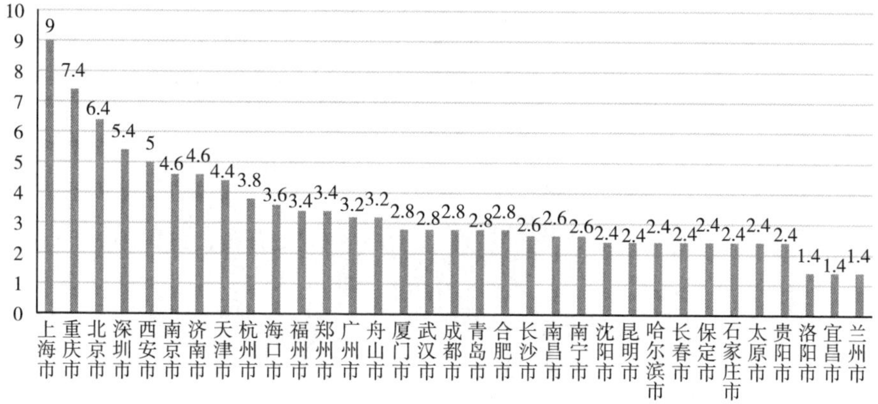

图 1　33 个城市侨商企业政务服务便利度分值

2. 基本结论

第一，样本内的中国各城市针对外商企业政务服务便利度而专门制定的地方规范与政策文件数量不多，无法满足外商投资的现实需求。自 2017 年 6 月国务院办公厅出台《全国深化简政放权放管结合优化服务改革电视电话会议重点任务分工方案的通知》后，我国各主要城市相继开展“放管服”改革，从简政放权、放管结合、优化服务三方面出台大量地方立法文件与具体政策，为营造良好的营商环境和提升政务服务便利度奠定了良好的基础并取得了显著的成效。各城市积极落实“多证合一、一照一码”“一证准营”和“证照分离”改革，对此侨商企业与内资企业一样得到政策惠及。此外，样本内的各城市也全部实现了侨商企业相关法律政策的网上集中公开。但是，需要注意的是，同一时期各地政府并未普遍就侨商企业专门出台地方立法文件与政策措施，33 个主要城市中仅有北京市、上海市、广州市、深圳市、天津市等 14 个城市颁布了相关文件（见图 2）。因此，当前各地政府应在现有的规范和政策的基础上，根据《外商投资法》《优化营商环境条例》和《外商投资法实施条例》的规定，积极制定提升侨商企业政务服务便利度的专门地方立法文件和政策措施。

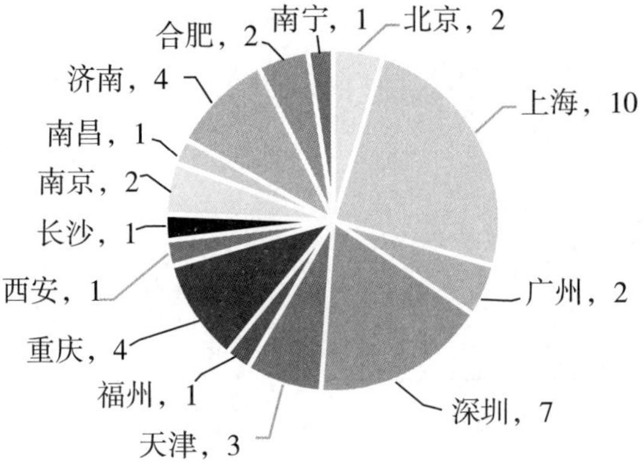

图 2　侨商企业政务服务专门政策文件出台情况

第二，在政务服务创新方面，目前 33 个主要城市已全部完成网上政务服务平台建设工作，加快了企业办理各类行政业务的流程，提升了侨商企业的政务服务体验。但是，在编制外商投资指引、建立健全外商投资服务体系以及建立健全外商投资企业投诉工作机制方面，大多数城市仍有待进一步落实相关工作。目前，33 个主要城市中仅有上海市、重庆市、西安市 3 个城市按照《外商投资法实施条例》的规定编制了本市的外商投资指引。① 在建立健全外商投资服务体系方面，目前已经建设专门的外商投资促进服务平台的城市有北京市、上海市、广州市、深圳市、重庆市、西安市、济南市和杭州市共 8 个城市。目前通过地方立法和政策，按照公开透明、高效便利的原则，已建立健全专门的外商投资企业投诉工作机制的城市有北京市、上海市、天津市、福州市、郑州市、重庆市和南京市共 7 个城市。② 综上，全国主要城市中目前仅有上海和重庆两地同时达到本次评估中政务服务创新方面所考察的三项二级指标。

---

① 此外，成都市、太原市、合肥市 3 市所属省份的省级政府部门也已公布了相应的外商投资指引，北京市的外商投资指引目前正在编制过程中。

② 此外，广州市、深圳市、厦门市、沈阳市、洛阳市、兰州市、长沙市、昆明市、长春市、南昌市、保定市、石家庄市、合肥市、海口市、贵阳市和杭州市所属的省级行政单位的相关部门，也通过地方立法建立了专门的外商投资企业投诉工作机制。

第三，在商事纠纷解决方面，各主要城市在替代性争议解决机构建设和探索创新商事纠纷解决机制上普遍有所建树。在国际商事仲裁机构和国际商事调解机构的建设上，北京、上海和深圳最为突出，不仅在数量上并列第一，而且在质量上也明显领先国内其他城市，相关机构诸如中国国际经济贸易仲裁委员会、北京仲裁委员会、深圳国际仲裁院和上海国际经济贸易仲裁委员会等在国际上具有较高的公信力和影响力。在探索创新商事纠纷解决机制上，据公开渠道查询结果可知，除兰州市、广州市、深圳市、福州市、洛阳市、宜昌市 6 个城市以外，其他各主要城市法院的年度工作报告中普遍列明在跨境商事纠纷多元化解决机制方面的建设成绩和发展目标，在诉讼机制的基础上，以仲裁和调解为中心，引入各类商事纠纷解决机构，探索推动诉讼程序与非诉程序的衔接，努力打造诉讼、仲裁与调解相结合的“一站式”商事纠纷解决平台。

四、政策建议

鉴于我国各主要城市侨商企业政务服务便利度发展水平差距较为明显且整体而言存在较大的提升空间，未来各地应在“立法与政策完善”“政务服务创新”“商事纠纷解决”三方面采取针对性措施予以改进。

首先，根据《外商投资法》和《外商投资法实施条例》的相关规定，积极推进各地针对侨商企业政务服务的专门地方立法和配套政策建设。经调查统计，近 5 年来各主要城市针对外商投资企业制定的专门地方立法和配套政策总计仅为 41 件，而其中在 2019 年《外商投资法》及其实施条例颁布后，配套跟进制定的地方立法和政策措施则数量更少。因此，各地应当以推动高质量发展为导向，以有利于提高经济效益、社会效益、生态效益和有利于持续优化外商投资环境为目标，结合各地方具体情况推动制定外商投资促进和便利化的规范性文件和政策措施。在此过程中，还应当采取书面征询、座谈会、听证会等多种形式，听取侨商投资企业及有关方面的意见和建议，以求相关地方立法和政策措施能够有的放矢、产生实效，持续吸引侨商投资经营。此外，要进一步充分利用现代互联网技术，推进"互联网+政务服务"建设，打造"智慧服务""精准服务"系统，不断完善地方政务服务网络平台，严格要求政务管理部门公开上传相关规范性文件，方便浏览者在办理业务之时查询外商投资的相关法律法规和政策措施，力求功能更加全面、界面逻辑清晰、操作简单方便，并在语言文字上优化英文操作界面，使得外籍人士也能够无障碍地通过网络平台办理政务和了解外商投资相关规范。

其次，全面落实侨商投资促进与服务机制的建设，包括编制外商投资指引、搭建外商投资服务平台和健全外商投资企业投诉工作机制，覆盖侨商投资前、中、后三个阶段的所有政务服务需求。过去各地政府对于侨商投资企业的政务服务一般始于企业开办环节，但实际上，如何吸引、鼓励和促进外商到本地投资同样甚至更为重要，这意味着政府的政务服务应该在外商投资前就积极开展，通过编制和公布外商投资指引、建立外商投资"一站式"服务平台等多样化渠道进行招商宣传，《外商投资法实施条例》的最新规定也证实了这一观点。并且，在侨商政务服务创新上尤其要注意对细节不断优化，比如外商投资指引是否采取双语撰写，内容是否翔实全面且重点突出，信息是否能够及时更新，除了发布纸质版指引外，在政府网站上是否方便下载电子版，等等。在侨商投资中后阶段，各地政府应该基于侨商企业与内资企业常见事务的差异性，增设专门的服务窗口和咨询热线，以方便侨商跨时区、跨语言办理业务或咨询信息。此外，为能够及时处理外商投资企业或者其投资者反映的问题，协调完善相关政策措施，本次调研中26个尚未建立外商投资企业投诉工作机制的城市应按照公开透明、高效便利的原则尽快弥补制度短板，建立健全外商投资企业投诉工作机制，比如优化政务服务便民热线，依托电信和网络设施，健全"接诉即办"和督办问责机制，切实解决企业和群众反映的问题和合理诉求，推进外商投资政务服务机构和平台"好/差评"制度建设，通过以评促改，倒逼政府相关主管部门提升外商投资的政务服务效能，推动外商投资政务服务标准化、统一化。另外，提升政府工作人员的服务意识，严防职权推诿和官本位思想，落实“最多只跑一次”的政策措施①，激发法律法规的生命力，兑现地方政府招商引资的优惠，真正地将侨商投资促进和服务的法律法规和政策落到实处。

最后，不断探索创新“一站式”跨境商事纠纷多元化解决机制，推动商事仲裁和调解机构发展，优化诉讼、调解和仲裁之间的制度衔接。为此，一方面，各地政府应当基于发展现状和资源禀赋合理定位，支持当地商事仲裁机构和商事调解机构在不同程度上向国际化（或区域化）、品牌化和专业化的方向发展，为境内外商事主体提供公平高效的商事纠纷解决服务。另一方面，各地司法部门应积极迈出脚步，与本地商事仲裁机构和商事调解机构协商合作，切实推进调解、仲裁、诉讼的有机衔接，例如对诉至法院的跨境商事纠纷案件，可允许当事人协议选择调解机构进行调解，或者明确规定跨境商事诉讼案件调解前置程序，达成调解协议的，法院可依法制发调解书或依法定程序发给判决书。对于商事仲裁案件，法院可依法在仲裁申请前或仲裁程序启动后，在证据、财产或者行为保全上提供充分有力的司法保障，适当精简保全的程序和放宽保全的条件，或者在法律法规的授权范围内谨慎、合理地下放一定的保全决定权于商事仲裁机构。

① 邓婷婷、陈美玉：《优化外资营商环境背景下〈外商投资法〉规则适用问题研究》，《大连大学学报》2022 年第 43 卷第 3 期。

我国侨商企业纳税负担度区域差异比较研究

于若兰*

［摘要］本文以侨商企业税收营商环境为视角，梳理“税务执法规范度、税费服务便捷度、税费缴纳负担度”三个维度下11项指标，选取39个重点城市及侨乡进行调研，发现鲜有城市发布专门化侨商投资纳税规范或指引，“首违不罚”清单存在多类规范层面冲突，“最多跑一次”“一次不用跑”等清单间事项列举存在既叠压又割裂等问题。于此，建议重点侨乡城市借鉴江门市实践加强专门化侨商税务服务；地方在尊重国家税务总局“首违不罚”清单基础上调整裁量基准后，无须另行制定“首违不罚”清单；“最多跑一次”“一次不用跑”等逻辑存在嵌套的清单应当并表，加入程序性标准。

［关键词］侨商企业；税务执法；税费服务；税费缴纳；首违不罚

一、问题的提出

侨商企业[①]约占我国外资企业总数的70%，投资总额占我国实际利用外资总额60%以上。[②] 重视侨商营商环境建设，吸引侨商投资，是我国

---

* 作者简介：于若兰，暨南大学法学院民商法学博士研究生。

① 本文所称的侨商企业是指：经国家有关部门批准，由华侨、外籍华人、港澳同胞在中国内地投资兴办且其资本占投资总额25%以上的企业（不含国外及港澳中资机构在境内的投资企业）。

② 张春旺：《讲好中共百年历史中的“侨”故事》，《人民日报（海外版）》，2021年6月7日。

“引进来”战略、“一带一路”倡议深化过程中不可忽视的一环。但当前侨商企业研究成果集中度与其地位重要性尚不相称，较有代表性的研究主要集中在侨商企业在华投资整体特点、发展历史及对国家经济发展重要性等方面。[①] 其中，有专门数据支撑的研究主要依托国务院侨办在2004年对全国侨商企业进行的普查，数据久远，难以反映当下侨商发展状况与需求。以“侨资”与“营商环境”为主题词在中国知网进行检索，仅有两篇相关研究，分别认为营商环境对侨资回流存在着较为显著的影响[②]、以“侨”搭“桥”营商环境建设应当突出政务服务便捷度与政策兑现执行力[③]。此两项研究均未对营商环境具体化指标有所展开。

本文选取营商环境衡量指标“税收环境”为研究对象，就侨商企业纳税政策特点与重点地市建设情况进行对比分析。企业纳税负担度与企业成本、企业创新、企业技术升级等有着显著相关性，影响企业流动性[④]，尽管地方政府税收立法权和管理权受限，不可自主决定税率，地区间依然通过区域性税收优惠政策、税收先征后返政策、税务行政自由裁量权等，进

---

① 侨商整体特点的代表性研究有：龙登高、李一苇：《海外华商投资中国40年：发展脉络、作用与趋势》，《华侨华人历史研究》2018年第4期；龙登高、丁萌萌、张洵君：《海外华商近年投资中国的强势成长与深刻变化》，《华侨华人历史研究》2013年第2期；任贵祥：《改革开放以来中国华侨投资政策及华侨投资研究》，《中共党史研究》2008年第1期。侨商发展历史的代表性研究有：张赛群：《1950—1957年我国华侨投资政策分析》，《华侨华人历史研究》2011年第3期；龙大为、谭天星：《中国大陆侨资与外资发展比较研究——基于2005—2008数据分析》，《云南师范大学学报（哲学社会科学版）》2011年第43卷第4期。侨商经济重要性的代表性研究有：李鸿阶、廖萌：《海外华侨华人参与“一带一路”建设研究》，《统一战线学研究》2018年第3期；曹敏：《外资引进中的华侨华人作用、问题、变化与对策》，《世界经济与政治论坛》2009年第4期；刘莹：《浙南侨乡经济发展的侨务资源优势》，《华侨大学学报（哲学社会科学版）》2009年第2期。

② 丁慧琼、张俊霞：《基于VAR模型的侨资回流及其影响因素研究——以浙江青田为例》，《统计科学与实践》2019年第6期。

③ 关琰珠、钟寅翔：《以“侨”搭“桥” 服务招商引资及“海丝”支点城市建设》，《厦门科技》2021年第1期。

④ 杨梅、张京辉：《试析增值税转型对企业的影响》，《财会月刊》2008年第3期；刘启仁、赵灿、黄建忠：《税收优惠、供给侧改革与企业投资》，《管理世界》2019年第35卷第1期；刘启仁、黄建忠：《企业税负如何影响资源配置效率》，《世界经济》2018年第1期等。

行税收竞争。[①] 由此，有必要对比国内各主要城市及侨商聚集城市的纳税政策实施差异，针对性地寻找可优化侨商税收营商环境的路径，为各地市发挥侨商企业在经济发展与产业链转型的独特优势助力。

因“侨商”在法律规范或政策中无专门概念，本文在考察侨商纳税负担度在地区间呈现的差异性时，结合侨商“外资”属性，在纳税政策评价中将侨商等同于外资企业。但在纳税服务评价时，仍然着重“侨商”身份，体现政策落实至侨商这一群体时，是否具备专门化服务，降低侨商纳税困扰、时间消耗，提升纳税效率。

二、侨商企业纳税负担度指标体系构建

（一）侨商企业纳税体系整体特点

1. 内外资税收一致，兼具产业与区域优惠

2008 年《企业所得税法》实施之前，内外资企业分别依据《企业所得税暂行条例》和《外商投资企业和外国企业所得税法》纳税，外资企业整体上享受较内资企业更为优惠的税收政策。《企业所得税法》实施后，外商投资企业与内资企业纳税体制双线并轨，税收待遇“内外资一致”。[②] 如内、外资企业所得税税率统一为 25%，符合条件的小型微利企业所得税税率均为 20%，享受研发费用加计扣除等。

在“内外资一致”原则下，涉外税收政策同时呈现出“产业优惠为主、区域优惠为辅”的税收特点。产业优惠一般在全国范围内一致，如重点扶持的高新技术企业所得税税率为 15%，从事农林牧渔业项目的所得可减征或免征企业所得税等。区域性优惠着重体现在如下区域：第一，西部

① 计金标、王何鸣：《我国省级政府税收竞争策略研究——基于动态双向固定效应空间杜宾模型的检验》，《税务研究》2022 年第 6 期。

② 崔晓静、陈镜先：《〈外商投资法〉中的税收法律问题研究》，《中国法律评论》2020 年第 3 期。

地区鼓励类产业的外资企业按15%税率征收企业所得税。第二，五个经济特区和上海浦东新区新设立的高新技术企业，自取得第一笔生产经营收入所属纳税年度起，享受企业所得税“两免三减半”优惠。第三，海南自贸港扩展鼓励类产业目录，外资可享受15%企业所得税优惠税率。[①] 第四，浦东特定区域对符合条件的从事集成电路、人工智能、生物医药、民用航空等关键领域核心环节生产研发的企业，自设立之日起5年内减按15%的税率征收企业所得税。[②] 第五，横琴粤澳深度合作区符合条件的产业企业减按15%的税率征收企业所得税，在合作区设立的旅游业、现代服务业、高新技术产业企业新增境外直接投资取得的所得，免征企业所得税。[③] 第六，前海深港现代服务业合作区的符合条件的企业减按15%的税率征收企业所得税。[④]

2. *税收跨境合作广泛，外商纳税效率提升*

境外投资者税收跨境治理主要体现在三个方面：一是拓展国际税收领域的全方位务实合作，截至2022年6月底，已正式签署109个避免双重征税协定，与香港、澳门两个特别行政区签署了税收安排，与台湾签署了两岸税收协议。[⑤] 二是参与二十国集团（G20）框架下各项税收议程，主导提出的“利润应在经济活动发生地和价值创造地征税”成为防止税基侵蚀和利润转移的指导原则。三是为提高跨境投资者个性化服务水平和税收确定性，有效避免和消除重复征税，2021年7月公布“单边预约定价安排适用简易程序”，将部分原本2～3年的单边预约定价周期缩短为“90日+6

---

① 参见《海南自由贸易港建设总体方案》（2020年6月）。

② 参见《全国人民代表大会常务委员会关于授权上海市人民代表大会及其常务委员会制定浦东新区法规的决定》（2021年6月10日第十三届全国人民代表大会常务委员会第二十九次会议通过）。

③ 参见中共中央、国务院印发的《横琴粤澳深度合作区建设总体方案》（2021年9月）。

④ 参见《财政部税务总局关于延续深圳前海深港现代服务业合作区企业所得税优惠政策的通知》（财税〔2021〕30号）。

⑤ 《我国签订的避免双重征税协定一览表》，国家税务总局网站，http://www.chinatax.gov.cn/chinatax/n810341/n810770/common_list_ssty.html，最后访问时间：2022年9月4日。

个月”①。

3. 税收征管聚焦“四精”，深化智能税费服务

2021 年 3 月，中共中央办公厅、国务院办公厅印发《关于进一步深化税收征管改革的意见》，以精确执法、精细服务、精准监管、精诚共治为指导，全面推进税收征管数字化升级和智能化改造，争取在“税收执法规范性、税收服务便捷性、税收监管精准性”上取得进展。

税收执法规范性优化举措着重体现在两个方面：一是推行“首违不罚”制度。2021 年 4 月 1 日起，全国范围内正式推行首批 10 项税务行政处罚“首违不罚”事项清单，给予税收违法行为危害后果轻微的纳税人及时纠正的机会，纳税人、扣缴义务人在税务机关发现前主动改正，或在税务机关责令限期改正的期限内改正的，不予处罚。二是纳税信用修复机制范围拓展。纳税信用修复机制于 2020 年开始实施，2021 年新增对严重失信行为和破产重整企业纳税信用修复情形，以帮助破产企业尽快脱离经营困难，恢复正常经营。同时，纳税信用修复机制强调与“首违不罚”的衔接，相关记录不纳入纳税信用评价。税收服务便捷性、税收监管精准性主要体现在税收征管流程简化、数字化升级和智能化改造上。流程简化如推行财产和行为税合并申报，以及增值税、消费税分别与附加税费申报表整合，实现多税费“一张报表、一次申报”。税收监管精准性强调以“双随机、一公开”监管和“互联网 + 监管”为基本手段，加强数字化推动，实现从“以票管税”向“以数治税”的转变。

（二）侨商企业税费负担度评价指标体系的构建

如上侨商纳税体系整体特点中，“内资外资税收一致，兼具产业与区

① “90 日 +6 个月”的时限要求：主管税务机关收到企业申请后，应当开展分析评估，进行功能和风险实地访谈，并于收到企业申请之日起 90 日内向企业送达《税务事项通知书》，告知其是否受理。主管税务机关受理企业申请后，应当与企业就其关联交易是否符合独立交易原则进行协商，并于向企业送达受理申请的《税务事项通知书》之日起 6 个月内协商完毕。

域优惠”为“税费缴纳负担度”的体现；“税收跨境合作广泛，外商纳税效率提升”为“税费服务便捷度”的落实。因而，结合《关于进一步深化税收征管改革的意见》所设定的目标，本文调研指标体系从“税务执法规范度、税费服务便捷度、税费缴纳负担度”三个维度展开，筛选差异化对比点，构建指标体系（见表1）。

税务执法规范度指标选取“侨商（外资）纳税规范性、指引性文件”“税务行政处罚裁量基准”和“‘首违不罚’清单”三项子指标。“侨商（外资）纳税规范性、指引性文件”与“税务行政处罚裁量基准”旨在进一步规范税收执法行为，落实税收法定原则；“首违不罚”清单制度是近年税务执法领域“宽严相济、法理相融”的重点措施。

税费服务便捷度主要考察各区域是否有为“侨商”提供办税服务。指标聚焦于降低办税时间成本，以缴税准备时长、申报时长、缴款时长、报税后流程时长、获知办税流程时长等作为视角，结合政策导向，归纳出“最多跑一次”清单、首次申领发票时长、增值税期末留抵税额退税时长、出口退税时长、侨商办税智能辅导、侨商办税指南、外资办税服务专门化窗口七项指标。

税费缴纳负担度仅以侨商所得税税率为具体指标。因研发费用加计扣除、高新技术企业税收优惠等产业类税收优惠政策在全国范围内通行，难以体现地区差异度。本指标着重考量区域性侨商所得税税率优惠，即本指标是指除全国性产业优惠政策以外，侨商所得税税率在不同区域鼓励型产业中体现的差别。

表 1　侨商企业税费负担度评价指标体系

一级指标	二级指标	指标属性	单位	指标解释
税务执法规范度	侨商（外资）纳税规范性、指引性文件	评价指标	“是”或“否”	指是否有专门针对侨商（外资）的纳税规范性、指引性文件
	税务行政处罚裁量基准	评价指标	“是”或“否”	指在落实精确执法时，是否根据国家政策，因地制宜构建税务行政处罚裁量基准、“首违不罚”清单
	“首违不罚”清单	评价指标	“是”或“否”	
税费服务便捷度	“最多跑一次”清单	数据指标	项	这四项指标主要衡量企业缴纳税费的准备时间、申报时间、缴款时间及报税后流程所需要时间成本
	首次申领发票时长	数据指标	日	
	增值税期末留抵税额退税时长	数据指标	日	
	出口退税时长	数据指标	日	
	侨商办税智能辅导	评价指标	“是”或“否”	前两项指标主要衡量市局官网是否设置专门化的智能服务窗口、办税指南，最后一项是指是否设置专门针对外资的办税窗口或线上平台
	侨商办税指南	评价指标	“是”或“否”	
	外资办税服务专门化窗口	评价指标	“是”或“否”	
税费缴纳负担度	侨商所得税税率	数据指标	百分比	指除了全国性的产业优惠政策以外，侨商所得税税率在不同区域体现的差别

三、主要城市侨商企业纳税负担度评价

（一）评价方法

1. 样本来源

为使评估数据来源更加多元化，更贴近侨商实际投资需要，本调研除涵盖主要省会城市以外，还选取具备区域性纳税优惠的主要城市（西部地区以省会城市为代表）、重点侨乡①等。本次调研城市如表 2 所示：

表 2　侨商企业纳税负担度评价所涉及的主要城市

区域	城市
东部地区（19）	北京市、天津市、石家庄市、沈阳市、上海市、南京市、杭州市、福州市、济南市、广州市、海口市、深圳市、珠海市、汕头市、江门市、泉州市、莆田市、厦门市、温州市
中部地区（8）	太原市、长春市、哈尔滨市、合肥市、南昌市、郑州市、长沙市、武汉市
西部地区（12）	呼和浩特市、南宁市、成都市、重庆市、贵阳市、昆明市、西安市、兰州市、西宁市、银川市、乌鲁木齐市、拉萨市

2. 数据来源

①各城市政务服务、税务局官方网站公开数据。②官方平台线上咨询、电话咨询，该方式用以获取无公开数据的指标。本次调研数据收集截至 2022 年 8 月 10 日。

① 重点侨乡的选择主要参考叶丽萍：《华侨华人在改革开放中的角色与作用》，《侨务工作研究》2021 年第 5 期。

3. 评估方法

指标分为两类，一是评价指标，又称是否指标，采用赋分制，主要反映各城市是否出台地方性规范文件，采用 0～1 赋分衡量，“否”为 0 分，“是”为 1 分。二是数据指标，反映相关政策实施效果。衡量标准参考世界银行《营商环境报告》数据计算方法，即前沿距离分数（DTF，Distance to Frontier），并采用 0～2 分的评价体系，计量公式如下：

$$特定指标分数 = \frac{2 \times (当前值 - 设定最差值)}{设定最佳值 - 设定最差值}$$

上述公式设定最差值和最佳值可以考虑数据展示的排名取值，也可以考虑对该指标的专业评价进行设定。

考虑本研究主要基于政策实施进度及效果衡量展开，政策之间难以区分重要程度，各个指标权重等权分布。评价指标与数据指标分数相加后进行排名，即为主要城市的侨商纳税负担度得分排名，满分为 15 分。

（二）评估结果基本面及问题呈现

39 个主要城市侨商企业纳税负担度分值如图 1 所示①。整体呈现出如下特征：①东部地区 19 个城市平均得分 7.75，中部地区 8 个城市平均得分 5.74，西部地区 12 个城市平均得分 7.44（见表 3）。西部地区侨商企业纳税负担度得分较高的主要原因在于“西部地区鼓励类产业的外资企业按 15%”这一区域性优惠的支持，若减掉该因素，单纯对比税务执法规范度与税费服务便捷度，则得分低于中部地区。②本次调研所选取的 5 个重点侨乡城市中，位于广东省的江门市和汕头市优于位于福建省的泉州市与莆田市，但福建省厦门市优于广东省汕头市。③侨商企业纳税负担度分值排名前 5 位的城市分别为珠海市、广州市、深圳市、上海市和成都市，除了成都市均为东部地区城市。④排名前 10 的城市中，除江门市以外，均为省

① 评估时，关于“侨商所得税税率”，珠海主要取值于横琴粤澳深度合作区，深圳主要取值于前海深港现代服务业合作区，上海主要取值于浦东新区。

会城市。江门市侨商纳税环境较好的原因在于，注重将“侨乡资源”转化为发展优势，以《国家税务总局广东省税务局关于税收服务江门市开展便利华侨华人投资制度专项改革试点的若干意见》（粤税发〔2022〕23号）为支撑，开通华侨华人办税缴费“一站式”税费服务通道，探索开展侨资企业涉税事项事先裁定。

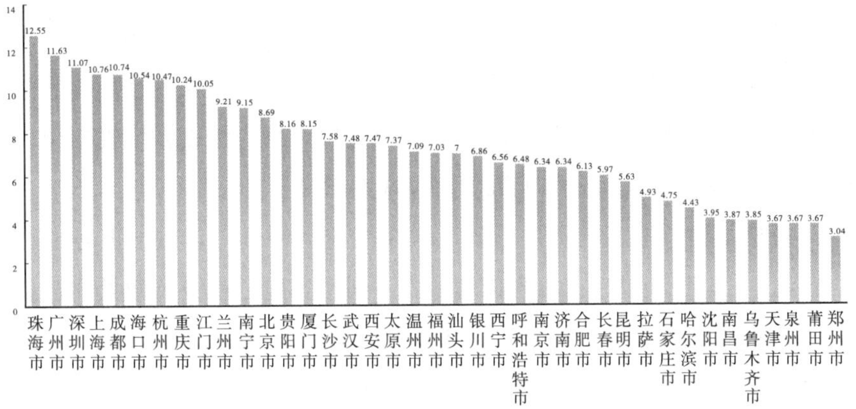

图1　39个主要城市侨商企业纳税负担分值

表3　东部、中部、西部39个主要城市三项指标得分

	税务执法规范度得分	税费服务便捷度得分	税费缴纳负担度得分	整体得分
东部地区	1.52	5.81	0.42	7.75
中部地区	1.13	4.61	0	5.74
西部地区	1.41	4.02	2	7.44

分别从税务执法规范度、税费服务便捷度和税费缴纳负担度三个维度进行分析，我国侨商企业纳税负担度区域差异如下：

1. *税务执法规范度*

鲜有专门化外商投资纳税规范或指引，地方“首违不罚”清单与当地税务行政处罚裁量基准、国家税务总局《税务行政处罚“首违不罚”事项清单》（以下简称《国家税务总局清单》）等在具体事项上存在冲突。一是鲜有城市发布外商投资纳税的专门性规范性文件或政策指引性材料，当前仅有《国家税务总局广东省税务局关于税收服务江门市开展便利华侨华人投资制度专项改革试点的若干意见》（粤税发〔2022〕23 号）、《重庆市外贸外资企业税收优惠政策指引》（2020 年 4 月）、《广州市外商投资税务宣传手册》（2021 年 5 月）等。其他城市与外商投资纳税相关的政策多见于“扩大利用外资的若干政策或实施意见”中，仅宏观强调保障外商投资企业税收优惠政策的公平待遇，对于外商投资纳税缺乏系统性指引，外资企业了解税收政策与办理流程的时间成本较高。

“首违不罚”制度本身是行政执法柔性与灵活性的体现，但各地在构建“首违不罚”清单时，常会梳理出既不同于当地“税务行政处罚裁量基准”，也不同于国家税务总局“首违不罚”清单的新事项，这种做法合理与否值得讨论。一是几乎所有的“税务行政处罚裁量基准”均会包含情节轻微、不予处罚的事项，而另行梳理“首违不罚”清单很容易出现矛盾，因此在当地已经有“税务行政处罚裁量基准”情况下，是否有必要另行发布“首违不罚”清单？二是当前《国家税务总局清单》列举了 10 项“首违不罚”事项，而深圳市为 23 项，北京市、天津市、河北省为 21 项，山东省为 24 项，陕西省为 19 项，辽宁省为 41 项，如此，国家税务总局清单的作用与效力究竟何在？

2. 税费服务便捷度

“最多跑一次”清单中事项列举数量差异大；首次申领发票耗时无明显差别，但增值税期末留抵税额退税时长、出口退税时长分化明显；侨商纳税咨询与辅导总体表现不佳。首先，“最多跑一次”清单内卷化现象明显，不少省市刻意以清单数量、清单内事项数量标榜便捷化建设程度，但过于追求数量反而可能降低清单的可理解性。长春市 108 项，深圳市 192 项，山西省 232 项，安徽省 791 项，孰好孰坏并不能直接依据事项多少予以评价，如武汉市税务局2021年办税清单减少92项，但纳税时间成本压缩75%。

其次，增值税期末留抵税额退税时长、出口退税时长的压缩可减轻多缴纳税款对于企业资金占用的压力，减轻企业经济负担。“增值税期末留抵税额退税”改革中，北京市首创“报退合一”，增值税申报和留抵退税申请同时操作，将申请时间压缩至1小时以内，此后昆明市、广州市、深圳市、重庆市等地也开始推行。国家税务总局要求“出口退税时长”需在2022年6月20日至2023年6月30日期间压缩至3个工作日内，但多数城市当前仍以6日为基准，3日以内的城市为上海市、珠海市、武汉市等，其中，珠海以“一类企业全部入选、二类企业择优推选”的模式搭建应退快退速退“绿色通道”，一类企业退税平均时长压缩至1.48日。

最后，侨商纳税咨询与辅导总体表现不佳。目前绝大多数城市的“智能咨询”模块采用国家税务总局统建的12366智能咨询平台，该平台目前对常用关键词、常用问题的识别能力尚可，咨询效果却难言“智能”。在咨询框中输入含有“侨商”“外商企业”“外商投资”等关键词的纳税问题进行查询时，答案匹配常常风马牛不相及，或直接显示无法回答。广州、上海、杭州等采用自建智能咨询平台，语义识别能力相对较好，有时可根据“侨商”关键词匹配到非居民纳税企业。

3. 税费缴纳负担度

区域性税收优惠政策降低了西部地区纳税负担度，但西部吸引外资的能力依然落后。西部地区面积占全国国土面积的70%以上，吸引外商直接投资比重却不足10%（见表4）。尽管地理位置、人口密度、气候环境等均为西部吸引外资的影响因素，但本次调研同时反映出，西部地区在人为主动性因素中，行动力相对匮乏。如果去除国家层面给予的税收优惠政策倾斜，西部地区税务执法规范度、税费服务便利度便低于东部地区。

表 4 2020 年外商直接投资情况①

地区	数量（家）	比重（%）	实际使用外资金额（亿美元）	比重（%）
总计	38 578	100	1 493.4	100
东部地区	34 028	88.2	1 275.4	85.4
中部地区	2 106	5.5	88.2	5.9
西部地区	2 436	6.3	80.1	5.4
有关部门	8	0.02	49.7	3.3

四、侨商企业纳税负担度优化措施

（一）重点侨乡推进侨商企业纳税服务专门化

本次调研所选取的 5 个重点侨乡城市中，仅有江门市与汕头市针对侨商企业进行专门化税收服务建设，其中江门市相关措施更为系统化与具体化，可作“范本”供其他侨乡借鉴。一是重视精细服务、精准监管，搭建广东税务系统首个便利华侨华人投资的税收服务平台，设立华侨华人涉税法律工作室，探索建立涉侨涉税争端多元化解机制，聘请爱国爱侨、知法懂税的华侨华人作为“税务资政顾问”，成立“税务青年助侨团”，建立助侨服务常态化机制。二是加大简政放权，对需要层级报送省税务局审核的事项，允许试点示范区税务管理机关向省税务局直报；为辖区内发生跨境关联交易的侨资企业提供预约定价安排谈签服务。三是推行侨商企业个性

① 《中国外资统计公报 2021》，http：//wzs. mofcom. gov. cn/article/ztxx/202111/20211103220815. shtml，最后访问时间，2022 年 9 月 4 日。

化税收服务，畅通侨资创投涉税事务绿色通道，探索开展侨资企业涉税事项事先裁定，为其经营决策提供政策确定性服务；落实税务证明事项告知承诺制，结合侨乡特点，探索制定侨资企业容缺办理事项清单，减少证明资料报送；编制便利华侨华人投资税费政策和涉税风险防控“一本通”，开通华侨华人办税缴费便捷通道，提供“一站式”税费服务。[①]

其他重点侨乡城市，如广东省潮州市、梅州市、中山市，福建省福清市、泉州市、莆田市、厦门市，浙江省温州市、青田县、丽水市，海南省文昌市，江苏省南通市、苏州市等地税务部门应重视侨商企业资源优势，以专门化税收服务提升当地涉侨纳税营商环境建设水平，吸引更多侨商企业参与我国建设、共享发展机遇，形成万侨创新局面。

（二）厘清各类“首违不罚”清单效力层级

税收领域“首违不罚”清单是《中华人民共和国行政处罚法》第三十三条[②]在税收领域的具体化，意在以灵活柔性执法方式，引导市场主体自我纠正，降低市场主体负担。但“首违不罚”清单在规范层面呈现出两种矛盾：地方清单与中央清单所列举的事项类别有差异；当地已出台的“税务行政处罚裁量基准”与中央和地方清单所列事项均有差异。

“两种矛盾”源于国家税务总局清单效力级别的不确定性。若从规范制定部门来讲，国家税务总局清单属于部门性规范文件，效力级别高于地方税务局制定的规范，当二者冲突时，应当以国家税务总局清单为准。但当前“首违不罚”清单处于探索阶段，国家税务总局在 2021 年先后发布两批清单，继续增发可能性大，清单事项稳定性较弱，且清单对“首违不罚”具体定义未作细化阐释，仅强调各级税务机关不得变相扩大或者缩小

① 江门市侨商企业纳税服务改革措施的梳理，参见《国家税务总局广东省税务局关于税收服务江门市开展便利华侨华人投资制度专项改革试点的若干意见》（粤税发〔2022〕23 号）。

② 第三十三条规定：违法行为轻微并及时改正，没有造成危害后果的，不予行政处罚。初次违法且危害后果轻微并及时改正的，可以不予行政处罚。

适用条件，也即清单事项完善、概念细化尚需从地方税务执法实践中总结。因而，相较于将国家税务总局清单定位为部门性规范文件而言，目前更适宜将其定位为指导性文件，其实践价值在于给予地方执法指导，而非否定地方“税务行政处罚裁量基准”，地方可以在尊重国家税务局清单的基础上进行扩展，且地方税务部门在制定了裁量基准后，无须另行制定“首违不罚”清单，避免因二者冲突降低公众信赖。

（三）避免纳税清单制度内卷式碎片化

清单制度作为推动政府与政府、政府与市场、政府与社会之间职权权力与职能归位的重要制度工具，其实践价值本应在于将无序的治理事务转变为条条清晰的信息要素，推进公共行政权力可视化运行。① 但在运行中，不少政府不断内卷式精细化与复杂化清单文本，导致清单适用性降低。税收领域中清单制问题凸显在清单名称、事项分类不断精细化，清单间既叠压又割裂，缺乏协调等方面。例如，“一次不用跑”是基于某事项可线上办理，若线上办理存在障碍，则“最多跑一次”，也即“最多跑一次”清单中办理途径为线上的事项应等于或少于“一次不用跑”。但部分清单出现某事项即为线上办理，又不属于“一次不用跑”事项的矛盾，如安徽省“最多跑一次”清单中税务登记证件内容变化变更登记可线上办理，但不可“一次不用跑”。

“最多跑一次”“一次不用跑”等公共服务型清单不可停留在事项列举清晰这一层面，应从行政相对人视角反思清单适用功能。“最多跑一次”“一次不用跑”“全网通办”“跨区域通办”等逻辑存在嵌套的清单，分别发布除宣传价值外并无实际效用，清单并表，通过横纵设计标清某事项特征更为合理。同时，还应注重提炼服务程序性标准，如办理事项应提供的材料、办理期间等，以程序可见度再次塑造服务供给标准。

---

① 钱全：《基层清单治理的价值证成与适配异步》，《暨南学报（哲学社会科学版）》2022 年第 6 期。

依据调研结果，对策性改进措施还应包括：提升线上服务基础功能的服务效能，诸如充实智能咨询功能的“关键词库”“问题库”，构建服务于特殊群体、产业的专门化线上模块等；强化西部地区在税务执法规范度与税费服务便利度建设上的积极性，仅有国家刚性税费支持，缺乏地方自主柔性服务支撑，亦难整体改善纳税营商环境；构建周期性、长期性、开放性的侨商纳税服务评估机制，反哺纳税服务改革，以指标对比指引各城市改进侨商企业纳税服务，同时，借助侨商外资属性打磨我国国际税收服务体系，提升参与国际税收规则制定话语权。

我国主要城市侨商企业项目建设便利度研究

杨珍珍　张　盼*

［摘要］项目建设便利度关系到侨商企业开展营业的效能，对其评估具有重要意义。现行涉侨政策多从平等保护、统一规范与提升效能三方面优化侨商企业的项目建设便利度。本文借鉴世界银行营商评估经验，从程序、时间、成本和服务质量四个方面对我国主要城市侨商企业项目建设便利度予以评估，结果显示各地在保障程度上仍有差异，亦存在着法律政策宣讲不力、咨询服务质量不高、涉侨服务范围不广、“一站式”服务不便等问题。基于我国侨商企业的发展实践，针对项目建设便利度的优化应遵循公开原则，强化涉侨企业的政企沟通机制构建，提升涉侨企业的社会投资简易低风险项目改革方案应用的深度和广度，有效提高涉侨企业项目建设的“一站式”服务效能。

［关键词］侨商企业；项目建设便利度；营商环境评估；评估体系

营商环境是企业生存和发展的土壤。项目建设作为企业全生命周期的重要一环，是营商环境综合考量的一项重要指标。近年来，我国逐步深化“放管服”改革和优化营商环境，通过减程序、降成本等措施深入推进工程建设项目审批制度改革，极大优化了企业项目建设营商环境。根据2019年10月24日世界银行发布的《2020营商环境报告》，我国办理施工许可

---

* 作者简介：杨珍珍，暨南大学法学院/知识产权学院民商法学硕士研究生；张盼，暨南大学法学院/知识产权学院讲师、暨南大学一国两制与基本法研究院兼职研究员。

证指标得分为77.3分，位列全球190个参评经济体中的第33位，较上一年度提升了88位，创下世界银行营商环境报告历史上单一指标年度最大升幅记录。[①] 然而，截至目前，在政府部门和民间机构开展的营商环境评估中，均未专门以海外华侨华人为对象，开展具有针对性的侨商企业项目建设营商环境评估工作。本文结合侨商的“外资”属性[②]，就侨商企业项目建设的中央政策特点与重点地市建设情况进行对比分析。

一、我国优化侨商企业项目建设便利度的政策特点

（一）坚持“内外资一致”，保障侨商企业平等权利

项目建设的全流程主要涉及市场主体准入后的行政许可。为切实保障侨商企业平等参与市场竞争的权利，《中华人民共和国外商投资法实施条例》充分贯彻“内外资一致”的原则，除法律法规另有规定外，负责实施许可的有关主管部门应当按照与内资一致的条件和程序，审核侨商企业的许可申请，不得在许可条件、申请材料、审核环节、审核时限等方面设置歧视性要求，政府在审核涉及侨商企业投资的工程建设项目中应依法平等对待侨商投资企业和内资企业。在项目建设领域，中央和地方制定的涉及工程建设项目的法律规定和改革措施对侨商投资企业同等适用。综合考察中央和地方的相关政策，均贯彻落实了“内外资一致”原则，在许可条件、申请材料、审核环节和审核时限等方面对侨商企业采取同一标准、平等审核。

---

① 参见世界银行官网，https：//chinese. doingbusiness. org/zh/reports/global - reports/doing - business - 2020，最后访问日期：2022年8月26日。

② 根据《中华人民共和国外商投资法实施条例》第四十八条规定，侨商在中国境内投资，参照《外商投资法》和《外商投资法实施条例》执行。

（二）贯彻“工程建设项目四统一”，规范项目建设审批体系

项目建设全环节适用统一的审批流程、统一的信息数据平台、统一的审批管理体系和统一的监管方式。在审批流程上，各地按照国务院统一要求，统合本地工程建设项目审批事项和法律依据，逐步形成全国统一的审批事项名称、申请材料和审批时限；在审批平台上，地方政府按照“横向到边、纵向到底”的原则，整合构建覆盖地方各有关部门和区、县的工程建设项目审批管理系统，并与国家工程建设项目审批管理系统对接，实现审批数据实时共享；在审批管理体系上，推行“一库、一窗、一网、一码、一图”的集成审批服务，以一套机制规范审批运行；在审批监管上，实施统一规范管理，将企业和从业者违法违规、不履行承诺的失信行为纳入工程建设项目审批管理系统，加强与全国信用信息共享平台的互联、互通、互享，构建“一处失信、处处受限”的联合惩戒机制。

（三）聚焦“四减一提”，提高项目建设审批效能

综观中央和地方工程建设审批制度改革，其落脚点主要在减少工程建设项目的审批环节，压减审批时间、成本，并提高工程质量。一方面，通过“一库、一窗、一网、一码、一图”的集成审批服务，有序推动工程建设项目风险分类制度与告知承诺制的施行，实现一家牵头、并联审批、限时办结和一次委托、联合测绘、成果共享的审批效能，切实通过审批流程的优化实现审批时间与成本的有序保质压减。另一方面，通过推行建筑工程质量潜在缺陷保险、建筑师负责制和提高建筑业从业的门槛等措施，探索工程质量安全全过程风险管控模式，以保障和提高建设工程的质量。

二、侨商企业项目建设便利度评价指标体系构建

在梳理我国针对侨商企业项目建设便利度的优化政策之后，构建侨商

企业项目建设便利度评价指标体系的关键是坚持问题导向，以评促改，以评促优。通过学习、借鉴世界银行《营商环境报告》等国际营商环境评价指标，结合我国项目建设审批制度改革实践和侨商企业的自身特点，本文将具体指标落实到可量化、可比较的审批程序、时间、成本和服务质量等因素上，增强评价标准的科学性和国际可比性。最后形成以下指标体系（见表1）。

（一）侨商企业项目建设的程序

审批程序指标考察侨商企业的项目建设全流程（包括从立项到竣工验收和公共设施接入服务）的环节个数。具体而言，包括立项、建设用地规划许可、建设工程规划许可、建筑工程施工许可、竣工验收和不动产登记等程序。从提高审批效能上看，审批程序数量越少，效率越高，时间和成本也能相应缩减，帮助侨商企业尽早投产营业。基于此，考察33个样本城市审批程序数量，一定程度上可以折射各市的侨商企业项目建设便利度现状。

（二）侨商企业项目建设的时间

时间指标考察侨商企业完成工程建设审批全流程的用时。压缩审批时间是深入贯彻“放管服”改革、转变政府职能、激发市场活力的具体要求和目标。通过考察各参评城市全流程审批实际所花费的时间，可以检验其在开展工程建设审批制度改革的成效。

（三）侨商企业项目建设的成本

成本指标着眼于侨商企业项目建设的物质成本（不计入隐性成本），涵盖了工程建设项目全流程中的所有官方费用，包括办理不动产登记等各环节所支出的成本。

（四）审批服务质量

服务质量指标考察参评城市政府为侨商企业提供项目建设审批的实践

效能，包括三个评价指标：第一，侨商投资项目是否能实现全流程网上申报，主要考察参评城市是否对侨商企业设置歧视性要求，以及工程建设项目能否实现全程“一网通办”。第二，是否设置侨商企业项目建设办事流程图和办事指南，反映了各参评城市是否为侨商企业项目建设提供指引，帮助侨商快速了解各城市的相关政策，提高侨商投资可预见性，减少项目开工前的时间和成本。第三，在外商投资促进或服务平台中，是否为侨商企业工程建设项目审批提供专门服务通道，考察各地是否为侨商企业提供线上或线下的专门服务平台，且该平台是否能为侨商企业提供项目建设审批服务的通道。

表 1　侨商企业项目建设便利度评价指标体系

一级指标	二级指标	三级指标	指标属性/单位	指标解释和特别说明
侨商企业项目建设便利度	侨商企业项目建设的程序		数据指标/项	侨商企业项目建设全流程的环节个数，仅计算主流程个数，不影响最终时间的环节不计入
	侨商企业项目建设的时间		数据指标/工作日	侨商企业项目建设全流程（包括从立项到竣工验收和公共设施接入服务）所需的时间，即时办结计为 0.5 个工作日
	侨商企业项目建设的成本		数据指标/元	侨商企业项目建设全流程（包括从立项到竣工验收和公共设施接入服务）所需的成本
	审批服务质量	侨商投资项目是否能实现全流程网上申报	评价指标/“是”或“否”	侨商投资项目是否能在工程建设项目审批管理系统上申报，并完成全流程审批，实现“一网通办”

（续上表）

一级指标	二级指标	三级指标	指标属性/单位	指标解释和特别说明
侨商企业项目建设便利度	审批服务质量	是否设置侨商企业项目建设办事流程图和办事指南	评价指标/“是”或“否”	是否为侨商企业项目建设提供清晰的办事指南或具体流程图等（未提供最新版本、未提供完整流程图等未起到清晰指引作用的，不得分）
		在外商投资促进或服务平台中是否为侨商企业工程建设项目审批提供专门服务通道	评价指标/“是”或“否”	各地是否为侨商企业提供线上或线下的专门服务平台，且该平台是否为侨商企业提供项目建设审批服务的通道

三、我国主要城市侨商企业项目建设便利度2021年度评估

（一）侨商企业项目建设便利度的评估过程

针对我国主要城市关涉侨商企业项目建设便利度的评估，主要涵盖几个方面的问题，包括样本城市的选取、评估场景的案例设计、评估数据的来源与评估方法的确定，兹作下述。

1. 样本城市

本文参考世界银行的标准选择调研样本，为使评估数据来源更加多元化，进一步延展为我国33个主要城市，涵盖主要省会城市、国家级新区和

自由贸易区所在地城市。①

2. 案例设计

因实现精细化、差别化的分类管理是我国工程建设项目审批制度改革的重要特点之一，本文须立足于某种具体的工程建设项目，并作同类横向比较，才能得出有参考价值的评估结果②。基于我国工程建设项目审批制度的改革主要落实在社会投资简易低风险工程项目上③，故将本次调研的工程建设项目设定为以下条件：①在本市行政区域内，新建的普通仓库，总建筑面积 3 000 平方米，建筑高度不大于 24 米，功能单一，技术要求简单。②适用备案制的侨商投资项目（不利用各级财政投资）。③涉及易燃易爆和有毒有害等安全保护项目、涉及生态环境影响大的项目、涉及风貌保护和轨道交通保护等特定区域的项目排除在外。④该侨商企业非小微企业或个体工商户。⑤该建设项目使用的土地为国有建设用地。

3. 数据来源

本文采用的数据主要来源于两个方面：一是各城市官方网站上的公开数据，主要运用到的网站为各城市政务服务官网、工程建设审批服务系统以及政府信息公开网；二是官方平台线上咨询（如市长信箱以及“12345”线上平台）和线下电话问询（如各地“12345”或相关部门服务热线），通过线上和线下双线咨询平台展开调研，就侨商企业项目建设指标涉及的问题进行问询，获悉审批服务状况。

4. 评估方法

评估方法的确定主要涉及评价指标和数据指标两方面的内容。

---

① 33 个主要城市包括：①自贸区所在地城市，包括上海市、广州市、深圳市、天津市、福州市、厦门市、沈阳市、郑州市、洛阳市、武汉市、宜昌市、舟山市、重庆市、成都市、西安市 15 市。②国家级新区所在地城市，包括兰州市、青岛市、长沙市、南京市、昆明市、哈尔滨市、长春市、南昌市、保定市 9 市。③省会城市、自治区所在地城市及直辖市，其中排除①②所列重合城市，包括北京市、石家庄市、太原市、济南市、合肥市、海口市、贵阳市、杭州市、南宁市 9 市。

② 评估结果也仅针对该特定类型的工程建设项目。

③ 有些城市也称其为社会投资小型工程项目、企业投资小型工程项目或社会投资小型工业项目等，下文统称为“社会投资简易低风险工程项目”。

（1）评价指标（是否指标）采取赋分制，主要针对各地是否有相关制度建设等情况进行赋分评价。具体赋分标准为：采用 0 ~ 1 赋分衡量，“否”为0分，“是”为1分。

（2）数据指标，反映相关政策实施效果。在指标量化衡量上，参考世界银行《营商环境报告》的数据计算方法，即前沿距离分数，采用0 ~ 2分的评价体系，计量公式如下：

$$\text{特定指标分数} = \frac{2 \times (\text{当前值} - \text{设定最差值})}{\text{设定最佳值} - \text{设定最差值}}$$

上述公式设定最差值和最佳值可以考虑数据展示的排名取值，也可以考虑对该指标的专业评价进行设定。指标在 0 到 2 之间取值，考虑本研究主要基于政策实施进度及效果衡量展开，政策之间难以区分重要程度，各个指标权重等权分布。评价指标与数据指标的分数相加后进行排名，即为主要城市侨商企业项目建设便利度得分排名。指标满分为 9 分，分数匹配如下：侨商企业项目建设程序 0 ~ 2 分，侨商企业项目建设时间0 ~ 2 分，侨商企业项目建设成本 0 ~ 2 分，侨商投资项目是否能实现全流程网上申报 0 ~ 1 分、是否设置侨商企业项目建设办事流程图和办事指南0 ~ 1 分、外商投资促进或服务平台中是否为侨商企业工程建设项目审批提供专门服务通道 0 ~ 1 分。

（二）我国主要城市侨商企业项目建设便利度的评估结果

评估结果显示（见图 1），33 个城市中，侨商企业项目建设便利度排名前七位的分别是厦门市、广州市、济南市、洛阳市、杭州市、郑州市和西安市；排名靠后的依次是舟山市、石家庄市、长沙市、海口市、青岛市、昆明市和保定市。

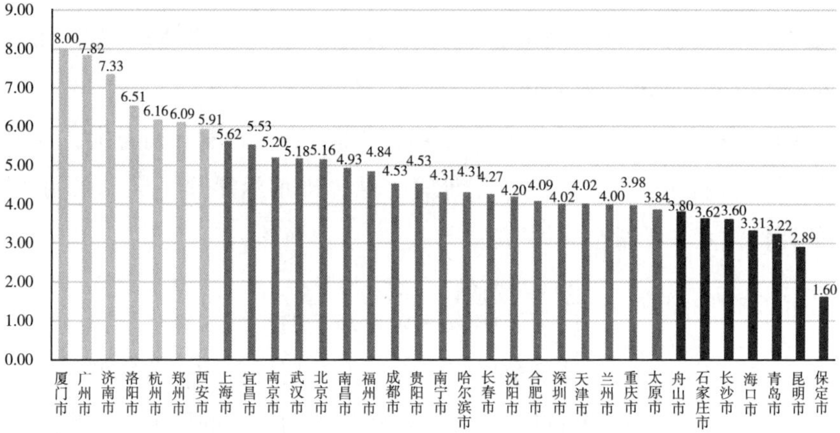

图 1　33 个城市侨商项目建设便利度评价指标排名

根据实证调研的结果，当前我国侨商企业项目建设主要呈现出以下特点：

从整体上看，我国侨商企业项目建设便利度显著提高，侨商企业与内资企业项目建设便利度无明显差异。各参评城市在国家全面开展工程建设项目审批制度改革的大方向下，不断出台各项措施减审批、强监管、优服务，促进市场公平竞争。先进城市的政策性创新方面的首创经验和典型做法已经总结、提炼，形成标杆示范，被不少城市的复制和推广。同时，我国侨商企业与内资企业项目建设适用同一审批规则和审批平台，项目建设便利度无明显差异。

但具体而言，我国不同城市侨商企业项目建设便利度仍存在一定差异：

（1）在时间上，大部分城市 15 个工作日能够完成全流程审批（共计 17 个城市项目建设时间在 15 个工作日内，占参评城市的 51.5%），3 个城市工程建设时间超过 30 个工作日，分别是保定市、长沙市、兰州市（长沙市需要 46 个工作日，大大超过在时间指标排名第一，仅需 7 个工作日的厦门市和济南市）。

（2）在成本上，各参评城市已取消社会投资简易低风险工程项目强制监理，部分城市以政府购买的形式为侨商企业提供监理机构服务，大大节约了侨商企业工程建设项目审批的成本。各地成本差异主要体现在不动产登记的费用上，仅部分城市（厦门市、广州市、杭州市、武汉市、宜昌市、郑州市、洛阳市和济南市）免收征社会投资简易低风险工程项目的不动产登记费，相关费用支出由同级财政保障，其他城市则收取不动产登记费①。

（3）在程序上，各参评城市围绕立项、用地规划许可、建设工程规划许可、建设工程施工许可、市政公用服务设施接入、竣工验收和不动产登记等程序进行整合，例如将立项和用地规划许可合并作为一个流程，将建设工程规划许可和建设工程施工许可合并作为一个流程等。程序上表现最优的广州市、沈阳市、厦门市和西安市均仅需 3 个流程。

（4）在服务质量上，如图 2 所示，大部分城市得 2 分或者 1 分：大部分城市已实现全流程网办，但仍有 2 个城市（昆明市和保定市）不能实现全流程网上申报，其工程建设审批系统中亦未设置社会简易投资低风险工程项目的申报路径。在是否设置侨商企业项目建设办事流程图和办事指南指标中，各地出现较大的差异，不少城市没有更新办事指南或流程图的内容与现行改革方案出现较大出入（例如深圳市、天津市和重庆市等）；还有一些城市的办事指南不完整，缺乏对社会简易投资低风险工程项目的指引。仅有部分建立专门的外商投资促进或服务平台，但能为侨商企业工程建设项目审批提供专门服务通道的，仅有上海市和广州市。综合服务质量项下三个三级指标得分，上海市表现最佳（获满分 3 分），昆明市和保定市表现最差（0 分）。

---

① 根据《国家发展改革委、财政部关于不动产登记收费标准等有关问题的通知》的规定，国有建设用地使用权和房屋所有权首次登记，非住宅项目费用为 550 元。

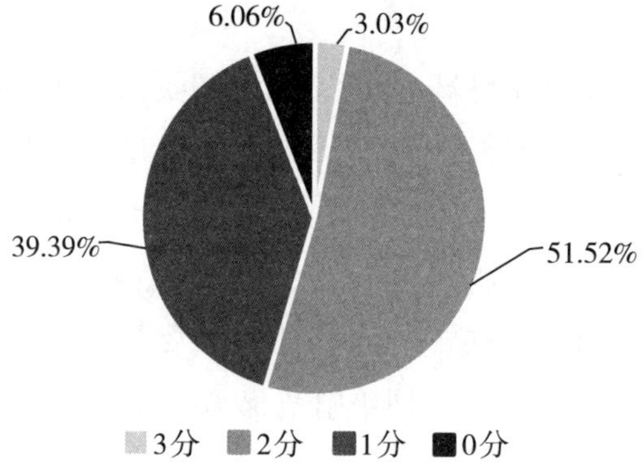

图 2　审批服务质量指标分数分布图

四、优化我国侨商企业项目建设便利度的经验与建议

（一）我国侨商企业项目建设便利度的评估经验总结

1. 对侨商企业项目建设方面的法律和政策宣传和解读力度不够

首先，不少城市的工程建设项目审批制度改革的具体方案没有向公众主动公开，频繁出现在政府网站搜索不出相关政策的情况①，使得侨商企业难以了解改革方案的具体内容，甚至根本不知道有该规定，降低了侨商企业投资的可预见性；其次，参评城市普遍没有严格按照《外商投资企业法实施条例》的规定②集中列明有关外商投资的法律、政策措施和投资项目信息的情况，增加了侨商企业信息搜寻成本和信息处理成本；再次，参评城市普遍出现不及时清理失效文件的情况，工程建设项目审批系统中设置的流程图和办事指南已长久不更新，给侨商企业提供错误的指引；最

① 指政府已发布该规定，但检索不出来的情况，主要原因是检索系统不够便捷、智能。

② 《外商投资法实施条例》第九条规定“政府及其有关部门应当通过政府网站、全国一体化在线政务服务平台集中列明有关外商投资的法律、法规、规章、规范性文件、政策措施和投资项目信息，并通过多种途径和方式加强宣传、解读，为外国投资者和外商投资企业提供咨询、指导等服务”。

后，政策解读的力度还远远不够。除了小部分城市明确强调侨商投资也属于社会投资简易低风险项目①以外，大部分城市对此予以默认，但并未给出详细解读，使得侨商企业须进一步查阅政策文件或咨询政府部门，增加了侨商企业的信息搜寻成本和信息沟通成本。

2. 对侨商企业项目建设提供的咨询服务质量不高

在调研过程中，我们采取官方平台（如线上智能咨询平台、市长信箱及“12345”线上平台）和线下电话（如各地“12345”或相关部门服务热线）双线咨询平台展开调研，就侨商企业项目建设指标问题进行问询，结果不尽如人意：一方面，线上智能咨询平台并不“智能”，无法回答具体的工程建设项目审批问题；另一方面，不少“12345”接线员并不了解工程建设项目审批问题，有的甚至不知道应当转接到什么部门作进一步解答，绝大部分城市的承办人也仅是片面了解涉及本部门的流程和政策，对其他部门的情况不了解，甚至提供不出工程建设项目审批的整体流程图或办事指南②。总体而言，各城市对侨商企业项目建设提供的咨询服务质量不高。

3. 有些城市没有设置社会投资简易低风险项目，或适用范围较窄

参评城市中长沙市的审批时间最长，主要原因是长沙市未出台社会投资简易低风险工程建设项目改革方案，只能适用中小型社会投资的建筑项目的规定，导致审批时间过长。同时，一大部分城市已将社会投资简易低风险项目限制于10 000平方米以下的建筑，扩大社会投资简易低风险项目改革措施的政策红利受益面，但仍有部分城市仅限于3 000平方米以下的工程建设项目，不利于发挥风险分类管理的制度优势和推进工程建设项目

① 例如《广州市工程建设项目审批制度改革试点工作领导小组办公室关于调整社会投资简易低风险工程建设项目范围的通知》对社会投资简易低风险项目的定义：私（民）营、外商和港澳台企业投资或投资占主导的，宗地内单体建筑面积不大于10 000平方米、建筑高度不大于24米，功能单一、技术要求简单的工业厂房、仓库项目，涉及高能耗、生产储存易燃易爆、有毒有害物品或对生态环境影响大的项目除外。

② 该流程图或办事指南一般发布在工程建设项目审批系统当中，公众获取难度不大。

审批制度的整体改革。

4. 大部分城市没有设立侨商投资“一站式”服务平台，不能为侨商企业工程建设项目审批提供专门服务通道

本文遴选参与评估的 33 个参评城市中只有广州市、上海市、深圳市、厦门市、重庆市和北京市建立了侨商投资“一站式”服务平台，但仅有上海市和广州市的服务平台能为侨商企业工程建设项目审批提供专门服务通道（以点击跳转的方式），项目建设便利度有待提升。

（二）优化我国侨商企业项目建设便利度的建议

1. 以公开为常态、不公开为例外，加强对侨商企业项目建设方面的法律、政策宣传和解读力度

政府部门应坚持政务公开透明，以公开为常态、不公开为例外，通过政府网站、工程建设项目审批系统等集中列明侨商企业项目建设的法律、政策措施，至少提供中英文两个版本以供查用。加快法律法规、规范性文件和标准规范的立、改、废、释工作，修改或废止与工程建设项目审批制度改革要求不相符的相关制度，依法推进改革的长效机制。对于新的政策措施，通过线上政策解读视频和线下宣讲会等多种途径和方式对相关规定进行宣传、解读。

2. 建立良好的政企沟通机制，强化部门间协同联动，提高咨询服务质量

建议通过技术手段完善线上智能咨询平台，将相关法律法规、政策等文件上传线上智能咨询平台，当侨商企业提出相关问题时自动推送。进一步完善相关部门协同推进机制，加强工程建设项目审批各部门间的沟通和协调，强化协同联动，深入推进各项改革任务落实。咨询平台的工作人员和相关政府部门工作人员要加强业务培训，加深对本城市工程建设项目审批制度改革方案的理解，形成体系思维。

3. 复制推广社会投资简易低风险项目改革经验，提升社会投资简易低风险项目改革方案应用的深度和广度

一方面，各城市在结合城市实际情况，在保证工程质量的前提下逐渐扩大社会投资简易低风险项目改革措施的适用范围，使社会投资简易低风险项目改革措施常态化，提升社会投资简易低风险项目改革方案应用的广度。另一方面，建议进一步深化社会投资简易低风险项目审批改革，通过进一步压缩审批时间、精简程序、推广工程质量潜在缺陷保险制度和建筑师负责制等手段提升社会投资简易低风险项目改革方案应用的深度，整体提高我国工程建设项目审批服务效能，为侨商企业项目建设提供便利。

4. 推广建立侨商企业“一站式”服务体系

联通部门信息系统，满足侨商企业一次登录、一次认证、一次提交材料，即可办理项目建设审批的需求。服务平台内为侨商企业项目建设提供申报指导、服务咨询、项目申报和意见反馈等版块，为侨商企业提供“一站式”公共服务体系。

我国主要城市侨商参与政府采购公平度研究

费兰芳　梁　森*

［摘要］2020年施行的《中华人民共和国外商投资法》明确提出，国家保障外商投资企业依法通过公平竞争参与政府采购活动。财政部、发改委等部门推出了一系列改进外商参与政府采购的举措，显著改善了侨商参与政府采购的营商环境。但在中美贸易争端和新冠肺炎疫情的大背景下，侨商参与政府采购的营商环境仍然存在一些薄弱环节，其中之一便为侨商针对政府采购质疑投诉的渠道不畅通，相关程序效率存在地区差异。本文从政府采购质疑投诉体系的运作角度考察政府采购营商环境，具体指标包括政府采购相关投诉决定公开的透明度、投诉成功率和涉及主体歧视案件比值，及投诉处理所需时间。对33个城市政府采购投诉决定文本和相关数据的测评显示，在政府采购质疑投诉处理中，投诉处理决定书大部分会依法公开，但仍有少量城市不公布，且公布形式混乱的情况，建议在专门权威网站上统一公开；实行差别待遇或歧视待遇是供应商投诉的主要原因，这表明政府采购的公平度还有进一步的提升空间；政府采购质疑投诉案件的处理时间最短7天，最长414天，平均处理时间大约为80天，存在较大的案件和地区差异，建议明确政府部门收集材料和反馈信息的时限。

［关键词］侨商；政府采购；营商环境；质疑投诉

---

* 作者简介：费兰芳，暨南大学法学院/知识产权学院副教授，博士生导师；梁森，暨南大学法学院/知识产权学院博士研究生。感谢暨南大学硕士研究生麻淳凯、黄建文、李梅英对本文数据收集整理的贡献。

一、侨商参与政府采购相关政策法规的梳理与解读

政府采购的透明度、公平竞争或非歧视、诚信、效率与质量等是营商环境的核心要素之一。2020 年起，世界银行《营商环境报告》将政府采购由观察指标转为正式评估指标，占各经济体营商环境总得分比重的 1/11。另外世界银行还不定期发布《公共采购评估》。该评估根据世界银行和经合组织共同发布的采购系统评估方法（MAPS）实施，对世界 180 个国家和经济体政府的采购数据进行集中分析，通过对政府采购全生命周期的各阶段和各方面的分析，挖掘出全球范围内最佳政府采购管理案例，发现不同国家或经济体政府采购制度的障碍和堵点。《公共采购评估》的评价内容围绕两个维度、三个方面展开。维度一是评估政府采购主要程序，即从需求评估到政府采购合同签订的各阶段；维度二是评估政府采购质疑投诉体系。三个方面的评估包括：第一，公共采购的必要的程序，即投标人及各类相关机构（政府部门、采购机构，政府许可颁发部门以及法院等）的工作程序；第二，相关各程序所需时间，即各当事方进行互动所需要的时间，以天数计算；第三，公共采购适用法律和规则，即法律、规章、规定、行政决定、法律判决、运行措施和办法等与上述运行程序逐一对应的水平状况。①

中国自 20 世纪 90 年代建立政府采购机制以来，政府采购已经成为经济活动的重要组成部分。根据财政部数据，2020 年全国政府采购规模为 36 970. 6亿元，较上年增加 3 903. 6 亿元，增长 11. 8%，占全国财政支出和 GDP 的比重分别为 10. 2% 和 3. 6%。② 近年来，我国以政府“放管服”

---

① 刘慧：《营商环境建设与政府采购评估体系（下）——世界银行营商环境指标分析》，《中国政府采购报》，2020 年 6 月 30 日。

② 《财政部：2020 年全国政府采购简要情况》，中国政府网，http：//www. gov. cn/xinwen/2021 - 09/04/content_5635396. htm。

改革为核心，以优化营商环境为目标逐步深入推进政府采购改革，采取多项措施依法保障各类市场主体平等参与政府采购活动的权利，着力营造稳定、公平、透明、可预期的政府采购营商环境。

2020 年施行的《中华人民共和国外商投资法》明确提出国家保障外商投资企业依法通过公平竞争参与政府采购活动。该法第十六条明确规定："国家保障外商投资企业依法通过公平竞争参与政府采购活动。政府采购依法对外商投资企业在中国境内生产的产品、提供的服务平等对待。"2020 年 11 月国务院发布的《全国深化"放管服"改革优化营商环境电视电话会议重点任务分工方案》，其中指出："严格执行外商投资法及配套法规，清理与外商投资法不符的行政法规、部门规章、规范性文件，确保内外资企业一视同仁、公平竞争。"2021 年 10 月，财政部发布《关于在政府采购活动中落实平等对待内外资企业有关政策的通知》，明确要求：保障内外资企业平等参与政府采购、在政府采购活动中落实平等对待内外资企业的要求、平等维护内外资企业的合法权益。

二、优化侨商参与政府采购的改革举措及取得的成效

在政策文件基础上，中央政府和各地政府采取了一系列措施改善政府采购的营商环境，主要举措如表 1 所示：

表1　侨商公平参与政府采购改革要点

改革方向	优化举措	成果
清理妨碍政府采购公平竞争的规定和做法	1. 对妨碍政府采购市场竞争的规范性文件进行公平竞争审查 2. 推进政府采购在线投标、在线开评标、在线签订合同和支付资金等网上交易功能，进一步简化对供应商参与政府采购提供材料的要求，规范保证金收取和资金支付，降低政府采购供应商交易成本 3. 通过第三方评估持续提升政府采购透明度	累计清理并整改具体问题2 000余项；连续3年组织第三方机构对各地区政府采购透明度开展评估
简化管理流程，赋予采购人更多自主权	1. 明确规定中央高校、科研院所采购科研仪器设备，由中央高校、科研院所自行组织采购，自行选择评审专家；简化中央高校、科研院所科研仪器设备确定采购方式程序要求，对进口仪器设备采购方式实行备案管理 2. 提请国务院提高货物服务的公开招标数额标准和分散采购限额标准 3. 实行采购单位一揽子申请由“部门集中论证、财政统一批复”，实行限时办结制，对符合要求的项目5个工作日内完成批复	中央单位公开招标数额标准由120万元提高至200万元，分散采购限额标准由80万元提高至100万元，地方标准也相应提高，赋予采购人更大的自主采购空间
完善政府采购投诉及纠纷解决机制	1. 完善政府采购行政裁决机制，通过购买法律服务的方式不断提高行政裁决的专业化水平 2. 统一全国政府采购代理机构检查的标准和处理处罚口径 3. 定期发布政府采购指导性案例，形成统一的监管口径，稳定市场主体的监管预期	据统计，党的十九大以来，中央本级政府采购争议化解率达到97%，全国达到85%

上述改革获得了各地的积极回应，并取得了侨商和外资企业的认同，政府采购公平竞争的市场秩序得到进一步规范。全国多个省市还对标世界银行《营商环境报告》的公共采购指标，积极实施创新举措。具体包括：

第一，优化绩效评估。如安徽省合肥市出台的《合肥市政府采购绩效管理暂行办法》，就将采购程序的公平性、公开性等纳入绩效考核，出台“2521 限时办结”制度，要求保证程序效率。

第二，减少对供应商的资金占用，加快政府采购资金支付。如广西壮族自治区财政厅印发的《关于贯彻落实政府采购优化营商环境百日攻坚行动方案的通知》中，要求压缩采购合同签订时间，推行以保险、保函等替代现金缴纳涉企保证金，加快政府采购资金审核支付；江苏省南京市也从 2020 年 1 月 1 日起全市取消政府采购投标保证金，自 2020 年 7 月 15 日起试点推行履约保证金电子保函业务。

第三，加快政府采购电子化建设，提高政府采购工作透明度与实施效率。据了解，海南省、广西壮族自治区、内蒙古自治区、山东省等多个省区完成搭建“全区一张网”或“全省一张网”的建设，上海市政府采购中心、天津市政府采购中心等多个集中采购机构已基本实现全流程电子招投标，投标供应商均可免费获取采购文件、无须提交投标保证金。

第四，加强政府采购信息透明度建设。除了北京、上海、深圳这三个采购意向公开试点城市与中央预算单位，湖北、广东、福建等多个省份均已启动采购意向公开工作，都在向着世界银行的供应商能通过网络渠道获得采购计划等指标靠拢。

第五，部分地区要求项目进行履约公示、试行预付款制度等，向世界银行公共指标中的履约验收、及时付款等指标看齐。

三、优化侨商公平参与政府采购的薄弱环节及主要差距

在取得上述成果的基础上，在中美贸易争端和新冠肺炎疫情的大背景

下，侨商参与政府采购的营商环境仍然存在一些薄弱环节。美中贸易全国委员会2020 年的《中国政府采购和国企采购：挑战与最佳实践》认为：美国企业在中国获取公平和平等的采购机会方面仍面临着重大挑战。这意味着来自中央政策与实际落地的采购决策之间存在脱节。上述报告列举的具体问题包括：

第一，显性和隐形的国产替代问题。一些采购方在招标文件中明确表示不接受进口产品，同时也有另一些采购方在竞标过程中以非正式的方式表现出对本地品牌的偏好。

第二，对“国产”的要求不明确。根据中国法律，中国制造的产品有资格在政府采购中享受优惠待遇。然而，中国并没有具体说明什么样的产品符合“中国制造”这一标准，因此导致了待遇的不一致。对于一些地方政府机构来说，国内产品可以包括由外资公司在中国生产的产品。而另一些地方则认为该标准仅包括中国品牌旗下的商品，这些品牌由中国股东持多数股权，且总部设于中国即可。

第三，对投标人的安全评估标准过于宽泛。政府机构和电力、电信等其他行业的国有企业越来越重视安全问题，但缺乏透明的标准或指标来评估供应商。例如，专业工业设备制造商指出，最近的一些招标要求投标人获得中国机械工业联合会（CMIF）的证书，证明他们的技术是本地开发的。联系 CMIF 后，外国投资者被告知外国品牌无法获得该认证，除非他们是中国合作伙伴拥有多数股权的合资企业的一部分。

第四，尽管已有标准化的法律和准则，但地方政府并未统一适用法律。该机构的调查发现中西部地区更倾向于排除外国投标人，并针对特定的本地投标人制定技术规范。此外，这些地区更有可能优先考虑低成本商品，而牺牲长期优质的国内外产品。

第五，投诉的渠道不畅通，需要依赖省级领导指导解决纠纷。许多公司认为与省级政府沟通是最好的渠道。在某些情况下，当公司反映排外或外国品牌受到不公平待遇的问题时，政府官员会与当地客户处理这些问题，并指示相关部门撤销不公平的指导意见。[①]

四、侨商企业参与政府采购公平度评估

侨商参与政府采购的营商环境在规则层面大有改进，亦出现了各种评估机制，但目前的评估主要侧重在合同履行层面，缺乏对投诉和纠纷解决机制的评估，本文将从纠纷解决和案例层面构建指标体系，评价各地在政府采购纠纷解决层面的现状、问题及改进方向。

（一）评价指标体系构建

世界银行的政府采购评价指标以两个维度建立：第一个维度是根据政府采购程序设立的指标群，包括从需求评估到政府采购合同签订的各阶段；第二个维度是围绕政府采购质疑投诉体系设立的指标体系。我国发改委和财政部门已有对于第一个维度的指标评估。如发改委 2020 年《中国营商环境报告》设置“政府采购”指标，涵盖电子化采购平台、采购流程监管、采购结果确定和合同签订、合同管理、支付和交付五大类细分指标。

但目前尚无针对政府采购质疑投诉程序的评估。所谓政府采购质疑投诉程序，指在政府采购过程中认为合法权益受到损害的供应商，在规定的时间内，向采购人、采购代理机构提出质疑，或者未获满意答复后向政府采购监督管理部门提起投诉，有关部门答复和处理的流程和步骤。

目前，政府采购纠纷的投诉和纠纷处理的主要依据包括《中华人民共和国政府采购法》第五十一至五十八条、《中华人民共和国政府采购法实施条例》第五十二至五十八条，以及财政部《政府采购质疑和投诉办法》

① 美中贸易全国委员会：《中国政府采购和国企采购：挑战与最佳实践》，美中贸易全国委员会网站，https：//www. uschina. org/reports/government-procurement-and-sales-state-owned-enterprises-china。

（财政部令〔2018〕第 94 号）、财政部《关于促进政府采购公平竞争优化营商环境的通知》（财库〔2019〕38 号）第六部分。其中《政府采购质疑和投诉办法》更是明确了政府采购质疑的提出和答复、投诉的提起和处理的具体事项。

另外，中共中央办公厅、国务院办公厅印发的《关于健全行政裁决制度加强行政裁决工作的意见》（中办发〔2018〕75 号）也指出，“行政裁决主要适用于对以下特定民事纠纷的处理，包括政府采购纠纷”，“重点做好自然资源权属争议、政府采购活动争议等方面的行政裁决工作”，明确行政裁决作为解决政府采购纠纷的重要方式。

学界关于政府采购的研究主要在政府采购合同的定性，有三种学说：民事合同说认为政府采购行为本质上是双方当事人公平竞争，意思表示一致，法律地位平等，以等价有偿和平等互利为基础的市场交易合同行为①；行政合同说认为政府采购合同是行政机关为了保护公共利益，而行使自身行政管理职责的行为②；混合合同说认为采购合同既涉及公益性，也涉及合同的合意性、平等性等特征，其本质是兼具公法与私法性质的特殊合同③。直接用于公共服务的合同定性为行政合同，其他则为民事合同④。

关于政府采购质疑投诉程序的研究主要包括政府采购投诉处理行为的性质、政府采购纠纷解决时限、质疑前置制度的设计、实现政府采购纠纷解决的电子化等。

投诉处理是政府采购纠纷解决的核心制度之一，现行政府采购法律未

---

① 梁慧星：《民商法论丛（第九卷）》，法律出版社，1998 年，第 29 页；肖北庚：《论政府采购合同的法律性质》，《当代法学》2005 年第 4 期。

② 湛中乐、杨解君《政府采购基本法律问题研究（上）》（《法制与社会发展》2001 年第 3 期）一文，政府采购具有民事行为和行政行为的双重性质，即：既有民事行为的属性，要受民法某些基本原则的制约；也有行政行为的属性，受行政法基本原则的制约；政府采购行为体现了民事行为与行政行为的结合，但侧重于行政行为的属性，总体上仍属于行政行为的范畴。

③ 余凌云：《行政契约论》，中国人民大学出版社，2000 年，第 190 页。

④ 成协中：《关于政府采购合同性质和争议解决机制的修法意见》，《中国政府采购》2021 年第 2 期。

对投诉处理性质作出明确规定，中共中央办公厅、国务院办公厅《关于健全行政裁决制度加强行政裁决工作的意见》将政府采购领域的争议解决机制定位于行政裁决，但理论界和实务界仍存有争议。李咸武指出，合同缔结阶段的政府采购争议属于行政争议，政府采购中的投诉处理是行政机关依职权所实施的解决行政争议的一种具体行政行为，不符合行政裁决解决民事纠纷的基本性质。[①] 李欣和陈根强认为合同缔结阶段的政府采购纠纷本质上属于民事纠纷，投诉处理符合行政裁决的特点，具有行民交叉的显著特征。[②] 吴华认为《招标投标法》体系中的投诉处理是行政监督检查或行政处罚，而政府采购中的投诉处理则是行政裁决。[③]

高效是对政府采购纠纷解决时限的要求。何红锋和张璐认为，提高纠纷解决效率应简化救济程序，缩短审查时限。[④] 李德华和李帅从优化政采营商环境角度，通过分析现行政府采购纠纷解决的时间、费用，提出应提高非诉讼纠纷解决程序的效率，依托于互联网基础设施建设和安全防护技术，可通过网上送达、网上速裁等制度，实现纠纷解决各环节无缝衔接。[⑤]

质疑前置制度的设计是否高效、合理，学界有不同看法。黄正华认为“质疑—投诉”的特定顺序考虑了不同制度的区别功能，有利于提高采购效率。[⑥] 成协中也认为应维持现有“质疑—投诉”设计。[⑦] 而王旭则以世贸组织《政府采购协议》（Government Procurement Agreement，简称 GPA）

---

① 李咸武：《我国政府采购投诉处理救济制度之现状及完善建议》，《中国政府采购》2014 年第 12 期。

② 李欣、陈根强：《政府采购监督管理部门投诉处理决定司法审查若干问题研究》，《中国政府采购》2009 年第 4 期。

③ 吴华：《对招标投标法修订草案异议投诉的建议》，《中国招标》2020 年第 4 期。

④ 何红锋、张璐：《我国政府采购质疑与投诉制度的不足与完善》，《北京行政学院学报》2005 年第 5 期。

⑤ 李德华、李帅：《完善纠纷解决机制 优化政采营商环境》，《中国政府采购》2019 年第 8 期。

⑥ 黄正华：《政府采购投诉制度的再评价——基于财政部处置案件的实证分析》，《中国政府采购》2016 年第 6 期。

⑦ 成协中：《关于政府采购合同性质和争议解决机制的修法意见》，《中国政府采购》2021 年第 2 期。

的规定为出发点，指出质疑制度有悖法理，限制了投诉权的实施。① 基于成本考虑，张泽明建议取消质疑前置程序。②

政府采购以及纠纷处理的电子化可以实现高效原则，更符合公开透明要求。姚明明、杨西水分析了政府采购电子化趋势，提出了相应建议③；张晓丹、高焱桑明确了电子化在政府采购监管中的作用④。

可见，对于政府采购以及纠纷处理，学界研究已不断深入，但上述研究缺乏实证证据。

本文拟从政府采购纠纷的投诉和纠纷处理角度考察侨商参与政府采购的公平度问题。财政部《政府采购质疑和投诉办法》规定政府采购质疑答复和投诉处理应当坚持依法依规、权责对等、公平公正、简便高效原则。

具体而言，本文将用三个指标考察政府采购的投诉和纠纷处理现状：其一，投诉处理决定书的透明度，即样本城市行政部门及管理公共事务职能的组织公布政府采购投诉处理决定的公开情况；其二，投诉成功率和涉及歧视案件比值，即样本城市行政部门处理政府投诉案件投诉方的申诉率和涉及歧视案件的比例；其三，处理投诉所需时间，即样本城市行政部门处理的政府采购投诉耗费的平均时间。具体指标设置如下（见表2）：

① 王旭：《对政府采购质疑制度的再思考——以 GPA 相关规定为视角》，《中国政府采购》2013 年第 2 期。

② 张泽明：《为完善政府采购行政裁决改革建言献策》，《中国政府采购报》，2021 年 4 月 16 日。

③ 姚明明、杨西水：《政府采购电子化趋势及推进对策》，《地方财政研究》2020 年第12 期。

④ 张晓丹、高焱桑：《新公共管理视角下政府采购监管创新机制研究》，《地方财政研究》2020 年第 12 期。

表 2　侨商公平参与政府采购评估指标体系

一级指标	二级指标	指标属性	单位	指标解释
侨商企业参与政府采购便利度	1. 投诉处理决定书公布的透明度	数据指标	项	样本城市行政部门及管理公共事务职能的组织公布政府采购投诉处理决定的公开情况
	2. 投诉成功率和涉及歧视案件比值	数据指标	项	样本城市行政部门处理政府投诉案件投诉方的申诉成功率和涉及歧视案件的比例
	3. 处理投诉所需时间	数据指标	项	样本城市行政部门处理的政府采购投诉耗费的平均时间

（二）样本城市

本文参考世界银行选择调研样本的思路，但待评估的样本城市更为多元，进一步延展为我国主要城市，具体选择的样本城市涵盖主要省会城市以及国家级新区和自由贸易试验区所在地城市，共计 33 个城市，包括：

（1）自贸区所在地城市，包括上海市、广州市、深圳市、天津市、福州市、厦门市、沈阳市、郑州市、洛阳市、武汉市、宜昌市、舟山市、重庆市、成都市、西安市 15 市；

（2）国家级新区所在地城市，包括兰州市、青岛市、长沙市、南京市、昆明市、哈尔滨市、长春市、南昌市、保定市 9 市；

（3）省会城市、自治区所在地城市及直辖市，其排除与（1）（2）两项中重合的相关城市包括北京市、石家庄市、太原市、济南市、合肥市、海口市、贵阳市、杭州市、南宁市 9 市。

（三）评估方法

1. 数据来源

评估数据主要来源于各主要城市官网上的公开数据及主要数据库的案例数据。

2. 计算方法

（1）评价指标，又可称为是否指标。评价指标的衡量采取赋分制，主要针对各地方是否有出台相应的具体政策、各地是否相应并制定相关的地方性规则以及各地是否有相关制度建设等情况进行赋分评价。具体赋分标准为：采用0~1赋分衡量，“否”为0分，“是”为1分。

（2）数据指标。这类指标反应相关政策实施效果。在指标量化衡量上，采用0~2分的评价体系，采用相关计量公式如下：

$$特定指标分数 = \frac{2\times(当前值 - 设定最差值)}{设定最佳值 - 设定最差值}$$

上述公式设定最差值和设定最佳值可以考虑数据展示的排名取值，也可以考虑对该指标的专业评价进行设定。指标在0到2之间取值，考虑本研究主要基于政策实施进度及效果衡量展开，政策之间难以区分重要程度，各个指标权重等权分布。

（四）评估结果

1. 投诉处理决定书公布的透明度

依照《政府采购质疑和投诉办法》，行政部门应当将投诉处理决定书送达投诉人和与投诉事项有关的当事人，并及时将投诉处理结果在省级以上财政部门指定的政府采购信息发布媒体上公布。33个城市政府采购投诉决定公布情况如图1所示：

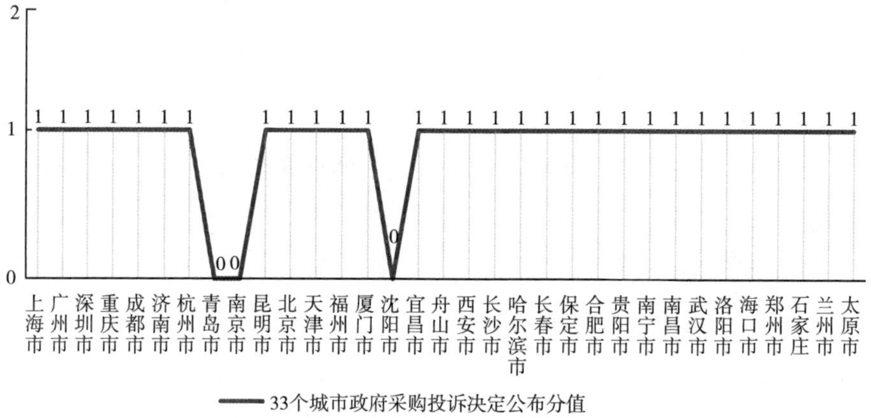

图 1　33 个城市政府采购投诉决定公布情况

评估结果显示，33 个城市中，大部分城市均有涉及政府采购的投诉及其处理决定，有些城市的投诉处理案件偏多，有些城市仅有少量投诉处理决定书，大部分城市的政府采购投诉及其处理决定书的数量处于平均水平。就透明度而言，沈阳市财政局网和政府采购网以及辽宁省财政厅网和政府采购网，无法完整查看沈阳市 2020 年政府采购投诉处理决定书；南京市财政局网和政府采购网以及江苏省财政厅网和政府采购网，无法寻找到南京市政府采购投诉处理决定书；而青岛市政府采购网中，涉及政府投诉处理决定的，作出驳回决定处理的，没有附件上传，无法了解到是何政府机关作出相应的决定，仅对投诉作出正面反馈的才上传附件，在附件中查看作出投诉处理决定的部门；太原市的政府采购投诉处理决定书文件存放于山西省政府采购网，但由于山西省政府采购网具有新版、旧版两种版本进入界面，在新版中，只上传了新版开放之后的文件，而在新版开始使用之前的文件存放于旧版入口，增加了寻找文件的困难程度。

从政府采购投诉处理决定书上传的方式、存放的网址等方面来看，有的城市做得可圈可点，但是总体上看，不同城市的政府采购投诉处理决定书上传的网站不尽相同，缺乏规范性。有些城市上传于市政府采购网，有些城市上传于市财政局，有些城市上传于省政府采购网，少部分城市将文件存放于市或省人民政府网。从实践角度上看，在政府采购处理决定书存放的网址与上传的内容应当包括哪些方面未采取统一的做法，各城市依据行政习惯作出处理决定书。但是也有城市在信息公开上做得比较完善，政府采购投诉处理决定书存放的板块明显，具有清晰的文号。也有某些省份，例如浙江省、河北省，将该省范围内的所有城市的政府采购投诉处理决定书存放于同一个省属网址，在该网址中，便可以查询该省范围内各城市的相关文件。

整体而言，我国政府信息公开的透明度已经达到一定的高度，大部分行政机关会将行政文件信息公布于众，政府采购投诉处理决定书大部分会上传至专门的板块，便于群众查询相应的文件。整体上基本实现了对行政机关透明度的要求。

2. 投诉成功率和涉及歧视案件比值

根据《政府采购质疑和投诉办法》，供应商认为采购文件、采购过程、中标或者成交结果使自己的权益受到损害的，可以在知道或者应知其权益受到损害之日起 7 个工作日内，以书面形式向采购人、采购代理机构提出质疑。质疑供应商对采购人、采购代理机构的答复不满意，或者采购人、采购代理机构未在规定时间内作出答复的，可以在答复期满后 15 个工作日内向本办法第六条规定的财政部门提起投诉。对 33 个城市投诉成功率和涉及歧视案件比值调查得到的结果如图 2 所示。

结果显示，各个城市的供应商投诉成功率的差异显著。在 33 个城市中，投诉成功率排名前四位的分别是上海市、沈阳市、宜昌市以及贵阳市，得分均为 2 分，投诉成功率均为 100%。但是成功率前四的城市投诉处理记录是最少的，分别为 2 条、2 条、2 条和 1 条。从整体上看，随着投诉处理的增加，投诉成功率并不随之提高。深圳市政府采购是投诉处理记录数量最多的城市，共有 52 条，但是其供应商投诉成功率只有 30%。投诉成功率分值排名后四位的城市依次是武汉市、南昌市、南京市、青岛市，投诉成功率相对较低，都在 10% 以下。通过查阅投诉处理决定书可以发现，供应商投诉不成功的原因主要包括了不在投诉有效期内、投诉事项

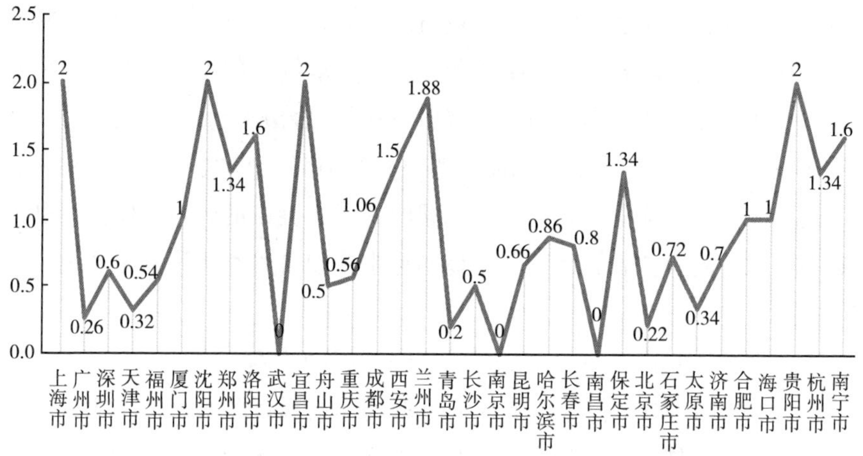

图 2　33 个城市供应商投诉成功率分值

缺乏事实依据和法律依据以及投诉事项不符合法定受理条件等。

在政府采购投诉处理中，实行差别待遇或歧视待遇是供应商投诉的主要原因。从图 3 可以看出，各个城市的供应商歧视案件比例差距也是较大的。在 33 个城市中，供应商歧视案件比例分值为满分的共有 10 个城市，分别是上海市、厦门市、沈阳市、武汉市、舟山市、南昌市、保定市、合肥市、贵阳市以及南宁市，得分均为 2 分。这表明在 2020 年以上城市在政府采购方面不存在对供应商实行差别待遇或歧视待遇的情况，不过以上城市投诉处理记录相对较少，它们的投诉处理记录都在 5 条以下。得分为 0 的城市，也即供应商歧视案件比例最高的城市为宜昌市，但是宜昌市政府采购也仅只有 2 条投诉处理记录。

采购人对供应商的歧视行为主要包括如下情形：①就同一采购项目向供应商提供有差别的项目信息；②设定与采购项目的具体特点和实际需要不相适应或者与合同履行无关的资格、技术、商务条件；③采购需求中的技术、服务等要求指向特定供应商、特定产品；④以特定行政区域或者特定行业的业绩、奖项作为加分条件或者中标、成交的条件；⑤对供应商采取不同的资格审查或者评审标准；⑥限定或者指定特定的专利、商标、品牌或者供应商；⑦非法限定供应商的所有制形式、组织形式或者所在地；⑧以其他不合理条件限制或者排斥潜在供应商。通过查阅投诉处理决定书可以发现，以其他不合理条件限制或排斥潜在供应商的行为主要有如下情形：招标文件的评分项设置不合理，要求供应商具有法律法规未规定的资格证书；以特定行业的证书作为加分条件或者中标、成交的条件；对机器设备设置国际标准来恶意提高投标门槛等。从供应商投诉成功率以及供应商歧视案件的比例来看，政府采购存在着一定的问题，如代理机构、评审专家专业化水平不高，从而导致评审结果缺失公平公正性等。

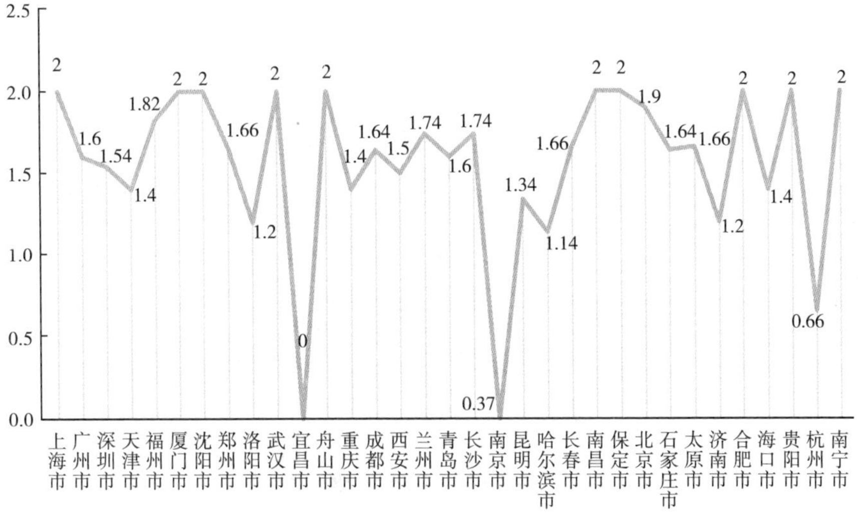

图3　33个城市供应商歧视案件比例分值

3. 处理投诉所需时间

根据《政府采购质疑和投诉办法》，财政部门收到投诉书后，应当在5个工作日内进行审查，且财政部门应当自收到投诉之日起30个工作日内，对投诉事项作出处理决定。但财政部门处理投诉事项，需要检验、检测、鉴定、专家评审以及需要投诉人补正材料的，所需时间不计算在投诉处理期限内。根据该规定，对33个城市采购投诉处理信息收集结果如下：

评估结果显示，33 个城市中，政府采购投诉处理效率排名前七名的城市分别是武汉市（2 分）、南宁市（2 分）、贵阳市（2 分）、舟山市（1.88 分）、长沙市（1.88 分）、杭州市（1.83 分）、济南市（1.88 分）、石家庄市（1.82 分）；排名后七位的依次是天津市、福州市、郑州市、洛阳市、重庆市、南京市、哈尔滨市。

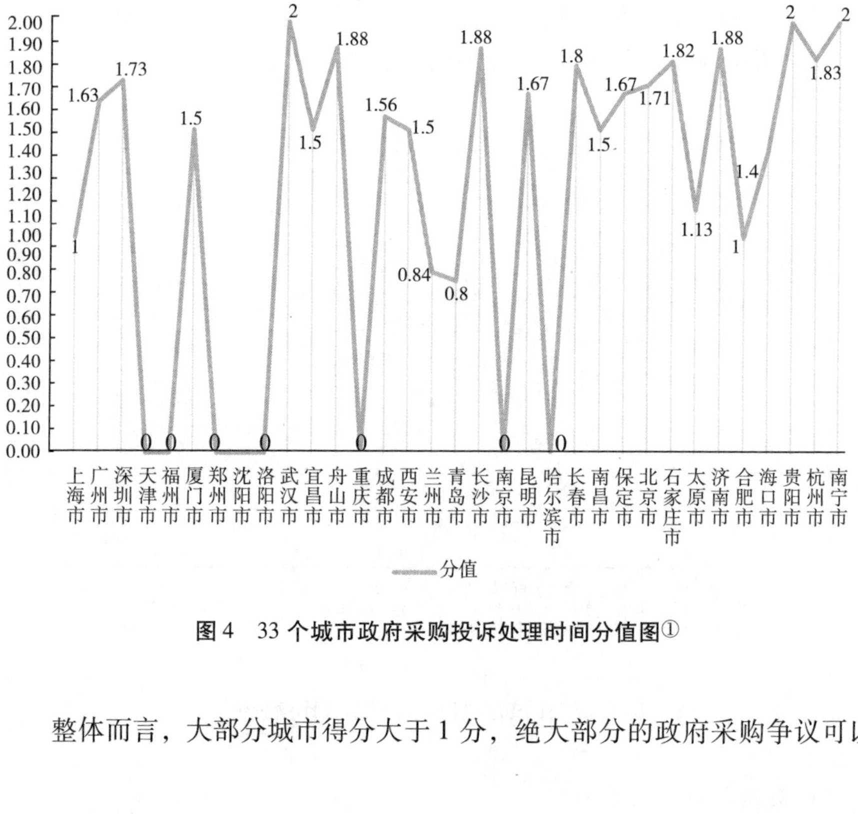

图 4　33 个城市政府采购投诉处理时间分值图①

整体而言，大部分城市得分大于 1 分，绝大部分的政府采购争议可以

① 分值区间的设置：大部分城市政府采购投诉的处理时间为 0 ~ 200 天，故将政府采购投诉时间赋分分为四个区间：0 ~ 50 天为 2 分；51 ~ 100 天为 1.5 分；101 ~ 150 天为 1 分；151 ~ 200 天为 0.5 分；大于 200 天和未公开处理时间为 0 分。其中天津、福州、郑州、沈阳、洛阳、重庆、南京、哈尔滨未公开投诉时间，得分为 0。

于150日内完成，政府采购投诉处理效率达到一个较高的水准[①]。

五、结论和建议

虽然我国总体上政府采购投诉处理效率较高，但是城市间差距较为明显。这反映了不同城市的政府针对提高政府采购投诉处理效率的进展程度不同，或因地区、经济等条件不同而有所差异。总体而言，根据调查结果，当前政府采购投诉处理呈现以下几个特点：

其一，大部分城市提高了采购处理结果信息透明度。当前，我国大部分城市推行政府网站集约化建设，完善政府公报数据库，推进数字化利用，通过政务新媒体等渠道加强政府公报内容传播，进一步完善政务公开平台。大多数政府采购投诉处理决定与处罚会通过采购监督专栏进行公示，拓宽了政府信息公开途径，提高了政府采购投诉处理信息的透明度，便于当事人查阅相关处理信息，有利于建设公正透明政府，改善侨商营商环境。但少量城市查找不到政府采购案件相关信息，建议在权威网站统一公布。

其二，大部分城市政府采购投诉处理能够引法为据，妥善解决争议。在收集数据的过程中，通过查看图表所列城市的政府采购投诉处理决定书，发现多数的政府采购投诉处理决定书都能充分说理，引法为据，兼顾双方当事人利益，做到公平公正。这得益于党的十八大以来全面推进法治政府建设，要求政府行政要有法可依，有法必依，执法必严，违法必究，不仅追求实际结果的公正，也同时保证程序的公正，这也从侧面反映出政府职能向服务型政府转变。但也有少部分投诉决定说理简单，甚至不列理由，需要加以完善。建议有关部门可发布投诉书/处理决定书示范模板，指引供应商和下级部门规范文书制作，提高投诉和处理的效率。另外，在相关案件中

① 世界银行指标体系中，评价纠纷获得解决所花费的时间包括采取行动的天数和等待时间。该时间指标主要用于评价诉讼或仲裁等司法救济环节的效率，指标设定值为120天。从全面评价政府采购营商环境的视角看，采样的大部分城市政府采购投诉处理效率可以达到该参考值。

主体歧视类纠纷最多，这表明政府采购公平度还有进一步加强的空间。

其三，大部分城市政府采购投诉处理效率较高。通过观察图表可以看出，得分排名前七名的城市其分值均超过 1.80 分，部分城市达到或接近 2 分。这表明这些的城市政府采购投诉争议可以于 80 天内得到解决，显示出政府处理采购投诉的高效率。这一高效率归功于强化事中事后监管，创新政府采购监管方式的行政改革。政府通过完善政府采购行政裁决机制，加强执法标准化建设，定期发布政府采购指导性案例，统一了全国政府采购代理机构检查的标准和处理处罚口径，稳定市场主体的监管预期，提高了行政裁决的专业化水平，进一步提升了政府采购投诉的效率的质量。而相对来看，兰州和青岛的得分仅为 0.84 分和 0.80 分，处理效率有待提升。因此各地处理政府采购投诉的时间不均衡，且少量案件耗时较长，需要进一步提升效率，并明确行政机关收集文件、信息的时间限度。

涉侨纠纷多元化解机制的司法实践

——以“恩平模式”为样本分析

郑平平*

［摘要］纠纷诉讼解决途径存在用时长，成本高，对抗性强等问题，这些问题在涉侨纠纷中显得尤为明显，因此需大力探索另外一种替代性纠纷解决方式——涉侨纠纷多元化解机制。“恩平模式”是指在恩平市委统筹下，由恩平法院牵头，联动司法、侨联等多家单位成立集“解难、解纷、解惑”为一体的恩平市华侨华人法律服务中心，该中心整合法院、司法局、侨联等单位现有解纷资源，并与镇街村居网格员、乡贤评理室以及侨胞之家等基层解纷组织深度融合，形成“中心＋海外联络站＋信访超市＋镇街解纷”涉侨多元解纷平台，实现涉侨纠纷信息互通、解纷资源共享，充分融合自治组织的“情”、调解组织的“理”与司法机关的“法”，在解纷过程中发挥来自不同层面、不同梯度解纷资源的效能，努力实现“矛盾不上交、平安不出事、服务不缺位”的新时代“枫桥经验”目标。

［关键词］涉侨纠纷多元化解；共建共治共享；“恩平模式”

自2018年最高人民法院、中国侨联联合印发《关于在部分地区开展涉侨纠纷多元化解试点工作的意见》以来，上海、江苏、广东、浙江等11个试点地区陆续开展涉侨纠纷多元化解试点工作，各地法院结合地方侨情特点积极探索，通过建机制、搭平台、设中心，形成了极具区域特色的涉

---

* 作者简介：郑平平，恩平市人民法院审判委员会专职委员二级法官。

侨解纷模式，以涉侨多元解纷作为关键词在互联网搜索，可检索出大量如云南瑞丽设立民族特色诉讼服务中心，浙江温州、青田的海外司法联络站以及广东恩平的华侨华人法律服务中心等宣传报道，但知网上关于涉侨纠纷多元化解机制的理论研究论文却寥寥无几，涉侨多元解纷目前还是法学研究亟待充实的细分领域，毕竟目前我国有超过 6 000 万侨胞分布在世界近 200 个国家和地区[①]，这些侨胞对祖国有着巨大的贡献，长期通过捐赠、投资、关键技术引进等方式支持着祖国的建设。2014 年 9 月 21 日，习近平总书记在庆祝中国人民政治协商会议成立 65 周年大会上的讲话中强调："要加强同海外侨胞、归侨侨眷的联系，维护他们的合法权益，支持他们积极参与和支持祖（籍）国现代化建设与和平统一大业，促进中国同世界各国的文化交流。"因此，对涉侨纠纷多元解决途径进行探索，不仅对于维护归侨侨眷和海外侨胞合法权益具有重要意义，更是全面提升治理体系和治理能力现代化的客观需要。本文将以广东省恩平市的涉侨纠纷多元化解机制的司法实践为样本，对当下涉侨多元解纷工作的现状、问题、困难进行全面分析，并对如何完善涉侨纠纷多元化解机制建设提出建议。

一、并非最优选择——涉侨纠纷化解诉讼进路

诉讼是当下人们最常选择的纠纷解决途径，其权威性和终局性是其他纠纷解决方式不可比拟的。但在涉侨纠纷解决中，诉讼往往并非侨胞的最优选择。以广东省恩平市为例，恩平市是著名侨乡，该市常住人口约 48 万，但海外华侨华人总数达 60 万，分布在委内瑞拉、哥斯达黎加等 67 个国家和地区。随着国内经济的快速发展以及受 2019 年以来的新冠肺炎疫情影响，越来越多的华侨华人选择返回家乡工作和生活。据统计，目前在恩平市生活的华侨华人约 4 万人，其中父母系华侨华人的外籍留守儿童有

① 参见 2018 年 4 月 25 日时任国务院侨务办公室主任许又声在第十三届全国人民代表大会常务委员会第二次会议上所作的《国务院关于华侨权益保护工作情况的报告》。

8 000余人。长期的“一家两国”生活以及频繁的民间经济往来，产生了大量的婚姻家庭纠纷、民间借贷纠纷以及买卖合同纠纷。但据恩平市法院司法统计，2022 年 1 月开始涉侨案件识别登记以来，1—6 月受理涉侨案件仅有 374 件（见表 1），仅占该院全部受理案件 10%，该数据相对 60 万侨胞的体量来说明显偏低。

表 1　2022 年 1—6 月恩平市法院涉侨审判执行案件汇总表

	受理情况				结案情况			未结
	旧存	新收	受理总数	涉侨当事人数量	结案	结案率	结案总标的（万元）	
E 法院		374	374	374	270	72. 2%	1 374. 1	104

笔者通过访谈部分侨领、涉侨纠纷当事人以及侨联工作人员，对侨胞通过诉讼解决纠纷的困难进行了解：

吴某①：回国进行诉讼是我们万不得已的选择，主要是成本高，现在疫情期间回国的机票异常难买，一张都要几万甚至十多万人民币，我们很多纠纷不过是几万块的货款，太不划算了。还有一个比较棘手的是委托授权的问题，我们从国外委托国内律师需要寄交或者托交的授权委托书应当经使领馆证明，授权委托手续较为烦琐，在疫情期间更是难上加难。

郑某②：赢了官司输了钱，虽然法院支持了我，我赢了官司，但是被告长期在国外做生意，我也知道他在国外有房有车，他就是不回国，法院执行局查控了被告名下在国内的全部银行账户、房产和车辆等信息，被告

① 吴某，42 岁，于委内瑞拉经商，现任委内瑞拉五邑青年会副会长。

② 郑某，恩平市某街道居民，某民间借贷纠纷案件当事人。

在国内没任何财产。所以到现在3年了我还没拿到一分钱。

廖某[①]：我们发现侨胞很多是不知道怎么去维护自己的权益的，虽然我们法院现在线上诉讼很方便，可以通过一台手机就立案、开庭和送达，但很多侨胞并不知道，很多侨胞来立案的时候其实已经过了诉讼时效。

侨胞较少选择诉讼途径解决纠纷主要有三个原因：不愿诉、不会诉、不能诉。

（1）不愿诉。大部分侨胞在海外选择的是抱团取暖的方式，他们往往具有同族、同乡、同学等关系（恩平市某村曾有一个人先去委内瑞拉，后陆续有200多名同村人前往投靠），这种关系一方面能促进海外侨胞之间的团结，但另一方面，当他们之间出现纠纷后，当事人往往顾及情分，担心诉讼会让自己在海外熟人圈中留下不好印象，所以出现纠纷后并不会第一时间选择诉讼作为化解方式。影响侨胞诉讼意愿的另外一个因素则是涉侨案件执行到位率低的问题，由于部分涉侨被执行人处于“失联”状态，法院查明其海外财产状况难度较大，导致判决难以执行，部分侨胞认为即使赢了官司也没多大意义。

（2）不会诉。许多侨胞长期侨居海外，对国内诉讼程序非常陌生。尽管自2019年以来，随着人民法院一站式诉讼服务体系建设的深入推进，恩平市人民法院已经建立完善的线上立案体系，当事人可仅凭一台手机通过人民法院在线诉讼服务平台即可完成立案的全部流程。但恩平市人民法院2022年1—6月自主通过广东诉讼服务网进行网上立案的案件数仅为6件，仅占同期法院涉侨纠纷立案数的1.6%，更多的还是选择传统的线下立案。

（3）不能诉。涉侨诉讼一大难点是送达，实践中原告很少掌握被告的地址信息，现在常用的通过三大运营商进行的当事人“失联修复”功能也无法适用涉侨的海外当事人，公告就成了法官常用的送达方式，但公告这种拟制的送达方式大多数情况下并不能真正意义上送达当事人，因此涉侨

① 廖某，恩平市法院诉讼服务中心法官助理。

案件中被告出庭率低，侨胞知情权难以得到有效保障，审判的公正性受到当事人的质疑。

二、替代性机制——涉侨纠纷多元化解

纠纷解决方式主要包括诉讼与非诉讼两大类型，过去我们较为迷信诉讼的权威性，有纠纷找法院已经成为一定的思维定式，虽然也强调在诉讼中调解，但这种调解主要是以法院为主的司法调解，依然无法避免司法程序的用时长、成本高、对抗性强等难题，如上文所述，这些问题在涉侨纠纷中显得尤为明显，因此需大力探索另外一种替代性纠纷解决方式——多元化纠纷解决机制。我国多元化纠纷解决机制强调的是诉讼与调解、仲裁、行政裁决、行政复议等非诉讼方式之间的相互配合与协调，将各种解纷方式之间的优势互补作为多元化纠纷解决机制运转的核心动力，将充分发挥各种解纷方式的作用作为多元化纠纷解决机制构建追求的目标[①]。多元化纠纷解决机制概念源于《人民法院第二个五年改革纲要（2004—2008）》（2005 年）；2014 年党的十八届四中全会提出“完善调解、仲裁、行政裁决、行政复议、诉讼等有机衔接、相互协调的多元化纠纷解决机制”；2015 年通过了《关于完善矛盾纠纷多元化解机制的意见》，该文件对多元纠纷解决机制进行顶层设计；2016 年，《最高人民法院关于人民法院进一步深化多元化纠纷解决机制改革的意见》成为多元化纠纷解决机制改革工作的纲领性文件，自此，有关多元解纷的探索遍地开花。2018 年，最高人民法院与中华全国归国华侨联合会联合发布了《关于在部分地区开展涉侨纠纷多元化解试点工作的意见》（以下简称《意见》），该《意见》从健全调解组织、吸纳律师参与、鼓励横向合作、提升科技应用、落实审判职能等方面提出明确的指导，在推进涉侨多元纠纷解决制度建设中具有

---

① 廖永安、江和平：《构建中国特色多元化纠纷解决机制》，《人民法院报》，2021 年 4 月 6 日。

里程碑式的意义，各地也在该文件的指导下开展一系列的探索。

广东省恩平市人民法院在深入贯彻习近平总书记关于侨务工作讲话精神的过程中，以江门市委“侨都赋能”工程的推动为契机，整合现有解纷资源，从全市层面打造解纷体系，首创的集“解难、解纷、解惑”为一体的恩平市华侨华人法律服务中心模式现已取得初步成效（见图 1）。具体做法如下：

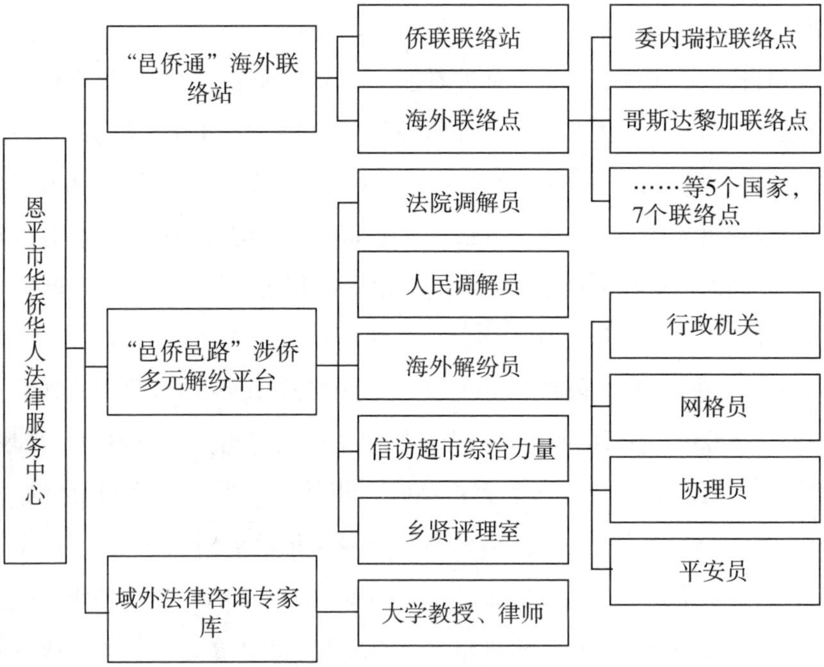

图 1　恩平市华侨华人法律服务中心架构图

（一）整合现有松散解纷力量，形成侨益整体保护大格局

恩平作为侨乡，党委和政府十分重视侨益的保护，各部门结合自身职能，先后形成各有特色的解纷资源（见表 2），但在实践当中，上述解纷力量缺乏市级层面的“连成一片”的统筹协调，各涉侨部门建设的解纷力量

没有形成合力，呈现块状式割裂，难以形成有效衔接，跨部门的联动配合不足，在调度人、财、物时也较难实现资源利用效率最大化。

表 2　恩平涉侨解纷组织一览表

序号	名称	所属部门	主要职能
1	涉侨法官调解室	法院	法官入驻侨胞聚集村居，提供法律咨询、纠纷化解、普法宣传等涉侨法律服务
2	镇街涉侨调解室	司法局	属地化解涉侨矛盾纠纷
3	涉侨法律顾问委员会	侨联	提供法律咨询、法律援助、纠纷化解、普法宣传等涉侨法律服务
4	乡贤评理室	村委会	结合乡贤的亲缘、人缘、地缘优势，联合网格员的力量及时化解村的矛盾纠纷
5	检侨联络站、侨资企业服务站	检察院	开展远程跨境调解、信息通报、视频举报和申诉、法治宣传等涉侨检察工作
6	公共法律服务中心（工作站、工作室）	司法局	集法律宣传、咨询、培训、诉讼代理、公证、调解等多种服务于一体

基于此，在恩平市委统筹下，由恩平法院牵头，联动司法、侨联等多家单位成立以市委统战部部长为组长，各成员单位一把手为成员的侨益保护工作领导小组，先后与 11 家单位联签《关于联合成立恩平市华侨华人法律服务中心的意见》《涉侨纠纷诉调对接工作规范》《市委、市人民法院〈建立我市多元化纠纷调处机制试点工作方案〉的通知》等涉侨权益保护文件，并与镇街村居网格员、驻村律师等既有法律资源深度融合，直接将

解纷力量深入一线，让矛盾纠纷就地降温熄火。

（二）建设恩平市华侨华人法律服务中心，构建侨益保护综合体

2022年4月，恩平市华侨华人法律服务中心正式揭牌运行，主要包含“邑侨通”海外联络站、“邑侨邑路”涉侨多元解纷平台、域外法律咨询专家库组成，截至8月，该中心已经受理各类问题纠纷517件，其中成功化解矛盾纠纷376件，成功率72.7%，受到海内外侨胞点赞。

1. 建设“邑侨通”海外联络站

该服务站主要采取“外卖平台”模式开展工作，侨胞通过服务站下单告知需求，由服务站将相应的需求派单至各职能部门，再由职能部门主动对接侨胞，为其排忧解难。该模式能有效解决侨胞侨眷在办理各项法律事务中存在的找人难、花费高、费时长等问题。同时该站点还可以协助法院送达、诉讼指引、法律咨询、调解等事务。该站点的人员构成主要由五邑青年联合会、恩平同乡会等海外社团的侨领担任负责人，社团工作人员担任联络员。

为进一步便利侨胞办理法律事务，该服务站已在恩平籍华侨相对较多的国家如哥斯达黎加、委内瑞拉等5国分设联络点，让侨胞在身边即可找到司法服务“娘家人”。由于极大简便了授权见证等法律事务的办理流程，目前涉侨案件审理效率大大提升，涉侨案件平均审理周期由过去200余日缩减至现在的102日。

典型案例1：陈某购买回国机票纠纷

由于受疫情影响，国外回国机票一票难求，且价格昂贵。陈某怀孕后，想回国生产，于是托人高价购买机票，后因多方原因导致未能按时乘机回国，于是产生纠纷。纠纷产生后，因代购机票方在国内，陈某并不知道代购人的具体身份信息，无法诉讼，而且陈某着急回国，特向服务中心的“邑侨通”海外联络站求助，“邑侨通”海外联络站联络员将纠纷建立

工单后转送给“邑侨邑路”涉侨多元解纷平台，平台受理后立刻成立专案组，在归国侨领的帮助下，找到代购人，并联同法院、司法局、公安局和侨联法律顾问委员会在恩平信访超市开展视频远程联调。最终由代购人退回机票购买费用，在“邑侨通”海外联络站的协助下，陈某重新购买机票回国。

2. 搭建涉侨多元解纷统一平台

将原归属司法局的镇街涉侨调解室、侨联的涉侨法律顾问委员会、信访超市的涉侨窗口以及法院的涉侨多元解纷员进行整合，在法院成立“邑侨邑路”涉侨多元解纷平台，对解纷资源进行统一管理。并采取“走出去”和“引进来”两种解纷模式：一是“走出去”，主动为有困难的特殊侨胞如涉侨留守儿童、空巢老人以及困境妇女等提供上门解纷服务。二是“引进来”，对争议较大、涉及人数较多或者矛盾比较反复的纠纷则引导进入仲裁或者诉讼程序，能调则调，当判则判，避免“久调不成”。目前该平台共有46名涉侨多元解纷员、5名海外特邀调解员以及3名涉侨律师顾问常驻该解纷平台，同时该平台还可以通过“粤平安”① 采取任务派单的方式请求其他社会综治力量协助，真正意义上实现一平台通办。

典型案例2：李某涉侨留守儿童校园侵权纠纷

李某系恩平市某小学四年级学生，系委内瑞拉籍华人，父母在其3岁时将其带回家乡由其奶奶抚养，后因其父母感情破裂而离异，双方返回委内瑞拉后音讯全无。某日李某在校期间和同学打闹，导致同学摔倒在地，进而产生5万元的医疗费和后续治疗费，同学家长向李某奶奶索赔，遂产

① “粤平安”是群众信访诉求矛盾纠纷化解综合服务应用的简称，在江门首先全面启动，主要是凝聚多方平安力量参与社会治理，整合网格员、楼栋长、志愿者、社区综治队员等基层工作力量，组建“平安员”队伍。“平安员”可以在系统进行上报、办理等操作，通过系统自动分拨、流转，快速协调各方平安力量处置各类矛盾纠纷，实现区域综合指挥调度全联动。

生争议。该情况被李某奶奶所在社区网格员掌握，遂将该纠纷上报恩平市华侨华人法律中心，服务中心工作人员掌握信息后主动对接李奶奶，并派出调解员前往学校、受伤同学家中了解情况。后在人民法院、侨联、司法局、教育局等单位的联合调解下，该纠纷以李某奶奶赔偿 2 万元调解成功。服务中心在回访过程中了解到李某家庭困难，而且李某想加入中国籍，解决读书学籍的问题，了解需求后，服务中心通过联动机制将任务派单至侨联，侨联一方面联系侨务办协助李某办理入籍事宜，另一方面发动热心侨胞捐款捐物，筹集善款 6 000 元，解决燃眉之急。

恩平市华侨华人法律服务中心还配置有一个域外法律咨询专家库。通过平台共建，邀请当地的五邑大学政法学院的 15 名法学教授及恩平司法局委派的具有涉外经验的律师等人员作为专家，共同组建域外法律咨询专家库，针对成文法、司法判例、国际公约、双边协议和市场准入规则，以及劳工、税务、知识产权、公司等法律规定与相关技术标准等提供法律咨询服务，侨胞提出咨询后，平台分配专家即可在第一时间回复。

（三）依托智慧法院建设，提升涉侨解纷效能

主要通过解决以下三个方面的问题来提升效能：一是全面推广线上诉服，让跨境距离不是问题。通过充分整合现有的线上诉讼资源，通过网络平台为侨胞全过程提供自助立案、案件查询、法律咨询、在线缴费、云上庭审等智能化诉讼服务，形成全部诉讼业务“掌上办”的新模式，解决身在海外的当事人往返跑的难题。二是启用 24 小时自助服务站，让时差衔接不是问题。在恩平市行政中心服务大厅的 24 小时自助服务点增设自主诉讼服务机，由后台工作员通过远程接访终端提供在线咨询、诉讼立案、卷宗查阅、文书送达等多种核心诉讼服务业务功能，方便常年出入国境存在时差的海外侨胞当事人。三是上线“授权见证通”，让身份识别不是问题。对于在海外的华侨华人来说，跑几趟大使馆认证是必不可少的，而由于现

在疫情影响，很多华侨华人无法按照正常程序办理相关认证。针对网上跨境诉讼身份认证难的问题，开发了小程序软件服务，通过法院、当事人和受委托的律师（代理人）三方在线共同见证办理委托授权，打破电信运营商在境外接收通信认证信息不便的瓶颈。

三、"恩平模式"——新时代"枫桥经验"的发展

（一）强化党建引领，舞好为侨服务"指挥棒"

一是强化政治引领。以高质量党建推动侨务工作高质量发展，进一步加强党的全面领导工作，加强顶层设计和统筹谋划，整合调动方方面面的资源力量，形成强大的工作合力，健全上下贯通的组织体系。二是发挥统一战线优势。充分发挥统一战线的政治优势、资源优势、组织优势、智力优势，引领社会各界人士，围绕提升维护侨胞权益建言献策，助力完善工作机制、优化平台服务，提升专业化、智能化水平。三是强化组织保障。充分发挥以市委统战部部长为组长、成员单位一把手为副组长的恩平市涉侨纠纷多元化解工作领导小组的作用，以"一把手"工程推进工作，全面落实主体责任。同时，注重各成员单位配合，增强合作意识、大局观念，切实做到信息互通、资源共享、密切协作。

（二）坚持法治保障，筑牢为侨服务"压舱石"

发挥立法基层联系点作用，夯实基层法治建设基础。在侨胞侨眷集中居住的村居社区、华侨农场、华侨中小学设立法官工作室，由基层法庭联合当地公安、妇联、民政等人员，对案件审理中发现涉及家暴、校园欺凌等情形的妇女、留守儿童、空巢老人开展权益保护、心理辅导、普法宣传等措施，推动维护华侨华人权益的触手延伸到基层的各个角落。

（三）实现平台共享，点亮为侨服务“暖心灯”

深入融合信访超市，开设涉侨纠纷多元化解窗口，并通过信访超市在各乡镇（街道）设立联络站，形成涉侨解纷“一中心多站点”的网络化管理模式。通过“中心 + 工作室 + 服务站 + 信访超市”共同搭建的涉侨多元解纷平台，实现涉侨诉讼信息互通、资源共享。一方面，可以适时为有困难的特殊侨胞如涉侨留守儿童、空巢老人以及妇女等提供上门解纷服务；另一方面，将部分历史悠久、涉及人数较多或者矛盾比较尖锐的纠纷引进信访超市，集中解纷资源为有需要的侨胞、侨眷解决困难。

涉侨纠纷多元化解机制是社会治理现代化发展的创新举措，也是新时代人民法院为进一步服务大局、提升司法服务水平的自我革命措施。涉侨纠纷多元化解机制仍在不断探索发展当中，如何更好地适应社会经济发展需要，如何最大限度发挥其解纷作用也是我们今后需要重点探索并加以努力突破的难题之一。

汕头法院涉侨权益司法保护的地方经验

姚焕丹*

[**摘要**] 汕头法院通过设立涉侨纠纷诉调对接工作室、涉侨审判专业合议庭，打造涉侨审判绿色通道，充分发挥侨界调解员的辅助作用，完善“互联网+涉侨纠纷”机制，提高适用域外法查明制度的力度等系列护侨措施，取得了良好积极的社会效果，未来将通过构建法院与仲裁机构的常态化信息沟通合作机制、探索建立“海外联络员”制度和归侨陪审员制度、申请设立华侨试验区法庭等举措进一步完善涉侨权益司法保护机制。

[**关键词**] 涉侨权益；司法保护；涉侨审判

侨胞侨眷是中国联结世界的重要纽带，是促进国家发展的重要依靠力量。汕头是全国著名侨乡，汕头经济特区因侨而立，因侨而兴。2020 年 12 月 13 日，习近平总书记在汕头考察调研时强调，汕头经济特区要根据新的实际做好“侨”的文章，加强海外华侨工作。[①] 这充分体现了总书记对汕头工作的高度重视和厚望重托。做好新时代“侨”的文章，也是汕头贯彻落实国家重大战略的重要途径，是汕头发挥资源禀赋深化改革开放的重要抓手。汕头市第十二次党代会明确指出，要坚定不移做好新时代“侨”的文章，弘扬“侨”文化，建设“侨”平台，创新“侨”机制，搞活“侨”经济，打造聚侨惠民的和美侨乡。汕头市人民法院始终坚持以习近平新时

---

* 作者简介：姚焕丹，汕头市中级人民法院民四庭庭长。

① 《人民日报》，2020 年 10 月 16 日。

代中国特色社会主义思想为指导，深入贯彻习近平法治思想，牢固树立总体观念和率先意识，立足实际，精准定位，深化司法服务内涵与实质，前瞻性地推动工作。汕头法院在涉侨审判工作中，持续多措并举，不断创新引领，打造涉侨审判的特色和亮点，不断积累涉侨审判“汕头经验”，积极构建涉侨服务“汕头模式”，努力形成涉侨司法品牌“汕头样板”。2017年以来，汕头两级法院妥善审结涉侨民商事案件400多件。

一、汕头法院涉侨权益司法保护的典型案例

汕头经济特区设立40多年来，共批准外商直接投资项目6 289个，其中来自华侨华人的投资项目有5 865个，合同侨资金额149.06亿美元，涉及44个国家和地区。近年来，汕头法院着力打造优质涉侨司法审判和司法服务，深入推进涉侨领域矛盾纠纷多元化解，依法维护归侨侨眷和海外侨胞合法权益，为推动侨乡优势转化为发展优势贡献司法力量。

2022年初，汕头市中级人民法院成功调解处理了一宗涉侨资企业的合同纠纷案件。该案的一方当事人是一家香港侨资企业在汕头澄海投资成立的科技公司。去年4月，为了发展生产，该公司向某贸易公司采购九批生产原料，却在对方供货之后，迟迟未能付还全部货款。为讨回货款，贸易公司于今年2月诉至汕头中院，要求科技公司付还尚欠的1 300多万元。案件承办法官经过多方了解，发现这家科技公司曾多次与贸易公司确认尚欠货款，确有积极还款的意愿。科技公司的负责人表示：“拖欠货款不是我们的本意，主要是因为疫情导致运费上升、运输周期拖慢和货款回收出现延迟，我们才会抽不出资金支付货款。”为了在疫情期间帮助侨资企业纾困解难，更快实现案结事了，鉴于双方均有调解意向，法官联合涉侨纠纷特邀调解员耐心对双方当事人做调解，经多次协调，双方当事人达成调解协议，由科技公司分期付还货款。案件达成调解协议后，原本焦头烂额的科技公司有了更多空间可以调整生产活动，在资金回笼之后便提前在4

月 13 日还上了全部货款。该合同纠纷案件圆满解决之后，科技公司的负责人很是激动，一再称赞“法院的帮助让我们真真正正感受到汕头惠侨政策的力度”。贸易公司的负责人也对法院的诉调对接工作十分满意，案件的处理结果得到了双方当事人的充分认可。

汕头法院通过调解帮助侨企解一时之难，既增强了侨胞回汕发展的信心，也得到了社会各界的一致好评。“汕头中院高效的诉前调解既减少了企业的诉累，又解决了实质问题，有助于建设司法服务新高地，为侨胞、侨资回乡发展提供有力保障。”全国人大代表、中国电信汕头公司网络部资深技术主管陈颖宇如是说。

二、汕头法院涉侨权益司法保护的地方实践

近年来，汕头法院坚持围绕中心、服务大局，以提升优质涉侨司法审判和全新司法服务为着力点，将涉侨司法服务作为重要的工作任务认真谋划推进，积极探索，积累了有益的涉侨审判“汕头经验”，其中，部分经验事项在汕头两级法院落得准、推得开、见实效，为各地开展涉侨权益司法保护提供了可参考、可复制、可推广的创新经验。

（一）完善制度机制，加强组织保障

1. 设立“涉侨纠纷诉调对接工作室”，推动多元解纷

2020 年 12 月，汕头市中级人民法院和汕头市侨联设立“涉侨纠纷诉调对接工作室”。2021 年 5 月，汕头市中级人民法院出台涉侨调解工作对接规定，进一步细化涉侨调解对接工作的具体手续，完善法院诉前调解中心与外部涉侨调解组织各项工作的对接工作，建立涉侨多元解纷工作机制。汕头两级法院实现“涉侨纠纷诉调对接工作室”全覆盖，着力汇聚社会各界力量、推动涉侨纠纷调解专业化。发挥涉侨特邀调解员能动作用，深挖社会解纷潜力，从侨联、各乡镇街道涉侨联络人中及侨眷、侨属中选

聘特邀调解员，发挥特邀调解员熟悉侨情侨意的优势，参与涉侨案件的委派调解、委托调解、协助调解等工作，办理诉调衔接相关事宜。

2. 设立涉侨审判专业合议庭，实现涉侨案件审理集中化

2021年12月，汕头市中级人民法院制定《汕头市法院关于设立涉侨审判合议庭的实施意见》，汕头市中级人民法院民四庭设立涉侨审判专业合议庭，各基层法院分别设立涉侨审判专业合议庭或专门审判团队，由各涉侨审判合议庭集中管理由本院管辖的，当事人一方或双方为海外侨胞、归侨、侨眷、港澳居民（原为内地居民）的民商事案件，实现涉侨案件审理集中化、审判管理归口化、承办法官专业化、裁判尺度统一化，切实加强涉侨民商事案件审判工作。

（二）创新工作举措，优化审判模式

1. 全力打造涉侨审判绿色通道，坚持“快立、快审、快结、快执”原则

在全市法院诉讼服务中心设立专门立案受理涉侨纠纷案件的服务窗口，加强对当事人“侨”身份的甄别，做好涉侨案件系统标注，指定专人担任涉侨纠纷案件导诉员，引导、协调海内外华侨进行诉前调解、诉调对接、立案受理等工作。对事实清楚、法律关系明确、当事人双方都能到场的案件，在立案后即时调解或审理；对能达成调解协议的，直接制作调解书并当庭送达；对申请强制执行的生效判决，切实提高执行效能，及时兑现当事人胜诉合法权益。

2. 充分发挥观察调解员辅助作用

汕头法院引入侨界调解员担任观察调解员，参与旁听案件审理、对当事人跟踪回访、适时调解，为合议庭提供专业意见建议，有利于法院扩大司法民主、依法规范各项工作、主动接受监督，保护广大侨胞的合法权益。

3. 完善“互联网+涉侨纠纷”机制

汕头法院涉侨审判充分依托移动微法院等平台提供网上立案、跨域立

案、远程缴费等“一站式服务”，充分利用“AOL 授权见证通”平台以及在线庭审系统的功能，推行网络视频庭审、电子送达法律文书，为广大海外侨胞提供成本更低、速度更快、操作更简便、流程更规范的在线司法服务，赢得了身处海外的当事人的信任与赞誉，进一步擦亮“涉侨审判合议庭”品牌。

4. 提高适用域外法查明制度的力度

汕头两级法院已有多宗涉侨案件通过委托深圳市蓝海法律查明和商事调解中心查明域外法并适用美国纽约州、中国香港特别行政区等地区法律后作出判决，丰富了域外法查明的实践经验。汕头法院充分依托蓝海等域外法查明机构，提高适用域外法查明制度的力度，在法律适用上与国际规则接轨，坚持平等保护国内外当事人，通过域外法的查明和适用，提高涉侨审判的司法公信力和国际影响力。

（三）拓展司法服务范围，扩大涉侨审判影响力

1. 加大法律服务力度

汕头法院与侨联多次联合举办涉侨法律法规培训与讲座，由法院选派资深法官讲授“调解的方法与技巧”“生活中的民法典”等课程，为涉侨纠纷调解员提供专业、规范的法律帮助，增强涉侨纠纷调解员法律知识运用与纠纷调解工作的专业性。

2. 落实司法延伸服务

汕头法院主动了解地方侨务发展的状况，深入调查研究涉侨司法工作的法律问题，积极回应华侨、外籍华人、归侨、侨眷、侨资企业和侨属企业的司法关切与需求，加大法律服务的力度，通过发送司法建议、发布典型案例、邀请旁听涉侨庭审、开展法律讲座、普法宣传等活动，为广大侨胞、侨企提供针对性的法律服务，提高法律风险意识，帮助其有效防范和控制法律风险，切实扩大涉侨审判的影响力。

三、涉侨权益司法保护面临的问题及解决思路

汕头法院开展涉侨审判工作，主要依据是《中华人民共和国民事诉讼法》《中华人民共和国人民调解法》《中华人民共和国归侨侨眷权益保护法》《中华人民共和国归侨侨眷权益保护法实施办法》和最高人民法院、中华全国归国华侨联合会《关于在部分地区开展涉侨纠纷多元化解试点工作的意见》等法律法规。实践中，涉侨审判面临的问题仍然存在，已成为制约法院提升涉侨审判质效的瓶颈。

（一）涉侨案件的范围界定

“侨”包括哪些主体。依据《中华人民共和国归侨侨眷权益保护法》《中华人民共和国归侨侨眷权益保护法实施办法》和国务院侨务办公室对界定身份的具体规定，华侨、外籍华人、归侨、侨眷的身份有明确的确认标准。华侨、外籍华人的身份由政府侨务部门或者有关部门根据相关规定在为华侨华人办理具体事务时进行确认。归侨、侨眷的身份由其常住户口所在地的县级以上地方政府侨务部门根据本人申请进行审核认定。侨资企业、侨属企业均是在中国境内注册登记的经济组织，上述主体是利用外资、侨资的最直接形式，其具体认定由当地侨事部门负责。

实践中，对于“涉侨”的理解有狭义和广义之分，狭义的“涉侨”是以字面上意思作相应理解，即涉及华侨、侨眷和归侨，不包括海外华人、港澳同胞。广义的“涉侨”是指包含“侨”因素的主体。

我们认为，涉侨纠纷的主体应当包含华侨、外籍华人、归侨、侨眷、侨资企业和侨属企业。但理论界和实践中对此存在不同的认识，如何界定才符合审判实践需要，才能更有利于涉侨权益的司法保护，需要进一步加强理论研究，从理论和立法层面给予强力的支持。

（二）涉侨纠纷多元化解机制的协调联动

解决涉侨纠纷的途径主要有双方当事人协商、调解、机构调解、仲裁、诉讼等方式。由于当事人自行协商和调解、机构调解在执行上具有不确定性，而仲裁有赖于当事人的合意选择，目前，诉讼成为解决涉侨纠纷的重要渠道。因此，强化法院对仲裁工作的引导作用，鼓励当事人选择仲裁解决涉侨纠纷，对于深化涉侨纠纷多元化解机制至关重要。那么，调解、仲裁、诉讼等各种多元化解机制在实践中如何联动，法院应如何引导仲裁工作则成为亟待研究解决的问题。

我们认为，应构建法院与仲裁机构的常态化信息沟通合作机制，加强涉侨审判与涉侨仲裁协作发展，推动涉侨纠纷多元化解，充分回应广大侨胞侨企对权利救济的便利化和纠纷解决渠道的多元化需求。

（三）深化联动机制，凝聚解纷力量

为进一步强化涉侨司法服务，助力侨务法治建设，依法维护海外侨胞和归侨侨眷权益，更好发挥法院的司法职能作用，汕头法院将继续探索开展以下工作。

第一，探索建立海外联络员制度，加强与统战部门、外事侨务部门、归国华侨联合会等单位的协作，积极加强与海外华人商会、同乡会等民间组织的沟通联系，聘请当地能力强、威望高的侨领为海外联络员，协助法院寻找涉侨案件当事人联系方式、核实身份，为案件审理、文书送达、执行创造条件。

第二，探索建立归侨陪审员制度，推荐符合条件的归侨担任人民陪审员，参与涉侨案件审理，扩大归侨陪审员参与本地司法建设的范围，打造“专业法官 + 归侨陪审员”的审理机制，提升涉侨审判的专业水平和公信力。

第三，加强涉侨审判合议庭与涉侨纠纷诉调对接工作室的紧密联系，

充分发挥法官熟悉法律知识和侨联熟知涉侨政策的优势，形成相互协作配合的内部合力。继续加强与统战、侨务、侨联等部门、组织的协作配合，定期沟通情况、交流信息，认真研究总结涉侨诉调工作的特点和规律，不断深化涉侨维权工作内涵，推动多元化纠纷解决机制向广度和深度发展。在部分侨胞侨眷聚集的乡镇、街村探索设立涉侨调解室、维权站、巡回审判点，逐步形成以涉侨审判为主线，“庭、室、站、点”相衔接，“市、县、乡、村”相联动，一体化解决涉侨纠纷的司法服务总体格局。

第四，探索申请设立华侨试验区法庭，促进华侨试验区法治建设。随着华侨试验区的全面建设，汕头法院主动担当，进一步发挥司法审判的职能作用，积极创造条件为海外华侨华人及其在华企业提供专业化、高端化、国际化的法律服务，为华侨试验区的发展提供法律保障。对此，可以考虑在华侨试验区申请设立法庭，以华侨试验区法庭为平台，探索法院管理机制、审判机制和服务机制的“三位一体”全面创新。在华侨试验区法庭运作成功的基础上，借鉴珠海横琴新区法院、深圳前海法院的经验做法，申请成立华侨试验区法院，由华侨试验区法院集中管辖汕头市一审涉侨案件。

四、结语

做好新时代“侨”文章是当前汕头发展具有里程碑意义的一件大事，也是汕头两级法院的重要使命，汕头法院将在习近平新时代中国特色社会主义思想的指导下，不断提升涉侨审判品牌“高度”、增加服务和美侨乡“温度”、挖掘多元解纷“深度”。汕头法院将立足侨乡优势，全力做好涉侨权益司法保护工作，打好司法“侨”牌，促进海外华侨华人与祖国经济深度融合发展，为做好新时代“侨”文章作出更大的贡献。

涉外法治建设背景下我国侨胞权益保护工作的若干思考

钟闻东*

［摘要］我国侨胞权益保护工作与涉外法治建设关系密切，两者存在相互影响，相互促进的关系，要构建以保护我国侨胞的合法权益为目标之一的具有中国特色的“侨＋外”涉外综合法治体系。各地在维护侨胞权益工作中尚存在立法超前性欠缺，重视程度不够充分，维权工作不敢大胆开展等情形。涉外法治建设背景下侨胞权益保护工作要从涉侨立法的“近”与“远”、涉侨工作视野的“大”与“小”、涉侨产业适用法律政策方面的“新”与“旧”、涉侨外宣工作的“侨”与“桥”、涉侨工作思维中的“我”与“他”、涉侨工作机制的“刚”与“柔”六个方面进行深入思考。

［关键词］涉外法治建设；侨胞权益保护；对策

一、侨胞权益保护工作与涉外法治建设的关系

侨胞主要是指定居在国外的同一国籍或民族的人。对应而言，中国侨胞应是对我国境内外的华侨华人和归侨侨眷的总称。

作为侨胞主体组成部分的华侨，按国务院侨务办公室《关于界定华侨外籍华人归侨侨眷身份的规定》，一般是指在住在国取得长期或永久居留权，并已在住在国连续居留两年，两年内累计居留不少于18个月的中国公

---

* 作者简介：钟闻东，广东省客属海外联谊会执行会长兼秘书长、《客家风情》杂志社社长。

民。包括在国外取得永久居留权但仍保留中国国籍的人员，或者华人在国内亲属赴其定居国的履行抚养义务的人员，如持有美国永久居留权（绿卡）并在美国定居，但又未取得美国国籍的中国公民。华侨是中华人民共和国的公民，依法享有中国公民应享有的权利，并且要履行相应的义务。华侨是中华民族的重要组成部分，是维护国家主权、安全、发展利益及促进中外友好的重要依靠力量。华侨依法享有国内法、国际法规定的政治权益、经济财产权益、社会保障权益、捐赠权益等正当权益。维护好海外华侨切身利益和正当权益也是实现中国国家利益的重要内容。

华人则不同，根据国侨办的上述规定，“外籍华人是指已加入外国国籍的原中国公民及其外国籍后裔；中国公民的外国籍后裔”。取得外国国籍的华人，如果其在中国境内取得永久居留权证，同样应该视同为华侨。依照《中华人民共和国出境入境管理法》及2004年8月公安部、外交部发布的《外国人在中国永久居留审批管理办法》规定：“《外国人永久居留证》是获得在中国永久居留资格的外国人在中国境内居留的合法身份证件，可以单独使用。”“获得在中国永久居留资格的外国人，凭有效护照和《外国人永久居留证》出入中国国境。”从上述规定看，华人仍然属于广义上的侨胞范畴，依然可以交叉适用国内法律与其国籍所在国家法律。

归侨是侨胞的另一个主体组成部分，它指的是回国定居的华侨。这个概念有两重含义，一是归侨回国以前必须是华侨，如果不是华侨，虽从国外回来亦不是归侨；二是华侨回国定居的才是归侨，如果不是回国定居，而是因为观光、旅游、探亲、经商、讲学、投资办企业或升学等，均不属于归侨。是否在国内定居，是区别华侨与归侨的标志。归侨与其他国内公民一样，享有宪法和法律规定的各项公民权利，同时也必须履行宪法和法律所规定的义务。

侨眷是指华侨、归侨在国内的眷属，他们也是侨胞的组成部分之一。具体包括：华侨、归侨的配偶、父母、子女及其配偶、兄弟姐妹、祖父母、外祖父母、孙子女、外孙子女，以及同华侨、归侨有长期抚养关系的其他亲属。

涉外法治是指国家制定或确认的、跨国家生效的、保护国家海外利益、参与全球治理的立法、执法与司法等活动。[①] 涉外法治工作是全面依法治国的重要组成部分，也是习近平法治思想中的重要内容。它不同于国内法治与国际法治，而是介于二者之间，自成一个体系。涉外法治主要包括两个相互交织的层面，积极层面在于参与全球法律治理改革，推动构建更加公平公正的国际法治，消极层面在于以具体法治的方式防御和反制抽象法治及其背后的霸权。我国涉外法治体系建设应以人类命运共同体与国家尊严为双重理念基础，以尊重国家主权与尊严、保护核心利益与发展利益以及善意合作与依法斗争相结合为原则，构建包括立法、执法、司法以及涉外法律服务等多个层次的具体制度体系。如近十几年以来，我国涉及的在海外国家的撤侨行动、国际海域护侨行动等，都应该是涉外法治的一个很重要的组成部分，同时又与侨胞权益保护工作密切相关。

由于侨胞的主体身份复杂，部分人员既有一国国籍，同时又在他国具有永久（长期）居留权，其权益保护尤其是司法保护方面既可能涉及国内法治（含其本人所在国家的法律），亦可能涉及国际法治。因而可以说，我国侨胞权益司法保护与涉外法治建设密切相关，两者存在相互影响，相互促进的关系。因此，在当前国际背景下，随着我国国力的提升和国家影响力的不断扩大，构建以保护我国侨胞的合法权益为目标之一的具有中国特色的“侨＋外”涉外综合法治体系不仅很有必要，而且恰逢其时。

二、我国侨胞权益保护工作之现状

我国侨胞权益保护工作总体而言做得不错，但也有不足。以广东省为例，其系全国首屈一指的侨务大省，侨胞权益保护工作一直做得有声有

---

① 张龑：《涉外法治的概念与体系》，《中国法学》2022 年第 2 期。

色，有过不少创新和尝试，得到海内外侨胞的一致好评。与此同时，亦存在一些与其他省市相似的问题：一是侨胞权益保护立法工作的超前性仍有欠缺。广东省虽在《中华人民共和国归侨侨眷权益保护法》（以下简称《归侨侨眷权益保护法》）出台后多次以地方立法形式制定了涉侨权益保护工作的相关实施办法，基本实现了涉侨权益保护立法的全覆盖，但与国内外快速发展变化的形势相较，相关内容突破不大，原则性规定较多，可操作性不强，存在"就侨立侨"的相对保守的思维，未将涉侨权益保护与建设粤港澳大湾区及"一带一路"的大思维、大视野、大格局相结合，涉侨尤其兼顾涉外工作方面的前瞻性及导引性仍需进一步加强。二是侨益保护工作重要性尚未被各级基层党委、政府及司法机关充分重视，个别地方未能与时俱进，以新的观念和思维对待侨胞权益保护工作。对地方各级党委、政府而言，经济建设和维稳工作往往才是重头戏。就广东省而论，侨务资源非常丰富，而涉侨工作往往不是首先被考虑的要务，重视程度反倒显得不够充分。三是依法维护侨胞权益与违法干预案件界限不好把握，导致部分地区"两侨"部门（指侨联及侨办）在处理涉侨维权纠纷时存在畏难情绪，不敢大胆开展相关工作。一方面，《归侨侨眷权益保护法》第二十三条规定："归侨、侨眷合法权益受到侵害时，被侵害人有权要求有关主管部门依法处理，或者向人民法院提起诉讼。归国华侨联合会应当给予支持和帮助。"另一方面，中央政法委等相关部门三令五申，禁止任何个人和单位以任何借口和理由过问干预案件。这种情况导致归侨侨眷合法权益受到侵害时，地方侨联组织一般不会主动发声，相关部门也往往消极回应。

三、涉外法治建设背景下侨胞权益保护工作的几点思考

如前所述，在当前形势下，将我国侨胞权益工作特别是司法保护方面纳入涉外法治建设综合体系是迫切的，也应该成为我国侨法研究的一个重

要方向。针对这个问题，个人认为宜从如下几个方面进行相应的思考：

（一）关于侨胞权益保护工作立法的“近”与“远”

侨胞权益保护工作是我国统战工作系统中非常重要的组成部分，因此，无论是国家立法还是地方立法，均要有远近结合、宏观与微观结合、内外结合等思维，才能更好地维护侨胞权益，做到凝侨心、汇侨力、聚侨智，从而为中华民族伟大复兴发挥更加积极的作用。所谓“近”是指我们在立法的时候，首先要充分考虑、听取、注重侨胞对自身权益保护方面的关切，善于总结、归纳和挖掘侨胞每一个时期所反映的热点问题，然后上升到国家和地方的立法层面。同样以广东省为例，作为对外交往活跃的侨务大省，有大量的侨胞来往，也有不少侨界人才扎根南粤。近几年因疫情影响，进出境与国内出行、交流及商贸均有所不便，许多侨胞对此有所困惑和不解。又比如有不少华人专家学者被引进国内之后，其陪护亲属签证问题往往不能得到及时有效解决，导致一些高层次的侨界人才无法长期安心在国内工作。类似这些涉及侨胞基本权益的问题，我们很有必要从国家立法层面对相关请求尽快作出积极回应，采取特别的应对措施。所谓“远”是指我们的立法不能仅仅着重于解决当下发生的侨胞权益保护方面的纠纷，更要从长远的高度来规划、引导和发动广大侨胞，特别是发动他们的“朋友圈”一起来积极参与祖国的建设和发展，实现民族复兴大计。尤其广东省一向是改革开放先行实验区，历来就有敢为人先的优良传统，加之其又拥有全国最多的侨胞，因此完全可以在维护侨胞权益方面作出进一步的创新和尝试。譬如建设粤港澳大湾区和“一带一路”，国家总体规划已经提出好几年，各有关方面也将细化方案推动得轰轰烈烈，但是涉及怎样维护好侨胞的权益，用好侨胞的力量，发挥侨胞的优势，这一部分立法层面并没有具体和明晰的规定，吸引优秀侨胞的规定更多停留在原则上而非细化的法律规则中。

（二）关于侨胞权益保护工作视野的“大”与“小”

“侨外交织”“侨外难分”其实是涉侨纠纷的主要特点之一，处理相关纠纷时，不仅要有涉侨法治思维，更要有涉外战略思维。不仅着眼于个案的影响，更要评估每个纠纷处理结果可能带来的境外影响乃至国际影响。尤其在互联网时代，任何一个不起眼的纠纷或案件，都很容易被找到燃爆点，从而被快速跨境传播和无限放大。从这个角度看，每一个涉侨纠纷潜在的影响都可能很大。而单就个案而言，大部分涉侨纠纷可能很普通，甚至很琐碎。从这个角度看，它似乎又显得很小。因此，如何见微知著，化小为大，又或变大为小，正是我们维护侨胞权益工作中要充分评估和思考的问题。鉴于此，因应时代变化，从地方到中央都非常有必要对各类涉侨纠纷建立专人专责及快速提级评估审核机制，只有这样才能妥善处理好不断变化的侨情侨势，才能赢取侨心。

（三）关于涉侨产业适用法律政策方面的“新”与“旧”

改革开放四十年以来，新生代侨胞在不断增加，他们在国内的相关产业即侨产如何获得充分的保护，如何实现财产权益的合法继承，这并不是一个新问题，但不少地方仍然未能做好充分的应对措施。此外，虽然国家现行的《归侨侨眷权益保护法》及各地配套实施办法均对涉侨权益的保护内容作了特别规定，但实践中仍有少数涉侨纠纷难于用现行法律规定来处理。如有些华侨华人的侨产往往跨越新旧中国两个时代，涉及海内外三四代人的问题，实践中就有部分“侨三代”或者“侨四代”持其先祖的物业产权证书，要求当地侨务部门帮其争取回这些侨产。而类似问题要得到妥善解决，并非单一部门所能解决的，往往而需要综合运用包括法律智慧及政治智慧在内的各种智慧，结合多种途径才能做到。这些“老大难”的涉侨涉外纠纷，往往影响比较重大，相关处理方案，须上级有关部门形成统一的程序和专门的指引方能得到较好的实施。

(四) 关于侨胞权益保护外宣工作的“侨”与“桥”

国内侨胞权益保护工作虽然做得不错，但“说得不够”，存在“墙内开花墙内香”的情况，我们侨胞权益保护方面的域外宣传工作还有很大的拓展空间。未来，我们要充分发挥侨胞的桥梁作用，将涉侨司法保护的典型个案通过归侨侨眷及华侨华人个人及海外侨团充分传播，以“侨”为“桥”，讲好祖籍国的法治故事。尤其要注意利用现代融媒体多样化手法，对非祖籍国出生的华侨华人后代讲好侨法故事。司法机关要定期精选一批经典涉侨纠纷案件在侨胞中广为推送，尤其是该类纠纷妥善解决后带来的良好效应，从而通过广大海外侨胞很好地向世界讲述和展示中国法治文化观，特别是充分体现“富强、民主、文明、和谐、自由、平等、公正、法治、爱国、敬业、诚信、友善”的社会主义核心价值观相关案例。用好我们解决涉侨纠纷的司法判例，恰是展示我国司法公正的最好剧本。[①] 事实上，中西价值观有差异，但这种差异绝没有想象中的那样绝对。中西政治制度不同，治理方式有别，但人类共同价值在两边社会的覆盖面要远大于彼此的分歧。以美国为首的西方国家刻意以政治体制为由，创设所谓的高尚的价值观，强行制造分歧。对此反击时，仅仅用枯燥的法理去论证和说服，远不如用一件件活生生的司法判例来得实在，来得生动。从这个角度看，每一个涉侨个案都是我国法治文化最好的叙事本和说明书，都应该被推广。

(五) 关于侨胞权益保护工作思维中的“我”与“他”

在处理涉侨纠纷时，相关部门在接待来访、受理立案的过程中，其办案思维、司法判决的说理叙事及表达方式等应兼具侨务特色，不可完全以“我”即己方的习惯性思维行事。在实践中，一个在海外出生长大的华侨华人后代（俗称“ABC”人员）甚至“侨 N 代”可以跟我们在肤色、语

---

① 胡锡进:《中国社会的价值体系与西方社会真的非常不同吗?》,《今日头条》, 2022 年 6 月 28 日。

言和行为上没有区别，但是双方在思维和理解能力上可能存在不小的差别。站在国内的角度可以很容易理解的内容，对部分华侨华人和归侨侨眷却很难，甚至还有可能出现误解误判的情形。因此，在处理涉侨纠纷时，应根据具体个案尝试换位思考，结合“他”的思维方式——即用涉侨案件当事人更能理解的方式（包括语言、文字、思维及风俗，甚至参考定居国司法判决或调解书内容等）来协调或进行叙事表达，如此产生的综合处理效果将会更佳，更能达到妥善保护侨胞权益的最终目的。

（六）关于侨胞权益保护工作机制的“刚”与“柔”

如果说涉侨纠纷上升到用司法判决及仲裁裁决来解决的手段是保护侨益的“刚”机制，那么，适用国际商事规则处理的非诉讼商事调解的案件，以及涉侨普通民商事案件的诉前联调和诉讼中的调解及刑事案件中常用的和解手段就应该是保护侨益的“柔”方法，这种机制更应该普及到我们受理的涉侨纠纷之中，成为我们维护侨益的常用机制。同时，还要让这些保护侨益的“柔”机制不断向外延伸转化，实现处理涉侨乃至港澳台方面的纠纷在规则适用方面的“软”联通，即规则的互通和融合，增建良好的渠道。在这方面，广东三大自贸区——深圳前海、珠海横琴、广州南沙的司法机关和仲裁机构近几年来都作出了有益的尝试，设立了专门的涉外（含港澳及侨界）国际商事审判庭及仲裁庭，聘请了港澳地区专业人士担任陪审员、调解员、仲裁员，直接参与案件的调解和审理。从司法实践的效果来看，这些做法得到了涉案当事人的普遍欢迎，是值得肯定的做法。但由于其目前对接适用的对象主要是一方或双方为港澳地区的当事人，带有一定的局限性。未来，我们必须因应发展态势，进一步确立涉侨纠纷可适用国际通用的民商事规则的制度，并且要充分发挥海内外侨团及侨领的影响力，将其引入涉侨纠纷的综合调解机制。在保持司法主权独立的原则下，适当凸显国际化色彩，并在侨务资源丰富、侨胞众多的地区率先作出尝试，从而实现侨胞权益保护工作机制上的“软”联通。

涉侨权益司法保护研讨会综述

李　响　张　盼*

［摘要］新时代侨务工作面临新机遇、新挑战，加强涉侨权益司法保护理论研究与实务探索是维护中国海外侨胞权益的题中之义。涉侨权益司法保护研讨会以侨胞权益保护为基点，对于世情、国情与侨情变化下的华侨权益保护立法意义、理念、进程及路径选择等进行了创新性探讨；对于涉侨权益司法保护面临的法律适用、执行调解等难题和涉侨诉讼大数据分析、智慧法院建设、多元解纷机制构建等提供了新的优化方案；还对于涉外法治背景下域内的地方立法实践、域外的管辖冲突与协调、海外侨胞的身份建构与侨胞多元化权益保障等提供了新思考和新路径。

［关键词］侨胞权益保护；立法保护；司法保护；涉外法治；涉侨政策

为深入学习贯彻习近平总书记关于侨务工作重要论述，落实最高人民法院党组书记、院长周强于2021年12月考察暨南大学指示和2022年2月最高人民法院与中央统战部领导工作会商精神，2022年7月7日全天，由暨南大学与国家法官学院联合主办、暨南大学法学院/知识产权学院、侨务与法治研究院承办的涉侨权益司法保护研讨会以线上线下相结合方式在

＊ 作者简介：李响，暨南大学一国两制与基本法研究院副院长兼办公室主任、法学院/知识产权学院副教授；张盼，暨南大学一国两制与基本法研究院讲师。暨南大学法学院/知识产权学院博士研究生周代顺、于若兰也在会议记录和简报整理中作出贡献。

广州、北京两地举行。

研讨会开幕式由暨南大学党委副书记孙彧主持，暨南大学校长宋献中、中央统战部九局局长刘春锋、最高人民法院研究室主任段农根和国家法官学院党委书记、院长孙晓勇分别致辞。中央统战部九局一级巡视员董传杰，最高人民法院研究室一级巡视员李晓，司法部公共法律服务管理局一级巡视员姜晶，全国人大华侨委员会法案室二级巡视员徐利，中国法学会中国法学学术交流中心副主任潘新艳，国家法官学院副院长李晓民、胡田野，广东省法学会副会长邓远强等领导出席；中国社会科学院、中国科学院大学、浙江大学、中山大学、北京理工大学、中国政法大学、辽宁大学、暨南大学、华南师范大学、华侨大学、外交学院等高校学者，广东省委统战部侨务综合处、广东省华侨华人港澳同胞服务中心负责人和广州、深圳、汕头、江门、梅州等重点侨乡的中级人民法院涉侨审判专家与会。

本次研讨会是自 2014 年首届侨务法治建设研讨会、2017 年中国海外侨胞权益保护立法的理论与实践学术论坛之后，暨南大学主办的又一侨务法治建设全国性学术活动。研讨会聚焦新时代、新阶段侨务工作面临的机遇与挑战，立足世情、国情与侨情变化之下的侨务法治建设基本格局，探索加强涉侨权益司法保护的理论研究以及实务工作推进方案，重点围绕华侨权益保护立法、涉侨权益司法保护、涉外法治建设背景下侨胞权益保护的理论与实践等主题展开研讨。现择其主要观点综述如下：

一、华侨权益保护立法的理论与实践

（一）华侨权益保护的立法意义与历史进程分析

推动侨务立法、维护侨胞权益，必须认识到侨务资源具有助力国家发展的战略价值。中国科学院大学公共政策与管理学院/知识产权学院教授马一德指出，海外侨胞在近代为中华民族发展壮大、促进祖国和平统一大业作出重大贡献，党和国家保护华侨权益也是一以贯之，习近平总书记即多次对侨胞权益保护作出重要论述。辽宁大学副校长、法学院教授杨松也认为，必须立足全面依法治国和国家治理现代化，加快建设以侨为本的涉侨权益保护法律体系。

暨南大学法学院/知识产权学院副院长、教授郭宗杰则从保护华侨投资权益的历史进程切入，指出侨胞投资权益特别保护遵循“一视同仁、不得歧视、根据特点、适当照顾”十六字方针，是在1957年周恩来总理提出的“一视同仁、适当照顾”的侨务工作方针和1977年邓小平同志明确否定“归侨侨眷海外关系复杂、不可信任”说法的基础上形成的。1983年，国务院重申华侨在华投资有特殊优惠；1990年，《归侨侨眷权益保护法》第三章进一步明确归侨侨眷享有宪法和法律规定的公民权利与义务，国家加以适当照顾，将十六字方针上升为法律。

（二）涉侨形势变化与侨务政策转向

侨务工作缺乏独立的主责法律、独立的执法基础。对此，北京理工大学法学院教授刘国福认为，涉侨立法只能前进、不能倒退。然而，这也不能只考虑宪法规定的可行性，还须考察必要性、迫切性，遵循客观之侨情形势。事实是，当前的侨情发生了五个方面的变化：①新冠疫情使回国的华侨华人断崖式减少。②海外局势动荡与国际贸易争端频仍，海外华侨华人势必重塑对国内侨务政策法律的认识、理解，与我国的联系有松动、断裂的隐忧。③归国侨眷的老龄化严重、认同感极弱、断层明显。④部分群众寻求移民出国，削弱国内的侨务环境。⑤侨务工作的作用亦在演变，更强调人才属性而非侨的属性。

与此同时，刘国福教授认为，侨务政策发生了四个转向：①向以政治政策、涉外政策、安全政策为主，经济政策、人口政策和社会政策为辅转变。②从“一视同仁”和“适当照顾”向平等保护、融合发展转变。③从汇聚侨智、引进侨资向引进有能力、有意愿的海外侨胞为主，服务侨胞、维护侨权为辅转变。④从扶持华侨长期生存和发展，鼓励华人融入当地主流社会，落地生根，向叶落归根转变，从注重优质侨务资源向以注重侨界人士的质为主、考虑侨界人士的量为辅转变。暨南大学法学院/知识产权学院教授李健男赞同这一观点，并以墨西哥侨务政策转向为例介绍，墨西哥早期认为保护海外移民属于资源消耗，后来则慢慢将其视为资源收益，侨民治理政策的逻辑受此影响转而强调国家对侨胞应尽保护责任。

（三）华侨权益保护立法的理念转变

立法理念体现了立法者对立法本质、运行规律的历史认识和价值取向。中国政法大学法学院教授林灿铃指出，要将保护侨民作为国家应有之义的理念贯彻于侨务立法中，确立为国家义务；同时，从国家作为“权利主体”向“责任主体”的理念转变，强调“以人为本”“外交为民”。中国社科院法学所研究员支振锋也认为，立法理念可以在五个方面有所转向：①从政治导向为主转向为法治导向为主，从重个案到重制度。侨务政策虽然彰显政治上的重视，但不够标准化、规范化，以法治为导向才能弥补侨务政策难以与区域性公约、协定有效衔接之缺陷，形成规范化、公平化、体系化的华侨权益保护体制。②从事后救济保障转化为全过程保障。尤其是现今海外不确定因素增多，对海外侨民保护应有更详细的预案。③从重功利到重权利。以往保障华人权益较为侧重吸引华人回国报效、投资兴业等，未来则应更加重视道义上的权利一体化保障。④从重差异保障到平等保障。当前中央、地方层面保障华侨权利仍有差异，亟须通过统一立法，把优待变成一种普惠、常规性的待遇，实现海外华侨和国内公民平等对待。郭宗杰教授进一步从公平竞争审查制度展开分析，强调新时代的侨务立法理念须对来自不同所有制、资金来源、组织形式的投资主体平等对待、公平竞争，从特惠制向普惠制转变。

（四）华侨权益保护立法的路径选择

确立华侨权益保护立法路径，首先要对立法现状有整体性认识。国家法官学院三级教授赵海峰指出，涉侨权益保护规定虽然散见于《宪法》《民法典》《归国侨眷权益保护法》等法律之中，但尚不成体系；华侨权益保护中央立法的条件尚不完全具备，需要继续研究论证，与之相较，地方立法则具有更丰富的实践经验。基于此，必须思考立法路径的两个具体面向。

1. 华侨权益保护的国家立法如何推进？

刘国福教授指出，从事侨务工作的学者多主张专门立法，非从事侨务工作的则主张通过一般法律来解决。对此，马一德教授认为应当尽快制定出台体系化的华侨权益保护法，从国内权益和国外权益两方面系统推进，完善协调对接机制，既满足华侨权益保护的现实需求，亦在充分尊重国际法和国际惯例的基础上，探索扩大海外侨胞权益保护的可能空间。

与之相较，华侨大学法学院教授王方玉认为，地方立法虽总体以鼓励性条款为主，对外籍华人权益的“参照适用”亦具有争议，并存在地域分布不均、各地制度重复、组织实施力度不足等问题；然而，仍不妨参考《家庭教育促进法》的经验，采取从地方到中央的立法路径：①地方先行立法作为试验性立法，要明确立法目的，符合宪法、法律乃至国家政策导向。②对地方立法效果进行事后评估，内容包括上下位法的制度体系是否冲突、不同地方立法差异的原因及优劣。③在条件成熟时，制定国家层面的华侨权益保护法。

针对立法路径选择问题，究竟地方优先抑或需要顶层设计，暨南大学国际关系学院/华侨华人研究院副院长、教授陈奕平认为可以是双向的，但应考虑地方差异性与共性的问题，关键在于先明确立法目的，厘清华侨、华人等基础概念与涵摄范围，解决好党内法规、地方立法向法律的转化渠道问题。

2. 华侨权益保护立法如何服务于涉外法治建设？

中山大学法学院院长、教授张亮指出：①涉侨权益的侵权类型非常复杂，侵权行为可能发生在居住国或者第三国，我国有必要合法介入。②国家间的制裁、反华活动都会影响海外华侨的生存权与发展权，当下国际法不足以保护海外华侨权益，国内法必须出场。③涉外法治建设介入华侨权益保护立法，应从对外关系视角进行思考。传统上处理对外关系适用国际法，但由于其存在缺漏，对外关系法即应运而生，不过，国内法域外管辖尚须有相应之国内法作为准据。林灿铃教授进一步强调，华侨权益保护立法必须充分认识到侨民兼跨国籍国与居住国的双重法律关系，要加强国内法与国际法的衔接。重庆社会科学院法学与社会研究所研究员丁新正认为，我国涉外法治建设虽然取得一定成果，但涉侨政策法规建设仍存在不足，针对西方长臂管辖权的反制法律建设存在短板，为此要加强外交保护和领事保护力度；快速、不犹豫地大量招揽涉侨专门人才；放宽涉侨侨眷及其密切关系人的入籍条件；增强涉侨政策法规的时代性、斗争性，凸显涉侨政策法规反击西方霸权的法治威力。

二、涉侨权益司法保护的理论与实践

（一）侨胞权益保护的涉侨诉讼现状及问题

暨南大学法学院/知识产权学院院长、教授朱义坤和安徽大学法学院硕士研究生邢源恒以“侨居”作为关键词，获得 1 054 个涉侨诉讼案件大数据样本，发现因侨胞身份证明缺失而隐身化、侨胞创新创业权益被虚置、侨胞权益立法质量亟待提升是涉侨权益司法保护的堵点；而侨胞境外授权委托书认证难、涉侨诉讼出庭难等程序性问题则是涉侨权益司法保护的难点。华侨大学海上丝绸之路司法联合研究中心主任、法学院教授陈慰星指出，涉侨司法还面临实体法律差异风险、国内诉讼参与程序保障、解纷身份与诉调对接、涉侨执行的双向障碍等问题。对此，广州市中级人民法院涉外审判庭法官瞿栋表示，该院首创的 AOL 授权鉴证通平台可协助当事人进行授权鉴证，截至 2021 年底，已经有 1 308 件案件当事人通过该平台完成鉴证。恩平市人民法院审判委员会专职委员郑平平进一步表示，在最高人民法院部署下，法院审理涉侨案件的程序、技术层面现已没有太大障碍，目前问题主要在执行、调解等环节。

如何切实解决涉侨权益司法保护中存在的问题，暨南大学法学院/知识产权学院院长、教授朱义坤和安徽大学法学院硕士研究生邢源恒基于大数据分析，提出要以构建全国统一的在线诉讼平台为契机，促进涉侨 ADR 和诉讼便利化，切实解决诉讼行权的委托认证难、出庭难等现实问题。国家法官学院科研部主任黄斌提出：①构建司法保护大格局，设立涉侨纠纷多元化解中心、海外司法联络平台、海外调解员队伍、涉侨诉讼公正对接机制、司法在线协作机制等创新机制。②完善司法保护机制，在法院系统内部设立涉侨审判专业庭、完善在线立案配套机制、细化境外证人在线作证程序、细化跨境在线庭审程序、构建跨境在线调解机制。赵海峰教授则认为，应加大涉侨案件案例研究，从中提炼出指导性、参考性案例或典型案例，用于指导全国法院涉侨案件审理。

（二）涉侨权益司法保护的具体实施路径

1. 构建多元解纷机制

陈慰星教授指出，针对国内诉讼参与程序保障、解纷身份与诉调对接、涉侨执行双向障碍等问题，应发挥法官在多元化纠纷解决中的能动角色，实现法官在司法运转过程中的释明与指导机能。华侨大学法学院副教授吴永辉也指出，一站式涉侨商事纠纷解决机制的实现路径应当包括：在程序自治原则导向下，统一受案范围；在国际专业化原则导向下，扩容纠纷解决机构；在便利化原则导向下，努力实现多种程序的智能化衔接；在国际司法合作原则导向下，通过建立双边或多边条约，促进法律文书的承认和执行。国家法官学院教授梁欣则认为，应在四个方面进行完善：①关注诉调衔接机制。②把握多元解纷和治理法治化、专业化机制。③把握多元解纷和治理的社会化演进，与仲裁、公证、律师、调解组织、社会团体、专家学者等相互协作。④充分利用多元纠纷机制的法治化、信息化手段。

2. 如何厘定涉侨纠纷的司法管辖权

杨松教授认为，涉侨权益司法保护中最关键的问题即华侨海外权益保护，其逻辑起点是管辖权，聚焦华侨管辖权则须优先适用属地原则。对此，林灿铃教授认为，作为国际法核心内容的国家管辖权，因应新情势，必须突破国际法传统理论。陈奕平教授提出，针对管辖权问题可能引发长期的管辖争论，应综合考量用尽当地救济、选择性介入等原则的适用界限。李健男教授引介了墨西哥关于不干涉内政原则的重新定义，即如某一事项是他国内政，但与本国利益息息相关，本国适当介入就不能解释为抵触不干涉内政原则。进一步，张亮教授认为，域外管辖并不违反国际法，而国内法域外适用既要求法院扩大管辖权，也要扩大对外当事人在中国法院诉讼的机会，行政机关对于境外危害中国的国家安全、发展利益、侵害华侨利益的行为，均应适用国内法进行域外管辖。杨松教授认同张亮教授的观点，认为各国已经摆脱了完全的属地管辖原则限制，我国在建构华侨海外权益保护的法律体系时，必须充分发挥公法上域外适用的效力，兼顾协调平行管辖权问题，建构与我国海外华侨利益保护现状相适应的国内法体系。深圳市中级人民法院涉外商事审判庭庭长白全安则表示，要积极推动《海牙公约》《新加坡公约》等国际公约签署后能够尽快生效，以解决生效裁判在不同国家和地区的承认和执行问题。

3. 特殊司法保护

做好涉侨权益司法保护工作，需要各方密切配合。陈慰星教授认为，应当发挥侨办、侨联等相关机构的在护侨司法过程中的“娘家人”作用，形成以法院为主导、侨办侨联积极扮演解纷导入者角色的内外协同涉侨司法格局。广东警官学院教授荆长岭认为，涉侨权益的安全事件、案件日益凸显，但中国警方开展的工作还远远不能适应实际所需，可以从国际警务合作出发，厘清海外华侨权益保护背景下国际刑事警务合作的适用范围、实施程序及未来发展。

（三）涉侨权益司法保护的地方实践经验

1. 完善涉侨权益司法保护机制

汕头市中级人民法院民四庭庭长姚焕丹表示，该市法院在实践中已经积累了“汕头经验”：①设立“涉侨纠纷诉调对接工作室”，推动多元解纷机制；设立涉侨审判专业合议庭，实现涉侨案件审理集中化。②打造涉侨审判绿色通道、完善“互联网 + 涉侨纠纷”机制、提高适用域外法查明制度的力度、探索建立“海外联络员”制度等。江门市中级人民法院副院长陈文军也表示，该市法院充分发挥“法 + 侨”的作用，通过多元跨境诉讼服务体系、海内外法律服务综合体，建立起涉侨纠纷甄别机制；通过涉侨事务一网通办，为华侨华人提供全流程、一站式诉求服务。郑平平专委补充表示，“邑侨通”服务站已在恩平取得较好效果，并在 5 个国家设立了联络点；公益解纷平台亦可协助进行调解和审理相应的纠纷。瞿栋法官亦表示，广州中院在 AOL 授权鉴证通基础上，推出域外法查明通平台，将侨联组织组建的涉侨纠纷调解组织和调解员纳入法院的特邀调解组织调解员名册，现已交付调解案件 70 余件。

2. 深化涉侨权益司法保护的联动机制

姚焕丹庭长表示，汕头中院通过密切涉侨审判合议庭与涉侨纠纷诉调对接工作室的联系，充分发挥法官熟悉法律知识和侨联熟知涉侨政策的优势。陈文军副院长表示，江门法院正在探索华侨华人公共法律服务平台建设，有序扩展侨都维护华侨华人合法权益的功能。郑平平专委补充表示，现正通过将整个多元解纷工作加入信访超市网络大平台，聘任常见纠纷类型涉及单位的工作人员协助解纷。瞿栋法官亦表示，广州中院充分利用华侨华人行业组织在纠纷解决机制上的独特优势，克服涉外案件中普遍存在的送达难、取证难、域外法律查明难问题。

三、涉外法治建设背景下侨胞权益保护的理论与实践

（一）侨胞权益保护的现状评析

外交学院科研处处长夏莉萍教授从国内、侨胞所在国、国际三个层面对海外侨胞权益保护的现状进行分析：①在国内层面，华侨权益保护缺乏专门性法律予以支撑，针对外籍华人的双重国籍问题，争论不休且不容忽视。②在侨胞所在国层面，应当推动制定有利于华人长期发展、积极融入的法律法规，或至少阻止出台不利之法律法规。③在国际层面，我国签订双边、多边国际条约或协定的数量尚少，涉侨权益保护的细致程度亦有不同，尚需继续扩展。广东省客属海外联谊会执行会长钟闻东指出，广东近年虽然在侨胞权益保护方面成果颇丰，但总体而言，超前性仍显不够、重要性尚未被充分重视；同时，依法维护侨胞权益与违法干预案件的界限不好把握，导致部分地区侨联、侨办处理涉侨维权纠纷时有畏难情绪。

针对涉外法治背景下的侨胞权益保护，中国社会科学院法学研究所副研究员孙家红指出，应当从理解“新时代”的具体含义出发，寻求和拓展国家发展的未来空间。钟闻东会长则立足涉外法治建设的大背景指出：①涉侨纠纷须建立专人专责及快速提级评估审核机制，以面对不断变化的侨情侨势。②涉侨产业适用法律政策需要综合运用各种智慧，结合多种途径解决问题。③侨胞权益保护外宣要通过归侨侨眷、华侨华人及海外侨团充分传播涉侨典型个案，诠释中国特色法治故事。④接待来访、涉侨案件立案、办案方式、说理叙事以及传播表达等方面应兼具侨务特色，适用涉侨案件当事人更能理解的方式来协调或进行叙事表达。⑤侨胞权益保护工作途径，应注重“刚”与“柔”结合。

（二）涉侨权益保护的地方立法实践

华侨大学法学院教授张国安认为，改革开放以来涉侨权益保护的地方

立法可以类型化为综合类、捐赠类、投资类和私有房屋类。暨南大学法学院/知识产权学院教授乔素玲进而指出，在地方法规层面已有8省2市制定综合性华侨权益保护条例，另有专项华侨权益保护法规对华侨投资、房地产权益、捐赠权益等内容予以规范；政府规章及其他规范性文件层面，亦有《关于华侨回国定居办理工作的实施办法》作为代表。针对涉侨权益保护地方立法实践的优势，张国安教授认为，需要因地制宜，有效结合本土实践、凸显地域特性、强化公民有序参与的民主性，且注重法律法规的实际运行效果、权益保护的实操可能性，适于本地和时代的发展需要。乔素玲教授则强调地方综合性条例具有内容全面、目的明确、重视投资创业、平等保护的特色，以先行先试推进依法护侨工作进程，有效弥补华侨权益保护立法的不足，为国家立法积累经验。但是，涉侨权益保护地方立法实践亦存在内容重复空泛、可操作性偏弱、难以行权救济、缺乏衔接机制等问题。

（三）涉侨权益保护的权利维度

杨松教授指出，华侨按照我国法律规定是中国公民，应当享有中国公民应有的权利和履行相应的义务。浙江大学法学院国际法研究所副所长、教授翁里指出，选举权是华侨重要政治权利，但全国人大代表、全国政协委员中的华侨比例远远不够。在海外华侨选民资格的国家安全审查问题上，选民身份的确认必须保留中国国籍，这可以通过国内侨务部门或者授权给中国驻外使领馆确认，但华侨必须提供材料予以证明。同时，应当改革华侨选民自愿登记制度，中国政府和驻外使领馆可对居住在境内外的华侨进行选民登记。对此，暨南大学法学院/知识产权学院副教授陈胜蓝认为，海外侨胞有着非常高的参政议政热情，可以增加华侨担任国家公职的比例，推动华侨列席人大、政协会议等。

对于如何确立“中国海外侨胞”的法律身份，暨南大学法学院/知识产权学院副教授李响副指出，可以考虑为这一群体创设一种有实无名且非公民的类似的“国民”身份，使之相当程度上实际填补、但非简单代替当代中国法上空缺的国民身份概念空间而又能与“国民”“公民”都区别开来，并将“中国海外侨胞”作为法律身份加以确立，使之成为巩固和加深祖国与广大华人之间关系的制度纽带。杨松教授则认为，华侨作为特殊的中国公民，受到的法律保护要有一定发展过程。华侨大学法学院白晓东副研究员则从涉侨权益保护的文化权利维度，探讨泉州涉侨建筑与史迹的法律保护问题，指出泉州史迹面临保护困境，需要整合已有立法，制定地方法规，突出涉侨建筑与史迹的规划管理保护工作。对此，陈胜蓝副教授认为，有必要挖掘更多这样的文化纽带，提高对具有侨文化标签意义事物的保护力度。